LE CONTENTIEUX ADMINISTRATIF

Essai de liste des actes susceptibles et des actes insusceptibles de recours pour excès de pouvoir

Biram SENE

LE CONTENTIEUX ADMINISTRATIF

Essai de liste des actes susceptibles et des actes insusceptibles de recours pour excès de pouvoir

L'Harmattan
Sénégal

Du même auteur

FAYE Malick, SENE Biram, TRAORE Adama, Code des Douanes du Sénégal annoté, 1ère édition 2022, Éditions MDS, 765 p.

SENE Biram, TRAORE Adama, Recueil de textes fonciers et domaniaux, 2émet édition 2019, Abis éditions, 970 p.

MBALLO Mamadou Dicko, SENE Biram, WANE Mamadou Birane, Justice militaire, Recueil de textes annoté, 1ère édition 2018, Abis éditions, 711 p.

SENE Biram, TRAORE Adama, Recueil de textes fonciers et domaniaux, 1ère édition 2014, Dakar, CREDILA, 535 p.

SENE Biram, « Le traitement de l'exception d'illégalité en droit sénégalais », in Droit administratif convergence ou concurrence des disciplines juridiques ? Mélange en l'honneur de Demba SY, Tome 2, Presse de l'Université Toulouse 1 Capitole, p.401.

SENE Biram, « Collectivités locales et contrôle de légalité », Discours prononcés lors de l'Audience solennelle de Rentrée des cours et tribunaux, année judiciaire 2015-2016, Rapport annuel de la Cour suprême 2016, p. 143-162.

10 VDN, Sicap Amitié 3, Lotissement Cité Police, DAKAR

Direction@senharmattan.com
librairie@senlibrairie.com

ISBN : 978-2-336-41570-3
EAN 9782336415703

Gaston JEZE (Les libertés individuelles, 1929) :

« *Le recours pour excès de pouvoir est l'arme la Plus efficace,la plus économique, la plus pratique qui existe au monde pour défendre les libertés* ».

Sommaire

LISTE DES PRINCIPAUX SIGLES ET ABRÉVIATIONS

A.J.D.A	L'Actualité Juridique Droit Administratif
Al.	Alinéa
A.O.F	Afrique occidentale française
A.R.CO.P	Autorité de Régulation de la Commande Publique
A.R.M.P	Autorité de Régulation des Marchés Publics
A.R.T. P	Autorité de Régulation des Télécommunications et des Postes
Arr.	Arrêté
Art.	Article
A.S.C	Association Sportive et Culturelle
Ass.	Assemblée
Bull.	Bulletin
c/	Contre
C.A.A	Cour d'Appel administratif
C.C.N.I	Convention collective nationale interprofessionnelle
C.E	Conseil d'État
C.G.C.L	Code général des Collectivités locales Sénégal
C.G.C.T	Code général des Collectivités territoriales
Cf.	Confère
C.M.P	Code des Marchés publics
C.N.R.A	Conseil national de Régulation de l'Audiovisuel
C.O.A	Code des Obligations de l'Administraion
C.O.C.C	Code des Obligations Civiles et Commerciales
C.R.D	Comité de Règlement des Différends
C.R.E.I	Cour de Répression de l'Enrichissement illicite

C.S	Cour suprême
C.S.M	Conseil supérieur de la Magistrature
D.	Recueil Dalloz
Décr.	Décret
DAO	Dossier d'Appel d'Offres
DCMP	Direction centrale des Marchés publics
DP	Délégué du Personnel
D.P.A.O	Données particulières de l'Appel d'Offres
Doctr.	Doctrine
Dr. adm.	Droit administratif
D.S.C.O.S	Direction de la Surveillance et du Contrôle de l'Occupation du Sol
E.N.A	École nationale d'Administration
FESMAN	Festival Mondial des Arts Nègres
F.E.D	Fonds européen de Développement
G.A.J.A	Grands arrêts de la jurisprudence administrative
G.I.E	Groupement d'Intérêt économique
JCP	Juris-Classeur périodique (Semaine juridique), édition générale
JO	Journal officiel
JORS	Journal officiel de la République du Sénégal
Jurisp.sn	Jurisprudence sénégalaise
Jurisp. fr.	Jurisprudence française
L.	Loi
Lebon	Recueil des arrêts du Conseil d'État (Dalloz)
n°	Numéro
obs.	Observations
O.D.C.A.V	Organisme départemental de Coordination des Activités de Vacances

O.N.C.A.V Organisme national de Coordination des Activités de Vacances

O.N.E.C.C.A Ordre national des Experts comptables et des Comptables agréés

O.R.C.A.V Organisme Régional de Coordination des Activités de Vacances

p. Page

PRECOL Programme de Renforcement et d'Équipement des Collectivités locales

UM-PAMECAS Union des Mutuelles du partenariat pour la mobilisation de l'épargne et du crédit

RADDHO Rencontre Africaine des Droits de l'Homme

rapp Rapport

Rép. Adm. Répertoire de droit public et administratif Dalloz

Rec. Recueil

R.F.D.A Revue française de droit administratif

R.N.D Rassemblement national Démocratique

Sect. Section

S. Recueil Sirey

s. Et suivants

Somm. Sommaires

S.E.S Syndicat des Enseignants sénégalais

SO.NA.TEL Société nationale des Télécommunications

TC Tribunal des Conflits

TF Titre foncier

t. Tome

TA Tribunal administratif

Tit. Titre

V. Voir

AVANT-PROPOS

La réalité d'un État de droit suppose que l'État soit soumis au droit. Le droit administratif est régi par le principe selon lequel, tous les actes de l'Administration doivent être conformes aux règles de droit qui leur sont supérieures.

Cette soumission ne peut être assurée que s'il existe un juge compétent pour exercer le contrôle des actes de l'Administration. Ce juge est appelé le juge de l'excès de pouvoir.

L'objet de ce recours pour excès de pouvoir est de faire respecter la hiérarchie des normes par l'Administration.

Il est défini comme un recours juridictionnel intenté contre un acte d'une autorité administrative et tendant à faire prononcer l'annulation dudit acte en cas d'illégalité. Il est par conséquent, considéré comme l'élément de la sanction du principe de légalité. Gaston JEZE en 1929 dans un article intitulé « *Les libertés individuelles* » *écrivait que le recours pour excès de pouvoir est l'arme la plus efficace, la plus économique, la plus pratique qui existe au monde pour défendre les libertés* ».

Au Sénégal, cette sanction de l'illégalité commise par l'Administration est confiée à la Cour suprême. Ainsi, cette dernière est devenue au regard des dispositions de l'article premier de la loi organique relative à la Cour suprême « *juge en premier et dernier ressort de l'excès de pouvoir des autorités administratives, ainsi que de la légalité des actes des collectivités territoriales...* »[1].

Le recours pour excès de pouvoir, à la différence du recours de plein contentieux, est porté directement devant une haute juridiction dans sa formation administrative.

---

[1] La loi organique n°2017-09 du 17 janvier 2017 (JORS, numéro spécial du 18 janvier 2017, p.47) abrogeant et remplaçant la loi organique n° 2008-35 du 7 août 2008 portant création de la Cour suprême, modifiée.

Il faut noter que le recours pour excès de pouvoir est considéré comme un recours objectif (un procès fait à un acte), d'ordre public (il existe sans texte) et d'utilité publique (il s'exerce de manière pratique)[2].

En plus de ces trois caractères, le recours pour excès de pouvoir a aussi un caractère non suspensif.

La non-suspension de l'exécution de la décision découle du principe du privilège du préalable selon lequel, l'administré doit d'abord exécuter une décision avant de la contester devant le juge. L'arrêt rendu en assemblée par Conseil d'État français le 2 juillet 1982, HUGLO et autres[3] considère, à cet égard, le principe du caractère

Ce recours pour excès de pouvoir n'est recevable que s'il est dirigé contre un acte administratif exécutoire faisant grief. Malgré cette précision, il est fréquent de constater dans la pratique que les citoyens ont des difficultés pour faire la différence entre ces actes susceptibles de recours pour excès de pouvoir et les actes insusceptibles de recours pour excès de pouvoir.

L'étude de la jurisprudence administrative révèle à suffisance cet état de fait.

---

[2] Conseil d'État du 17 février 1950, Dame LAMOTTE.

[3] Conseil d'État le 2 juillet 1982, HUGLO et autres, *AJDA* 1982, p. 657 et s.exécutoire de l'acte administratif unilatéral comme une règle fondamentale du droit public.

Première partie

LES ACTES SUSCEPTIBLES DE RECOURS POUR EXCÈS DE POUVOIR

Olivier GOHIN, Le recours pour excès de pouvoir et les référés (2012) : « *Le recours pour excès de pouvoir correspond, au sein du contentieux de l'excès de pouvoir, à l'hypothèse de principe d'une demande formée par voie d'action qui conclut à la seule annulation, en tout ou partie, d'un acte administratif unilatéral par des moyens de droit*».

L'acte administratif, pour « *faire grief* » et donc pouvoir faire l'objet d'un recours pour excès de pouvoir, doit être un acte juridique, ajouter au droit (modification de l'ordonnancement juridique) et présenter le caractère d'une décision exécutoire (qui suffit à porter des effets).

Les actes unilatéraux révèlent la puissance de l'autorité administrative, qui impose ses décisions à une ou plusieurs personnes, ou à des catégories de personnes. Cependant, il convient de distinguer les actes individuels des actes réglementaires, et de rappeler les autorités bénéficiant d'un pouvoir réglementaire.

L'acte individuel est facile à identifier : il est édicté à l'égard d'une ou plusieurs personnes déterminées, nominativement désignées. Il peut s'agir d'un destinataire personne morale ou physique.

Il s'agit généralement de l'application d'actes réglementaires édictés en amont.

L'acte réglementaire est une norme générale et impersonnelle adressée à des individus non déterminés. Il peut néanmoins s'adresser à un groupe de population (à une fonction par exemple, ou aux seuls automobilistes). Il ne se distingue pas de l'acte individuel par le nombre de personnes auxquelles il s'adresse, mais par d'autres éléments caractéristiques ; les autorités bénéficiant du pouvoir réglementaire ont en effet des obligations particulières dans cette mission. Elle est par exemple obligée d'utiliser son pouvoir réglementaire dans un délai raisonnable (sous peine d'illégalité) et publier également ses décisions dans un délai raisonnable afin d'informer le public. Aussi, les règlements illégaux doivent être abrogés.

Certaines autorités administratives disposent d'un pouvoir réglementaire général, c'est dire que les actes s'appliquent sur l'ensemble du territoire et dans toutes les matières réglementaires.

Le recours pour excès de pouvoir peut être formé, entre autres, contre les décisions et actes suivants :

- les décrets du Président de la République ;

- les arrêtés ministériels ;

- les arrêtés des représentants de l'État (gouverneurs, préfets et sous-Préfets) ;

- les circulaires à caractère réglementaire ;

- les décisions des organes exécutifs et délibérants des collectivités territoriales ;
- les décisions prises par les directeurs de services ;
- les décisions prises par les organes exécutifs et délibérants de l'Université ;
- les décisions du Conseil national de Régulation de l'Audiovisuel (C.N.R.A.) ;
- les décisions du Conseil supérieur de la Magistrature ;
- les décisions rendues par les conseils nationaux des divers ordres professionnels (ordre des Médecins, des avocats, des Pharmaciens, des Experts, etc.) ;
- les décisions de licenciement des délégués du personnel ;
- les décisions des personnes privées, investies d'une mission de Service public (les Fédérations sportives);
- les décisions rendues par le Comité de Règlement des Différends de l'A.R.M.P ;
- les actes détachables du contrat ;
- les conventions conclues dans le cadre de la décentralisation ;
- les ordonnances prises par les chefs de juridiction ;
- les ordonnances prises sur le fondement de l'article 77 de la Constitution qui ne sont pas ratifiées par l'Assemblée nationale ;
- les mesures exceptionnelles du Président de la République sur le fondement de l'article 52 de la Constitution qui ne sont pas ratifiées par l'Assemblée nationale ;
- sommation d'arrêt de travaux et de démolition de la DSCOS.

Chapitre I

LES DÉCRETS DU PRÉSIDENT DE LA RÉPUBLIQUE

Charles DE GAULLE, Conférence de presse 31 janvier 1964 :

« *Il doit être évidemment entendu que l'autorité indivisible de l'État est confiée toute entière au Président par le peuple qui l'a élu, qu'il n'en existe aucune autre, ni ministérielle, ni civile, ni militaire, ni judiciaire, qui ne soit conférée et maintenue par lui* ».

Le Président de la République est investi de deux fonctions administratives essentielles : il est responsable de la politique de la Nation et chef de l'Administration.

En tant que responsable de la politique de la Nation, le Président de la République est détenteur exclusif du pouvoir exécutif et en tant tel que du pouvoir règlementaire.

En tant que chef de l'Administration le Président de la République dispose d'un pouvoir de nomination aux emplois civils et militaires et d'un pouvoir de révocation (pour le parallélisme des compétences).

Le Président de la République dispose ainsi d'un pouvoir réglementaire lorsqu'il signe les décrets délibérés en Conseil des ministres et les ordonnances. Les ordonnances sont prises après demande du gouvernement au Parlement, qui donne l'autorisation de les édicter.

Jurisp. : CS 26 Mai 1965, Ibrahima Seydou NDAW c/ État du Sénégal

Sur les conclusions afin de non-lieu présentées pour l'État du Sénégal ;

Attendu que ni la circonstance que les élections municipales ont eu lieu dans la ville de Kaolack depuis l'introduction du pourvoi, ni l'annulation que le Conseil d'État de la République française d'un précédent décret du 20 mai 1959 prononçant la dissolution du conseil municipal de ladite ville n'ont pour effet de rendre ans objet le pourvoi du sieur NDAW dirigé contre le décret du 11 juillet 1959 mettant en fonction la délégation spéciale instituée dans cette ville ; que le requérant conserve un intérêt dans l'annulation de ce décret, lequel lui a causé grief et a été effectivement appliqué ; que dès lors il y a lieu de statuer sur la requête;

Sur les conclusions de la requête du sieur NDAW ;

Attendu qu'aux termes de l'article 45 de la loi du 18 novembre 1955, en vigueur à la date du décret attaqué, *« toutes les fois que le conseil municipal a été dissout, ou que, par application de l'article précédent, une délégation spéciale a été nommée, il est procédé à la réélection du conseil municipal dans les deux mois à dater de la dissolution, à moins que l'on se trouve dans les trois mois qui précèdent le renouvellement* général des conseillers municipaux » ;

Attendu que le conseil municipal de Kaolack a été dissout le 20 mai 1959, que dès lors le décret attaqué ne pouvait sans violer les dispositions susmentionnées prévoir comme il l'a fait, que la délégation spéciale instituée dans ladite commune resterait en fonction jusqu'à la fin de l'exercice budgétaire de 1959, c'est-à-dire plus de deux mois à compter de la dissolution;

PAR CES MOTIFS ,

Annule le décret 59-178 du 11 juillet 1959 maintenant en fonction la délégation spéciale de la commune de Kaolack.

Jurisp. : CS 29 janvier 1975, Séga SECK FALL c/État du Sénégal

Attendu que le sieur Séga SECK FALL demande l'annulation pour excès de pouvoir du décret n° 73-279 du 28 mars 1973 portant dissolution du syndicat des enseignants sénégalais(SES) ; qu'il n'est pas contesté que ce décret, qui constitue un décret individuel et non pas réglementaire, n'a pas été notifié aux dirigeants de ce syndicat ; que par suite le délai du recours pour excès de pouvoir n'a pu commencer à courir à l'encontre de ces derniers ; qu'ainsi la fin de non-recevoir soulevé par l'État et tirée de la tardiveté de la requête doit être rejetée ;

Attendu que le sieur FALL qui était Secrétaire général du syndicat frappé de dissolution du décret attaqué ; que la requête est donc recevable;

Au fond ;

Attendu en premier lieu qu'il résulte de la photocopie de l'original du décret attaqué versé au dossier que celui-ci a été signé par le Président de la République à Rome et non pas à Dakar ; mais qu'aucune disposition constitutionnelle ou législative n'impose comme condition à l'exercice par le Président de la République du pouvoir de signer les décrets qui lui est conféré par l'article 37 de la constitution qu'il se trouve au moment de la signature sur le territoire national ;

Attendu en deuxième lieu qu'il résulte des visas du décret attaqué que ses auteurs ont entendu lui donner comme base légale les dispositions de l'article 1e, 4e de la loi n 60- 40 du 22 mai 1965 sur les associations séditieuses aux termes desquelles « *seront dissous par décret les associations ou groupements :……. 4e dont l'activité serait de nature à troubler par tous moyens illégaux le fonctionnement du régime constitutionnel* » ;

Attendu que cette disposition législative habilite le président de la République à prononcer par décret la dissolution d'un syndicat qui remplirait les conditions posées au paragraphe 4 de l'article 1e de la loi précitée ; Qu'il appartient au juge de l'excès de pouvoir de vérifier que cette condition est bien remplie en l'espèce ;

Mais attendu que, par un jugement du 13 octobre 1973 passé en force de chose jugée et dont les constatations matérielles s'imposent au juge de l'excès de pouvoir, le tribunal spécial a condamné à 6 mois de prison avec sursis trois dirigeants du SES parmi lesquels le requérant pour « pour s'être à Dakar dans le courant de l'année 1973, livré à des manœuvres et actes de nature à compromettre la sécurité publique ou à occasionner des troubles politiques graves, à jeter le discrédit sur les institutions politiques ou leur fonctionnement, à enfreindre les lois du pays » Qu'il apparait ainsi que le SES du fait des agissements de trois de ses principaux dirigeants entrait bien dans le champ d'application de la loi de 1965 ; que le moyen tiré de ce que le décret attaqué serait dépourvu de toute base légale ne saurait donc être retenu ;

Attendu en troisième lieu que le requérant invoque les dispositions de l'article 4 de la convention n 87 de l'organisation internationale du travail sur la liberté syndicale et la protection du droit syndical, signé à Sa Francisco le 9 juillet 1948 et ratifié par l'ex-fédération du Mali aux termes desquelles : « les organisations de travailleurs et d'employeurs ne sont pas sujettes à dissolution ou suspension par voie administrative » ;

Mais attendu qu'aux termes de l'article 79 de la constitution « *les traités ou accords régulièrement ratifiés ou approuvés ont, dès leur publication, une autorité supérieure à celle des lois...* » ; Que cette disposition s'applique à l'ensemble des traités et accords conclus par le Sénégal y compris ceux entrés en vigueur antérieurement à la constitution du 8 mars 1963 ; qu'il n'est pas établi que la convention n87 de l'OIT ait fait l'objet d'une publication au Sénégal ; qu'en admettant même qu'elle soit publiée elle ne saurait dans ces conditions prévaloir sur les dispositions précitées de la loi 65- 40 du 22 mai 1965 qui ont servi de fondement légal à la décision attaquée ;

PAR CES MOTIFS,

Rejette la requête du sieur Séga SECK FALL.

Jurisp. : CS 23 juillet 1975, Souleymane SIDIBE et Amicale des Administrateurs Civils du Sénégal c/État du Sénégal

Attendu que les requêtes n° 54/73 du sieur Souleymane SIDIBE et n° 12/74 de l'Amicale des Administrateurs civils du Sénégal présentent à juger les mêmes questions ou des questions connexes ; qu'il y a lieu de les joindre ou pour y être statué par une seule décision ; Sur la fin de non-recevoir soulevée par l'État à l'encontre des conclusions de la requête du sieur SIDIBE dirigées contre le décret n° 73-353 du 14 avril 1973 abrogeant et remplaçant les articles 2 et 3 du décret n° 67-1203 du 8 novembre 1967 autorisant le recrutement sur titres à l'École Nationale d'Administration d'agents ayant effectué les stages de formation du Centre d'Études du Service des Enquêtes Economiques ;

Attendu qu'aux termes de l'article 83 dc l'ordonnance n° 60-17 du 3 septembre 1960 portant loi organique sur la Cour suprême « *le délai pour se pourvoir en excès de pouvoir est de deux mois. Ce délai court de la date de la publication de la décision attaquée* ... » que, selon les dispositions de l'article 2 de la loi n° 70-14 du 6 février 1970 fixant les règles d'applicabilité des lois, des actes administratifs à caractère individuel, modifiée par la loi n° 71-07 du 21 janvier 1971, « ... *Les actes administratifs à caractère réglementaire sont publiés par voie d'insertion au Journal Officiel... Ils deviennent exécutoire... Dans la région du Cap-Vert... le 3 e jour suivant la date de dépôt au Secrétariat général du gouvernement du Journal Officiel dans lequel ils sont insérés...* » ;

Attendu que le décret n° 73-353 du 14 avril susmentionné qui constitue un décret réglementaire, a été publié au Journal Officiel n° 4292 du 5 mai 1973 ; que ledit Journal Officiel, selon le récépissé publié au n° 4294 du 12 mai 1973, a été déposé au secrétariat général du gouvernement le 12 mai 1973; qu'il est ainsi devenu exécutoire à l'égard du sieur SIDIBE, domicilié dans la région du Cap-Vert, le 15 mai 1973 ; que la requête de l'intéressé n'a été enregistrée au greffe de la Cour suprême que le 17 aout 1973, soit après l'expiration du délai du recours contentieux ; que les conclusions de ladite requête dirigées contre le décret n°73-353 du 14 aout 1873 doivent par suite être déclaré irrecevables comme tardives ;

Sur les conclusions des requêtes du sieur SIDIBE et de l'amicale des administrateurs civils du Sénégal dirigé contre les décrets n° 73-354 du 14 avril 1973 abrogeant et remplaçant le 2e alinéa de l'article 1er du décret n° 72-1172 du 29 septembre 1972 portant nomination de MM. Tidiane AW et Adrien SENGHOR dans le corps des administrateurs civils et n° 73-1030 du 19 novembre 1973 portant régularisation de situation de MM. Tidiane AW et Adrien SHENGHOR ;

Attendu que si le sieur SIDIBE n'est plus recevable à poursuivre l'annulation du décret n° 73- 353 du 14 avril 1973, les requérants sont par contre recevables à contester la légalité dudit décret en tant qu'il sert de base juridique au décret précité n° 73-354 du 14 avril 1973 et 73- 1030 du 19 novembre 1973 ;

Attendu que par les dispositions de l'article 2 du décret n° 67-1203 du 8 novembre 1967, modifié sur ce point par le décret n° 73-353 du 14 avril 1973, l'ancienneté civile conservée par les fonctionnaires ou agents visés à l'article 1er dudit décret n° 67-1203 du 8 novembre 1967 a été porté d'un an à la durée des services effectués par les intéressés depuis leur retour de stage au centre d'étude du service des enquêtes économiques français, en qualité de fonctionnaires ou d'agents non titularisés de l'État ou des établissements publics ; que ces dispositions constituent l'unique base juridique des décrets n°73-354 du 14 avril 1973 et 73- 1030 du 19 novembre 1973 qui en ont fait application au Sieur Tidiane Aw et Adrien SENGHOR ;

Attendu que lesdites dispositions avaient pour objet de modifier les conditions de nomination d'une catégorie d'agent dans le corps des administrateurs civils ; qu'elles avaient ainsi nécessairement pour effet de modifier les dispositions du décret n° 62-074 du 27 février 1962 portant statut particulier du cadre des fonctionnaires de l'administration qui, en ses articles 8 fixe les conditions de nomination et d'intégration dans le corps des administrateurs civils ;

Attendu qu'aux termes de l'article 18 de la loi n° 61-33 du 15 juin 1961 relative au statut général des fonctionnaires, le conseil supérieur de la fonction publique « *donne son avis sur toutes les questions intéressant les fonctionnaires ou la fonction publique du Sénégal. Il est notamment appelé à donner son avis sur les projets de statuts particuliers des divers cadres des fonctionnaires* » ; qu'il résulte de ces dernières dispositions que l'avis du conseil supérieur de la fonction publique est une formalité préalable et obligatoire avant l'adoption de toutes dispositions ayant trait au statut particulier d'un cadre de fonctionnaires ;

Attendu qu'il n'est pas contesté que les dispositions sus-analysées du décret n° 73-353 du 14 avril 1973 n'ont pas été soumises à l'avis du conseil supérieur de la fonction publique non plus d'ailleurs que celle du décret n° 67-1203 du 8 novembre 1967 qu'elles avaient pour objet de modifier ; que les requérants sont par suite fondés à soutenir que lesdites dispositions sont illégales comme ayant été adopté à la suite d'une procédure irrégulière et a demandé par voie de conséquence l'annulation des décrets n° 73-354 du 14 avril 1973 et 73-1030 du 19 novembre 1973 qui en ont fait application aux Sieurs Tidiane AW et Adrien SENGHOR;

PAR CES MOTIFS,

Annule pour excès de pouvoir le décret n° 73-354 du 14 avril 1973 abrogeant et remplaçant le 2 e alinéa de l'article 1er du décret n° 72- 1172 du 29 septembre 1972 portant nomination de MM. Tidiane AW et Adrien SENGHOR dans le corps des administrateurs civils, publié au Journal Officiel n°4330 du 15 décembre 1973, Page 2210.

<u>Jurisp</u> : CS 5 JANVIER 1978, CHEIKH ANTA DIOP c/État du Sénégal

Attendu que le sieur Cheikh Anta DIOP demande l'annulation pour excès de pouvoir de la décision implicite par laquelle le Président de la République a rejeté le recours administratif qu'il avait formé devant lui contre le rejet de déclaration d'un nouveau parti politique dénommé « *Rassemblement national démocratique* » (RND).

Sur la recevabilité de la requête et sans qu'il soit besoin de statuer sur la demande de mesure d'instruction présentée à l'audience pour le requérant ;

Attendu qu'aux termes de l'article 83, 4e alinéa de l'ordonnance n°60-17 du 3 Septembre 1960 portant loi organique sur la Cour suprême :

« *Toutefois, avant de se pourvoir contre une décision administrative, les intéressés peuvent présenter dans le délai du recours pour excès de pouvoir, un recours administratif hiérarchique ou gracieux tendant à faire rapporter ladite décision. Le silence gardé plus de 4 mois par l'autorité compétente sur le cours administratif vaut décision de rejet. Le délai de deux mois prévu ci-dessus ne commence à courir qu'à compter de la notification de la décision de rejet de recours administratif et, au plus tard, de l'expiration de la période de quatre mois prévue au présent alinéa* » ;

Attendu que la déclaration du RND a été déposée à la Gouvernance de la région du Cap-Vert le 3 Février 1976 ; que le dépôt de cette déclaration vaut demande de récépissé d'enregistrement ; que le Président de la République déclarait dans une interview au journal « le Soleil » du 23 Février 1976, dont la matérialité et la substance ne sont pas contestées par l'Administration, que le récépissé ne serait pas délivré au RND avant que ne soit organisée la coexistence des partis sur le plan réglementaire ; qu'ainsi que l'a soutenu le requérant, tant dans sa requête qu'à l'audience, ladite déclaration, qui manifeste une volonté expresse et non équivoque de l'autorité exécutive de ne pas délivrer en l'état au RND le récépissé de sa déclaration, constitue une décision expresse de rejet de ladite demande ; que le requérant, selon ses propres déclarations, a formé contre cette décision de rejet de recours administratif gracieux sous forme de lettre ouverte au Président de la République en date du 5 Mars 1976 ; que, si l'accusé de réception de cette lettre par le Président de la République n'a pas été produit au dossier par le requérant, ladite lettre a été publiée dans le journal « Le Soleil » du 10 Mars 1976, accompagnée d'une réponse du Premier Ministre, et que le Président de la République doit par suite être réputé en avoir eu connaissance au plus tard à cette date, soit dans le délai du recours pour excès de pouvoir, que la réponse du Premier Ministre n'émanant pas de l'autorité saisie du recours gracieux ne peut être considérée comme une décision de rejet de celui-ci ; qu'aucune réponse n'ayant été apportée par le Président de la République à ce recours gracieux, une décision implicite de rejet de celui-ci est ainsi intervenue au bout de quatre mois, soit le 10 Juillet 1976 ; qu'il appartenait alors au requérant, en vertu des dispositions sur la Cour suprême, de former un recours pour excès de pouvoir devant la Cour suprême dans les deux mois, soit avant le 10 Septembre 1976 ; que la lettre du gouvernement de la région du Cap-Vert n°219/GCV/PS en date du 12 Avril 1976, se contente de répéter la décision initiale de rejet prise par le Président de la République le 23 Février 1976 et était de ce fait insusceptible de prolonger le délai du recours contentieux ; que la requête n'a été enregistrée au greffe de la 2e section de la Cour suprême que le 16 Octobre 1976, soit plus d'un mois après l'expiration du délai du recours contentieux ;

Attendu que le respect des délais du recours contentieux fixés par la loi organique sur la Cour suprême est une question d'ordre public que le juge de l'excès de pouvoir doit soulever d'office ; qu'il y a lieu dans ces conditions de déclarer la requête irrecevable comme tardive ;

PAR CES MOTIFS,

Rejette comme irrecevable le recours du sieur Cheikh Anta DIOP.

<u>Jurisp.</u> : CS 5 avril 1978, Emile WARDINI c/ État du Sénégal
Attendu que le sieur WARDINI demande l'annulation pour excès de pouvoir du décret n° 77- 612 du 18 juillet 1977 en tant qu'il l'a exclu de l'Université de Dakar et qu'en attendant de statuer au fond, il soit sursis à l'exécution dudit décret ;

Attendu que les conditions de recevabilité de la requête paraissent réunies; Attendu qu'aux termes de l'article 84 de n° 60-17 du 3 septembre 1960 portant loi organique sur la Cour suprême, « *Sur demande expresse de la partie requérante, la Cour suprême peut, à titre exceptionnel ordonner le sursis à des décisions administratives contre lesquelles a été introduit le recours en annulation ; Le sursis à exécution ne peut être accordé que si les moyens invoqués paraissent sérieux et si le préjudice encouru par le requérant est irréparable* » ;

Attendu que les moyens invoqués par le sieur WARDINI à l'appui de son recours paraissent sérieux ; que, du fait du décret attaqué, le requérant, qui avait subi avec succès les examens de fin de 3e année de Sciences juridiques et devait s'inscrire en 4e année de licence pendant l'année universitaire 1977-1978, risque de perdre une ou plusieurs années d'études; qu'il apparait ainsi que le préjudice encouru par lui a bien un caractère irréparable ;

PAR CES MOTIFS,

Ordonne, le sursis à l'exécution du décret n° 77-612 du 18 juillet 1977 portant exclusion d'étudiants de l'université de Dakar en tant qu'il est applicable au sieur WARDINI.

Réserve les dépens.

Dit que le présent arrêt sera notifié au Ministre de l'Enseignement supérieur, au Recteur de l'Université de Dakar et au Doyen de la Faculté des Sciences juridiques et économiques.

Jurisp. : Cour suprême, 5 juillet 1979, Aminata SALL et autres c/État du Sénégal

Annulation du décret du Président de la République excluant des étudiants de l'université

Attendu que la demoiselle Aminata SALL et les sieurs Mouhamadou Makhtar LO, Yaly DIOP, Yaré FALL, étudiants a la Faculté des Sciences Juridiques et Economiques, demandent l'annulation pour excès de pouvoir du décret n° 77-612 du 18 juillet 1977 en tant que ledit décret les a définitivement exclus de l'Université de Dakar en leur interdisant de s'inscrire dans autre établissement d'enseignement supérieur du Sénégal et de bénéficier d'aucune bourse extérieure attribuée par l'intermédiaire des autorités sénégalaises ;

Sur la recevabilité de la requête ;

Attendu que les sept requérants ont un intérêt commun à l'annulation du décret attaqué; qu'ils ne présentent que des moyens de droit pur qui ne nécessitent pas l'examen de la situation particulière de chacun d'entre eux; que leur requête collective apparait de ce point de vue recevable à l'égard de l'ensemble d'entre eux ;

Attendu que l'État soutient d'autre part que la requête serait irrecevable pour tardiveté du fait qu'elle n'a été enregistrée que le 15 janvier 1979 alors que le décret attaqué a été publié au Journal Officiel du 6 aout 1977 ;

Mais attendu qu'aux termes de l'article 83 de l'ordonnance n°60-17 du 3 septembre 1960 portant loi organique sur la Cour suprême : « *le délai pour se pourvoir est de deux mois. Le délai court de la date de la publication de la décision attaquée à moins qu'elle ne doive être notifiée ou signifiée, auquel cas le délai court de la date de la notification ou de la signification* » ;

Que selon l'article 5 de la loi n°70-14 du 6 février 1970 fixant les règles d'applicabilité des lois, les actes administratifs à caractère règlementaire et les actes administratifs à caractère individuel, « *sauf exception prévue par la loi et sous réserve des dispositions contraires, les* *actes administratifs à caractère individuel, quelles qu'en soient la forme ou l'origine, deviennent exécutoires dès leur notification* » ;

Attendu que le décret attaqué constitue par excellence un acte administratif à caractère individuel ; que, par suite, si sa publication au journal officiel le rendait opposable aux tiers, cette publication ne pouvait à elle seule faire courir le délai du recours contentieux à l'encontre des requérants visés par ledit décret, en l'absence de notification ; qu'il n'est pas contesté par l'administration que cette notification n'a pas en l'espèce été effectuée ; que l'administration ne saurait non plus soutenir utilement à cet effet que les requérants auraient eu connaissance acquise de la mesure qui les frappaient en se présentant en vue de leur réinscription au secrétariat de la faculté ; qu'en effet, outre que cette affirmation n'est assortie d'aucune précision de nature à en établir l'exactitude, seule la formalité requise par la loi de la notification individuelle était susceptible de faire courir le délai du recours contentieux à l'encontre des intéressés ; qu'il s'ensuit que la requête n'est pas tardive et que la fin de non-recevoir soulevée par l'État doit être rejetée ;

Sur la demande de sursis à exécution ;

Attendu que l'affaire étant en état, il n'y a pas lieu de statuer sur la demande de sursis à exécution présentée par les requérants au fond ;

Attendu qu'aux termes de l'article 9 du décret n°70 -1135 du 13 octobre 1970 portant statut de l'université de Dakar, « *la compétence disciplinaire à l'égard des étudiants est exercée par une commission désignée au sein de l'assemblé de l'université. La composition de cette commission et les modalités d'exercice du pouvoir disciplinaire seront fixées par décret* ».

Que selon les 6e et 7ealinéas de l'article 4 de la loi n°67-45 du 13 juillet 1967 relative à l'université de Dakar, complétée sur ce point par la loi n°71-32 du 15 mars 1971 :

«*Toutefois, lorsque le déroulement normal des activités de l'université se trouve empêché, les conditions d'administration de l'université, des facultés et des autres établissements peuvent à titre provisoire, être fixées par des décrets qui pourront déroger aux dispositions qui précèdent. La date d'entrée en vigueur de cette réglementation ainsi que la date de retour au régime normal seront fixées par décret* » ;

Qu'aux termes du 2e et 3e alinéa de l'article premier du décret n° 71-299 du 16 mars 1971 pris en application des 6e et 7e alinéa de l'article 4 de la loi n° 67-45 du 13 juillet 1967 relative à l'université de Dakar, modifiée par le décret n° 74-209 du 5 mars 1974 : « *le conseil provisoire de l'université exerce toutes les compétences de l'assemblée de l'université ainsi que celle de la commission de discipline prévue de l'article 9 du décret n° 70-1135 du 13 octobre 1970.*

Toutefois, le gouvernement pourra, par décret, fixer le régime des inscriptions, et, dans le cadre de ce régime, prendre toutes décisions individuelles en la matière ».

Qu'en vertu du décret n°71-300 du 16 mars 1971, la réglementation prévue par le décret n°71-299 du 16 mars 1971 est entrée en vigueur à cette même date et l'était toujours au moment où a été pris le décret attaqué ;

Qu'enfin, en vertu de l'article 4 du décret n°71-1209 du 9 novembre 1971 relatif aux modalités d'exercice du pouvoir disciplinaire à l'égard des étudiants ; « *dans les circonstances prévues par les 6e et 7e alinéas de l'article 4 de la loi n°67-45 du 13 juillet 1967, la compétence disciplinaire à l'égard des étudiants est exercée par le conseil provisoire de l'Université défini à l'article premier du décret n°71-299 du 16 mars 1971* » ;

Attendu qu'il résulte clairement de la combinaison des différents textes précités que, sous l'empire du régime provisoire d'administration de l'université en vigueur de l'époque du décret attaqué, la compétence disciplinaire à l'égard des étudiants appartenait exclusivement au conseil provisoire de l'Université et devait s'exercer selon la procédure prévue au décret n° 71-1202 du 9 novembre 1971 ; qu'à l'encontre des affirmations de l'Administration, l'article premier du décret n° 71-299 du 16 mars 1971, qui se borne à permettre au gouvernement de fixer par décret le régime des inscriptions et, dans le cadre de ce régime, de prendre toutes décisions individuelles en la matière, ne saurait s'analyser comme habilitant le gouvernement à prendre par décret et sans autres formalités des sanctions disciplinaires à l'égard des étudiants de l'Université ; que, par suite, le Gouvernement n'a pu par décret individuel, exclure définitivement les requérants de l'Université et leur interdire de s'inscrire dans aucun autre établissement d'enseignement supérieur du Sénégal sans violer les dispositions règlementaires sus rappelées de l'article 9 du décret n°70-1135 du 13 octobre 1970, de l'article premier deuxième alinéa du décret n° 71-1202 du 9 novembre 1971 ; que les requérants sont par suite fondés à demander l'annulation pour excès de pouvoir du décret attaqué en ce qui les concerne ;

PAR CES MOTIFS,

Annule pour excès de pouvoir le décret n°77-612 du 18 juillet 1977 portant exclusion d'étudiants de l'Université de Dakar en tant qu'il s'applique à la demoiselle Aminata SALL, et aux sieurs Mouhamadou Makhtar LO, Yaly DIOP, Ousmane DIARRA, Ngagne GUEYE, Papa DIOUF et Yaré FALL.

Jurisp. : C.E arrêt n°0073 du 27 Juillet 1994, Abdoulaye Lath DIOUF c/ État du Sénégal

Excès de pouvoir - Acte administratif individuel - Statut-Point de départ du délai - Inspecteur Général d'État - Nomination - Publication - Intangibilité des actes administratifs individuels - Droits acquis - Annulation - Non-respect de la hiérarchie des normes - Retrait de l'acte administratif illégal.

Résumé : L'acte administratif ne peut contenir des dispositions contraires à la loi. Si tel est le cas, l'autorité administrative peut le retirer dans le délai du recours pour excès de pouvoir qui court à compter de la publication de l'acte litigieux et non à partir de la date de dépôt du Journal Officiel contenant l'acte attaqué au Secrétariat Général du Gouvernement.

A l'expiration du délai du recours, l'acte individuel illégal ayant créé des droits ne peut plus être retiré. Il s'ensuit que l'acte attaqué encourt l'annulation.

LE CONSEIL D'ÉTAT

Considérant qu'à partir de la date de prise d'effet du décret n°91-1213 du 14 novembre 1991 le nommant dans le Corps des Inspecteurs Généraux d'État, la situation administrative de Monsieur Lath DIOUF n'est régie que par la loi n°87-18 du 3 août 1987 portant statut des Inspecteurs Généraux d'État ;

Considérant que l'article 4 de ce statut dispose : « *Cette nomination s'effectue à indice égal ou immédiatement supérieur. Les Inspecteurs Généraux d'État ainsi recrutés, conserveront pour l'avancement, le bénéfice de l'ancienneté qu'ils ont acquise dans leur corps d'origin*e ».

Considérant que de ce qui précède il résulte que l'article 2 du décret n°9l-1213 du 14 novembre 1991 avait apporté à la loi précitée une innovation en précisant que « *l'intéressé conserve, dans le nouveau corps de nomination, l'indice militaire 739 et les accessoires de solde acquis dans son corps d'origine* », alors que le principe de la subordination de l'Acte Administratif à la loi entraîne qu'un décret ne peut, sous peine d'illégalité, édicter des dispositions contraires ;

QU'il s'en suit que l'article 2 dudit décret devait être retiré, puisqu'aucune autre loi ne prévoit que les personnes nommées dans le Corps Inspecteurs Généraux d'État conservent l'indice et les accessoires de solde acquis dans leur corps d'origine ;

Considérant cependant que s'il appartient à l'autorité compétente, lorsqu'une décision administrative ayant créé des droits est entachée d'une illégalité de nature à entraîner sa modification, de prononcer elle-même, d'office cette modification, elle ne peut le faire que dans le délai de recours pour excès de pouvoir conformément à l'article 5 de la loi n°70-14 du 6 février 1970; qu'en l'espèce, l'article 2 du décret 11°91-1213 du 14 novembre ayant créé des droits, ne pouvait être modifié d'office, par application du texte précité que dans le délai de deux mois à partir de la publication de la décision au Journal Officiel du 1er août 1992 sans que sa parution tardive proroge le délai et non point à partir de la date de dépôt de celui-ci au Secrétariat Général du Gouvernement, et ce, conformément à l'article 35 de la loi organique sur le Conseil d'État :

Considérant que le délai déclenché par la publication au journal Officiel court aussi bien à l'égard de l'Administration qu'à l'égard des personnes autres que celles qui sont directement intéressées :

QUE la décision a été publiée depuis plus de deux mois lorsqu'est intervenue à la date du 28 octobre 1992 la décision de modification alors que le décret n°9l-1213 du 14 novembre 1991 ne pouvait plus être ni modifié ni attaqué par la voie juridictionnelle :

QU'il s'en suit que l'article 2 du décret n°92-1477, en date du 28 octobre 1992 mérite annulation.

PAR CES MOTIFS,

Annulle pour excès de pouvoir l'article 2 du décret n°92-1477 en date du 28 octobre 1992.

Jurisp. : Cour suprême arrêt n°20 du 11 avril 13, Fortesa International Sénégal LDC es nom et es qualité de Pétrosen Fortesa c/ État du Sénégal et la Société nationale d'Électricité dite SENELEC

Annulation du décret présidentiel n° 2011-529 du 26 avril 2011 fixant les modalités d'utilisation du gaz naturel obtenu à partir des puits du sous-sol national pour violation des articles 1 et 2 du code pétrolier.

Considérant qu'en vertu des textes visés au moyen, le titulaire d'une concession d'exploitation acquiert la propriété des hydrocarbures produits en tête de puits ; que les exploitants de gisements d'hydrocarbures peuvent être tenus dans des conditions fixées dans la convention ou le contrat de service, d'affecter par priorité les produits de leur exploitation à la couverture des besoins de la consommation intérieure du pays, le prix de cession, dans ce cas devant refléter le prix du marché international et la part de production revenant aux exploitants, après satisfaction des besoins intérieurs du pays, pouvant être exportée librement et en franchise de tous droits et taxes à l'exportation ;

Considérant que le décret attaqué, se fondant sur le code pétrolier, dispose en ses articles 1 et 2 que, d'une part, le gaz naturel obtenu à partir des puits du sous-sol national est exclusivement réservé à l'approvisionnement des centrales de la SENELEC et, d'autre part, suivant des conditions fixées en accord avec SENELEC, les producteurs indépendants d'électricité fournisseurs exclusifs de SENELEC peuvent s'approvisionner en gaz naturel provenant des puits nationaux ;

Considérant ainsi, qu'en réservant exclusivement le gaz naturel obtenu à partir des puits du sous-sol national à la SENELEC et à ses fournisseurs, alors que la loi prévoit d'affecter par priorité ce gaz à la couverture des besoins de la consommation intérieure du pays, le décret viole la loi ;

Qu'il échet de l'annuler ;

PAR CES MOTIFS,

Annule le décret n°2011-529 du 26 avril 2011 fixant les modalités d'utilisation du gaz naturel obtenu à partir des puits du sous-sol national.

Jurisp : Cour suprême, arrêt n°39 du 24/09/09, Djibril SARR c/ État du Sénégal

Considérant que le requérant critique le décret portant intégration des magistrats intérimaires en ce qu'il a établi une hiérarchie différente entre des magistrats de même promotion ayant fait la même durée d'intérim et le même stage alors que, jusqu'au grade de hors hiérarchie, l'avancement dans le corps des magistrats se fait à l'ancienneté et non au choix ;

Considérant que l'agent judiciaire de l'État, qui conclut au rejet du recours, soutient la légalité des affectations intervenues au motif que celles-ci à l'issue des examens de fin de formation ont toujours répondu au principe du mérite et selon les profils des postulants ;

Considérant que les juges intérimaires ont été recrutés dans le corps des magistrats par dérogation aux règles normales de recrutement dans ce corps conformément à la loi organique n° 2005-21 du 05 août 2005 abrogeant et remplaçant les dispositions de l'article 69 de la loi organique portant statut des magistrats et le décret n° 2007-514 du 12 avril 2007 fixant la composition et les attributions de la commission spéciale d'évaluation des juges intérimaires ;

Considérant que le décret en son article 2 alinéa 2 permet à la commission, à l'issue de l'évaluation, d'arrêter la liste des candidats susceptibles d'être intégrés dans le corps des magistrats et de préciser le grade et l'échelon auxquels ils seront alignés en tenant compte de leur ancienneté dans les fonctions de juge, ce qui signifie que les règles de l'avancement normal dans le corps des magistrats, comme l'invoque le requérant, ne leur sont pas encore appliquées puisqu'ils doivent d'abord être intégrés, nommés et ensuite affectés ;

Considérant qu'ainsi la commission, après avoir proclamé les résultats de l'évaluation par procès-verbal du 09 novembre 2007, a établi un classement suivant les moyennes obtenues et a proposé l'intégration des juges à des emplois différents ;

Considérant que les décisions de la commission ne sont susceptibles d'aucun recours conformément à l'alinéa 2 de l'article 69 nouveau de la loi portant statut des magistrats ;

Considérant que, contrairement à ce que soutient le requérant, les juges intérimaires qui ont été nommés par deux arrêtés des 23 novembre 1984 et 08 mai 1985 n'avaient pas tous la même ancienneté dans les fonctions et ne pouvaient donc pas être alignés dans les mêmes groupe, grade et échelon ;

Considérant que le décret attaqué, pris après avis favorable du Conseil supérieur de la magistrature, ne contient rien de contraire à la loi et le requérant n'indique pas en quoi il a rompu l'égalité entre des candidats qui n'étaient pas dans la même situation de fait relativement à leur ancienneté;

Qu'il s'ensuit que le recours doit être rejeté comme mal fondé ;

PAR CES MOTIFS,

Rejette le recours de Djibril SARR formé contre le décret n° 2008-633 du 11 Juin 2008 du Président de la République.

Jurisp. : Cour suprême arrêt n°50 du 26septembre 2013, Cheikh Tidiane SY et autres c/ État du Sénégal)

Vu la requête reçue au greffe central de la Cour suprême le 12 septembre 2012, par laquelle Cheikh Tidiane Sy, Ousmane Ngom, Farba Senghor, Awa Ndiaye et Abdoulaye Racine Kane, ayant pour conseils : Maître Mohamed Seydou Diagne, Maîtres Bathily & assoçiés et Maître Ciré Clédor Ly, avocats à la cour, sollicitent l'annulation du décret n°2012-679 du 6 juillet 2012 portant nomination des membres de la Cour de répression de l'enrichissement illicite ;

Après en avoir délibéré conformément à la loi ;

Considérant que par décret n°2012-679 du 6 juillet 2012, le Président de la République, après avis du Conseil supérieur de la Magistrature, a nommé les membres de la Cour de répression de l'enrichissement illicite (CREI) ; que c'est ce décret que Cheikh Tidiane Sy et quatre autres attaquent en annulation en développant deux moyens et en soulevant in fine l'exception d'inconstitutionnalité dudit décret et celle de la loi n° 81-54 du 10 juillet 1981 créant la CREI ;

Sur la recevabilité du recours :

Considérant que L'Agent judiciaire de l'État conclut à l'irrecevabilité du recours pour défaut d'intérêt et de qualité à agir au motif que le recours en annulation appartenant exclusivement à celui qui souffre personnellement du maintien de l'acte administratif, la nomination des Magistrats à une Cour et le droit de simples citoyens que sont les requérants n'ont absolument aucun lien ;

Considérant que Cheikh Tidiane Sy et les quatre autres ont soutenu sans être contredits qu'ils font déjà l'objet d'une procédure d'enquête préliminaire relative à l'enrichissement illicite au niveau de la Division des investigations criminelles de la Police et de la Section de recherches de la Gendarmerie nationale, à la suite de la nomination de membres de la CREI par le décret attaqué ;

Considérant que le recours pour excès de pouvoir n'est ouvert qu'à ceux qui peuvent justifier que l'annulation qu'ils demandent, présente pour eux un intérêt personnel, la notion d'intérêt s'entendant comme le droit de ne pas souffrir personnellement de l'illégalité ;

Considérant que le décret attaqué nomme les magistrats composant la CREI chargés de poursuivre, d'instruire les procédures et de juger tous ceux qui seront soupçonnés ou prévenus d'enrichissement illicite ;

Qu'ainsi les requérants qui sont déjà dans la phase de l'enquête préliminaire ont qualité et intérêt à agir en annulation du décret ; qu'il échet de déclarer leur recours recevable ;

Sur la recevabilité en la forme du moyen tiré de l'exception d'inconstitutionnalité

Considérant que l'Agent judiciaire de l'État qui conclut en outre à l'irrecevabilité en la forme de ce moyen soutient que les requérants qui se livrent à un détournement de procédure, ne démontrent pas en quoi la contestation de la régularité de la nomination des magistrats de la Cour est subordonnée à la constitutionnalité ou non de la loi portant création de la Cour et en ce qu'étant une exception préjudicielle, celle-ci doit être soulevée « *in limine litis* » et avant tous les moyens développés sur le fond;

Considérant que l'exception d'inconstitutionnalité n'est pas une exception de procédure mais un moyen de fond visant à établir le défaut de base légale de l'acte attaqué qui se fonde sur un texte de loi dont la constitutionnalité est contestée ; qu'ainsi l'ordre dans lequel il est présenté n'a aucune incidence sur sa recevabilité ;

Sur le moyen tiré de l'exception d'inconstitutionnalité, en ce que, en premier lieu, l'appréciation de la constitutionnalité du décret attaqué a une incidence manifeste sur la solution à apporter au litige par la juridiction et, en second lieu, en ce que la loi sur la CREI viole manifestement les dispositions des articles 1 al 4 et 14 du Pacte international relatif aux droits civils et politiques prévoyant, que toute personne coupable d'une infraction a le droit de faire examiner par une juridiction supérieure, la déclaration de culpabilité et la condamnation conformément à la loi, alors qu'en vertu des dispositions de l'article 17 de la loi sur la CREI, les décisions de la Cour ne sont pas susceptibles d'appel ;

Considérant qu'il résulte de l'article 92 de la Constitution que le Conseil constitutionnel connait des exceptions d'inconstitutionnalité soulevées devant la Cour suprême.

Qu'aux termes des dispositions de l'article 20 de la loi organique n°92-23 du 30 mai 1992 sur le Conseil constitutionnel, modifiée par la loi organique n° 99-71 du 17 février 1999, *« Lorsque la solution d'un litige porté devant le Conseil d'État ou la Cour de cassation, [remplacés par Cour suprême], est subordonnée à l'appréciation de la conformité des dispositions d'une loi ou des stipulations d'un accord international à la Constitution, la haute juridiction saisit obligatoirement le Conseil constitutionnel de l'exception d'inconstitutionnalité ainsi soulevée et sursoit à statuer jusqu'à ce que le Conseil constitutionnel se soit prononcé...* » ;

Considérant que les requérants concluent à l'inconstitutionnalité du décret attaqué alors que la Chambre de Céans est saisie de l'appréciation de la légalité dudit décret ;

Considérant que nulle part dans le moyen, il n'est fait état de la non-conformité à la Constitution des dispositions de la loi n°81-54 du 10 juillet 1981 créant une Cour de répression de l'enrichissement illicite, les requérants soutenant plutôt la non-conformité de ladite loi en son article 17 au Pacte international relatif aux droits civils et politiques, alors que l'exception d'inconstitutionnalité doit être soulevée lorsqu'il s'agit d'apprécier la conformité des dispositions d'une loi ou des stipulations d'un accord international à la Constitution ;

Considérant qu'en l'espèce, la solution du litige n'est nullement subordonnée à l'appréciation de la conformité de la loi sur la CREI à la Constitution ;

Qu'ainsi, le moyen étant mal fondé, il n'y a pas lieu à renvoi de l'exception au Conseil constitutionnel ;

Sans qu'il soit besoin de statuer sur le second moyen, sur le moyen tiré de la violation de la loi n°81-54 du 10 juillet 1981 créant une Cour de répression de l'enrichissement illicite, en ce que l'article 4 al 3 de ladite loi prévoit que le Procureur spécial de la Cour est assisté d'un Substitut nommé par décret, conformément aux règles constitutionnelles et statutaires, parmi les Magistrats des Cours et Tribunaux ayant atteint au moins le 1er groupe du 2e grade ou parmi les Juges de paix de classe exceptionnelle, alors que le décret attaqué a nommé un Substitut du Procureur spécial qui ne remplit pas les conditions prévues par la loi, puisqu'étant au moment de sa nomination un magistrat du 2e grade, 2e groupe ;

Considérant que l'Agent judiciaire de l'État a conclu au rejet du moyen comme mal fondé en soutenant que préalablement à la prise du décret qui relève du pouvoir discrétionnaire du Président de la République, les avis de la Cour suprême et du Conseil supérieur de la Magistrature ont été recueillis;

Considérant qu'en l'espèce, d'une part, le Président de la République, contrairement à ce que soutient l'Agent judiciaire de l'État, n'a pas un pouvoir discrétionnaire, mais dispose d'une compétence liée, et d'autre part, l'avis du bureau de la Cour suprême recueilli ne concernait que la nomination du Premier Avocat général près ladite Cour à la CREI ;

Considérant qu'aux termes de l'article 4 al 3 de la loi visée au moyen, le Procureur spécial est assisté d'un Substitut nommé par décret, conformément aux règles constitutionnelles et statutaires, parmi les Magistrats des Cours et Tribunaux ayant atteint au moins le 1er groupe du 2e grade ou parmi les Juges de paix de classe exceptionnelle ;

Considérant qu'il résulte du décret n° 2013-215 du 30 janvier 2013 portant nomination de Magistrats à des emplois du 2e grade, 1er groupe, 6e échelon, indice 3205 produit par les requérants en cours d'instruction, que le magistrat Antoine Félix Abdoulaye Diome, matricule de solde 603270/N, était un magistrat du 2e groupe, 2e grade au moment de sa nomination en juillet 2012 comme Substitut près le Procureur spécial, puisque ce n'est que depuis janvier 2013 qu'il occupe un emploi du 2e grade, 1er groupe, à savoir Substitut du Procureur de la République près le Tribunal régional de 1ère classe de Saint-Louis ;

Qu'ainsi, ne remplissant pas la condition prévue par la loi pour être nommé au poste de Substitut du Procureur spécial en juillet 2012, le décret attaqué encourt l'annulation et ce, même si l'avis préalable du Conseil supérieur de la Magistrature a été requis, la régularité de la procédure de prise de décision ne pouvant effacer l'illégalité qui affecte l'acte ;

Considérant qu'un acte administratif annulé est réputé n'avoir jamais existé ; Que toutefois s'il apparait que l'effet rétroactif de l'annulation est de nature à entrainer des conséquences manifestement excessives en raison tant des effets que l'acte a produits que de l'intérêt général pouvant s'attacher à un maintien temporaire de ses effets, il appartient au Juge administratif de prendre en considération les conséquences de la rétroactivité de l'annulation pour les divers intérêts publics ou privés en présence ;

Considérant qu'eu égard, d'une part à l'intérêt général qui s'attache à la sécurité des procédures d'information ouvertes devant la CREI auxquelles l'intéressé a concouru et d'autre part au motif d'annulation retenu, l'annulation rétroactive de la nomination du Substitut du Procureur spécial porterait une atteinte manifestement excessive au fonctionnement du service public de la justice ;

Que dès lors, il y a lieu dans les circonstances de l'espèce, de ne prononcer l'annulation du décret qu'à l'expiration d'un délai d'un mois à compter de la date de la présente décision et uniquement en ce qu'il porte nomination d'Antoine Félix Abdoulaye DIOME, Substitut du Procureur spécial près la CREI ;

PAR CES MOTIFS,

Déclare le recours recevable en la forme ;

Dit n'y avoir lieu à renvoi de l'exception d'inconstitutionnalité au Conseil constitutionnel ;

Annule le décret n°2012-679 du 6 juillet 2012 uniquement en ce qu'il porte nomination de Antoine Félix Abdoulaye DIOME Substitut du Procureur spécial près la Cour de répression de l'enrichissement illicite ;

Dit que l'annulation prend effet à compter de l'expiration d'un délai d'un (1) mois, à compter de la date de la présente décision.

Jurisp. : Cour suprême, arrêt n°03, du 9 février 2012, Mar DIOUF c/ État du Sénégal

Vu la requête enregistrée au greffe central le 10 juin 2011, par laquelle Mar DIOUF, maire de la ville de Bargny, élisant domicile en l'étude de Maître Mamadou LO, avocat à la Cour, sollicite l'annulation du décret n° 2011-429 du 29 mars 2011 portant création de la Commune de Sendou, dans le département de Rufisque ;

LA COUR SUPRÊME,

Après en avoir délibéré conformément à la loi ;

Sur les trois moyens réunis tirés de la violation des dispositions des articles 79 alinéa premier, 85 alinéa 3 et 84 de la loi n°96-06 du 22 mars 1996 portant Code des Collectivités locales (CCL) en ce que, la nouvelle Commune de Sendou n'a pas un développement suffisant pour pouvoir disposer de ressources propres, nécessaires à l'équilibre de son budget, ne dispose pas de biens propres ainsi que cela résulte du décret attaqué, qui ne comporte pas, par ailleurs, la mention obligatoire de l'avis du conseil municipal de la ville de Bargny ;

Considérant que l'article 79 alinéa 1 du CCL dispose : « Ne peuvent être constituées en communes que les localités ayant un développement suffisant pour pouvoir disposer des ressources propres, nécessaires à l'équilibre de leur budget » ;

Considérant que l'étude socio-économique du 28 septembre 2010, établie par le Service Départemental d'Appui au Développement local versée au débat par l'Agent judiciaire de l'État, sur demande de la Cour, laisse apparaître le tableau des infrastructures dont dispose la nouvelle Commune de Sendou, sa situation économique, son organisation communautaire de base, ses équipements et ses perspectives ; que ce document établi à suffisance, que Sendou dispose de ressources propres, nécessaires à l'équilibre de son budget ;

Considérant qu'aux termes de l'article 85 alinéa 3 du même Code **:** « *Les décrets qui prononcent des rattachements ou des distractions de Commune, en déterminent expressément toutes les autres conditions y compris la dévolution des biens* » **;**

Considérant que le décret n°2011-704 du 6 juin 2011 complétant plusieurs décrets, dont celui attaqué, régulièrement versé au débat, fixe les conditions de dévolution du patrimoine, aussi bien les actifs que les passifs des Collectivités locales modifiées, parmi lesquelles Sendou, dans le département de Rufisque ;

Considérant que l'article 84 du CCL prévoit **:** « *qu'après accomplissement des diverses formalités prévues aux articles 82 et 83 ci-dessus, les conseils municipaux et les conseils ruraux intéressés donnent obligatoirement leur avis* »**;**

Considérant que le Maire de la Commune de Bargny a été mis en demeure par le Ministre chargé des collectivités locales de convoquer le Conseil municipal pour recueillir son avis sur le projet de découpage de la Commune de Bargny ; que celui-ci, arguant de la tenue de la session budgétaire, n'a pas réuni le Conseil municipal pour donner l'avis requis ;

Considérant que l'avis prévu à l'article 84 susvisé étant obligatoire mais non conforme, l'autorité administrative l'ayant sollicité en vain, sa décision ne saurait souffrir d'illégalité de ce chef ;

D'où il suit que les moyens tirés de la violation de la loi ne sont pas fondés;

Sur le moyen tiré du détournement de pouvoir en ce que la démarche de l'État est inspirée par des motivations politiques et partisanes, sans aucun lien avec l'intérêt général ;

Considérant que le détournement de pouvoir s'analyse en un vice qui affecte une décision prise dans un but autre que celui pour lequel son auteur avait reçu compétence ;

Considérant qu'aucun élément du dossier ne permet de soutenir un tel moyen qui, au demeurant, n'est pas articulé par le requérant ;

PAR CES MOTIFS,

Rejette le recours formé par Mar DIOUF contre le décret n°2011-429 du 29 mars 2011 portant création de la Commune de Sendou, dans le département de Rufisque.

Jurisp. : Cour suprême, arrêt n°59 du 8/11/12, la Société Nationale des Télécommunications (SO.NA.TEL S.A) c/ État du Sénégal et l'Agence de Régulation des Télécommunications et des Postes (A.R.T.P)

Vu la requête reçue au Greffe central de la Cour suprême le 25 octobre 2011 par laquelle la Société Nationale des Télécommunications dite SONATEL, élisant domicile en l'Étude de Maître Guédel Ndiaye et associés et en celui de Maître Boukounta Diallo, avocats à la cour, sollicite l'annulation du décret n°2011-1271 du 24 août 2011 abrogeant et remplaçant le décret n°2010-632 du 28 mai 2010 instituant un système de contrôle et de taxation des communications téléphoniques internationales entrant en République du Sénégal ;

Après en avoir délibéré conformément à la loi ;

Considérant qu'il résulte des faits de la cause que le Président de la République du Sénégal a pris le 28 mai 2010, le décret n°2010-632 instituant un système de contrôle et de tarification des communications téléphoniques entrant en République du Sénégal ;

Que ce décret fixe un seuil minimal de tarif que les opérateurs nationaux devront appliquer pour les services de terminaison d'appels de transit et de roaming à destination du Sénégal aussi bien vers les réseaux fixes que mobiles et indique que cette augmentation du tarif par rapport aux coûts qui étaient appliqués, constitue la quote-part due à l'État ;

Qu'en application de ce décret, le Directeur général de l'Agence de Régulation des Télécommunications et des Postes (ARTP) a communiqué à la Société Nationale des Télécommunications (SONATEL SA) :

-la lettre n°1780 du 17 juin 2010 qui contient les modalités d'application du système de contrôle et de tarification des communications téléphoniques internationales entrant en République du Sénégal ;

-la circulaire n°1919 du 1er juillet 2010 fixant les modalités de facturation de la quote-part de l'État dans le cadre du système de contrôle et de tarification des communications téléphoniques internationales entrant en République du Sénégal ;

Que la SONATEL ayant, par courrier du 06 juillet 2010, formé un recours gracieux contre la circulaire, le Directeur de l'ARTP par lettre n°1947 du 12 juillet 2010 a déclaré irrecevable ce recours au motif que la circulaire ne constitue pas un acte réglementaire ;

Que par lettre n°2010 du 20 juillet 2010, le Directeur de l'ARTP a notifié à la SONATEL sa décision de procéder à la facturation sur la base des estimations des volumes de trafic téléphonique international ;

Qu'ensuite, par lettre n°2012 du 21 juillet 2010, il a rappelé à la SONATEL la date du 1er août 2010 comme étant celle d'entrée en vigueur du nouveau seuil de terminaison des appels internationaux entrants et réitéré la décision de procéder à la facturation estimée ;

Que le 24 août 2011, un second décret n°2011-1271 instituant le même système de contrôle et de taxation des communications téléphoniques entrant en République du Sénégal a été pris pour abroger et remplacer le premier décret ;

Que ce décret qui porte sur le même objet comporte des dispositions visant à lutter contre la fraude quel que soit son origine ;

Que ces deux décrets et les lettres et circulaire du Directeur général de l'ARTP ont fait l'objet de trois recours en annulation de la SONATEL ;

Sur la jonction :

Considérant que le décret n°2010-632 du 28 mai 2010 dont l'annulation est sollicitée dans la première requête a fait l'objet d'une application par le Directeur général de l'ARTP qui a pris les actes attaqués en annulation dans la deuxième requête ;

Considérant que la troisième requête vise l'annulation du décret n°2011-1271 du 24 août 2011 qui abroge et remplace le décret n°2010-632 du 28 mai 2010 ;

Considérant qu'il s'agit de requêtes qui présentent un lien de connexité certain ;

Qu'il échet pour une bonne administration de la justice d'en ordonner la jonction et de statuer sur le tout par un seul et même arrêt ;

Sur le non-lieu à statuer :

Considérant que dans son mémoire en réplique reçu au greffe le 23 mars 2012, l'État du Sénégal conclut au non-lieu à statuer sur le recours en annulation dirigé contre le décret n°2010-632 du 28 mai 2010, qui a été abrogé ;

Considérant qu'un recours pour excès de pouvoir dirigé contre un acte administratif n'a d'autre objet que d'en faire prononcer l'annulation avec effet rétroactif ;

Considérant que l'abrogation qui n'a d'effet que pour l'avenir ne prive d'objet le recours formé contre un acte abrogé qu'à la double condition que l'acte n'ait reçu aucune exécution pendant la période où il était en vigueur et que la décision procédant à son abrogation soit devenue définitive ;

Considérant qu'en l'espèce non seulement, le décret n°2010-632 du 28 mai 2010 a été exécuté pendant la période où il était en vigueur, mais le décret n°2011-1271 du 24 août 2011 qui l'abroge n'a pas acquis un caractère définitif pour avoir été critiqué par la SONATEL dans le délai du recours contentieux ;

Qu'ainsi, la requête tendant à son annulation n'étant pas devenue sans objet il y a lieu d'y statuer ;

Sur la recevabilité du recours en tant que dirigé contre les lettres des 17 juin, 20 et 21 juillet 2010 du Directeur général de l'ARTP ;

Considérant que l'ARTP conclut dans son mémoire en réponse à l'irrecevabilité de la requête sur ce point, au motif que les décisions contenues dans lesdites lettres sont des mesures indicatives qui ne font qu'informer la SONATEL et qui, en conséquence ne comportent aucun élément de décision;

Considérant que le recours pour excès de pouvoir n'est recevable que contre les actes des autorités administratives contenant décision ;

Considérant que la lettre du Directeur général de l'ARTP du 17 juin 2010, contient les modalités d'application du système de contrôle et de tarification des communications téléphoniques internationales entrant en République du Sénégal, ce qui est du ressort de l'ARTP en tant qu'organe de régulation chargé de la mise en œuvre du décret ;

Considérant qu'en rappelant la date d'entrée en vigueur du seuil minimal de tarif de terminaison prescrit par le décret attaqué, l'ARTP ne fixe pas la date d'entrée en vigueur du décret, contrairement à ce que soutient la SONATEL, puisque celle-ci est fixée par la loi ;

Que s'agissant des lettres n°2010 et 2012 des 20 et 21 juillet 2010, elles ne font que rappeler cette date d'entrée en vigueur et préciser les modalités de facturation de la quote-part de l'État fixée dans le décret ;

Qu'ainsi, ces lettres qui ne font que mettre en œuvre les mesures déjà prévues dans le décret sans rien y ajouter n'ont aucun caractère décisoire et ne peuvent être attaquées en excès de pouvoir par la SONATEL ;

Qu'il échet de déclarer irrecevable le recours de la SONATEL dirigé contre lesdites lettres ;

Sans qu'il soit besoin de statuer sur les autres moyens ;

Sur la 1ère branche du premier moyen réunie avec les 3e et 4e branches du 3e moyen ;

Considérant que la première branche du 1er moyen est prise de l'incompétence du Président de la République, à régir par voie réglementaire des matières qui relèvent de la compétence du pouvoir législatif puisque le décret attaqué consacre une imposition nouvelle, en fixant des règles qui concernent l'assiette, le taux et les modalités de recouvrement de cette imposition et détermine des ressources pour l'État alors que de telles règles relèvent du domaine législatif en application de l'article 67 de la Constitution;

Considérant que la 3e branche du 3e moyen est tirée de la violation de la directive n°05/97/CM UEMOA relative aux lois de finances en ses articles 2 et 7, en ce que la quote-part instituée en faveur de l'État constitue une taxe et en tout cas une ressource pour l'État et relève ainsi du domaine de la loi ;

Considérant que la 4e branche du 3e moyen est tirée de la violation de l'article 67 de la Constitution, en ce qu'une ressource a été instituée sans qu'aucune loi n'ait été votée ;

Considérant que l'État du Sénégal conclut en soutenant que le décret ne peut violer l'article 67 de la Constitution qui renvoie à la loi puisque c'est l'article 13 de la loi portant Code des Télécommunications qui renvoie au décret pour fixer les conditions générales, techniques et financières d'interconnexion des réseaux de télécommunications ouverts au public et que la contrepartie financière perçue par l'État, n'est ni une taxe, ni un impôt, car elle n'est pas payée par les contribuables sénégalais ;

Que la directive n°05/97/CM/UEMOA relative aux lois de finances modifiée par la directive n°2/99/CM/UEMOA du 21 décembre 1999, n'est pas une norme communautaire obligatoire qui s'applique directement aux États puisqu'elle doit être transposée dans l'ordre interne par les États, ce qu'a fait le Sénégal par la loi n°2001-9 du 15 octobre 2001 relative aux lois de finances ;

Que le décret ne peut violer la loi organique sur les lois de finances puisque celle-ci n'a pas pour objet de créer des impositions ou taxes, ni de déterminer leurs assiettes, puisque c'est la loi ordinaire qui crée les impôts, les taxes, ainsi que les produits divers ;

Considérant que la Constitution du Sénégal dispose en son article 67 al 3 que les lois de finances déterminent les ressources et les charges de l'État dans les conditions et sous les réserves prévues par une loi organique;

Considérant que la directive n°05/97 UEMOA, modifiée par la directive n°2/99 CM UEMOA du 21 décembre 1999 a été transposée dans l'ordre juridique sénégalais par la loi organique n°2001-09 du 15 octobre 2001 relative aux lois de finances qui reprenant la même disposition constitutionnelle édicte en son Titre premier, article 1er que : « *ce sont les lois de finances qui déterminent la nature, le montant et l'affectation des ressources et des charges de l'État compte tenu d'un équilibre économique et financier qu'elles définissent* » ;

Considérant que l'article 5 du Chapitre 1er du Titre II de ladite loi cite comme ressources de l'État, les impôts, les taxes ainsi que le produit des amendes, les rémunérations des services rendus, les redevances, les fonds de concours, les dons et legs, les revenus du domaine et des participations financières ainsi que la part de l'État dans les bénéfices des entreprises publiques, les remboursements de prêts et avances, le produit des emprunts à moyen et long termes, les recettes provenant de la cession des actifs et les produits divers ;

Considérant que la quote-part prélevée sur le coût des appels téléphoniques internationaux entrant en République du Sénégal est un impôt; qu'il s'agit ainsi d'une ressource que l'État s'est créée par voie réglementaire, alors que cela relève du domaine de la loi de finances ;

Qu'ainsi il échet d'annuler ces décrets instituant la taxation des communications téléphoniques internationales entrant en République du Sénégal ;

Considérant que le premier décret n° 2010-632 du 28 mai 2010 étant annulé, l'acte pris pour son application par le Directeur général de l'ARTP, à savoir la circulaire n°1919 du 1er juillet 2010 devient également nulle pour absence de base légale ;

PAR CES MOTIFS,

- **Ordonne** la jonction des procédures inscrites sous les n° J/224/RG/10, J/230/RG/10 et J/293/RG/11 ;

- **Rejette** le non-lieu à statuer sur l'annulation du décret n°2010-632 du 28 mai 2010 ;

- **Déclare** irrecevable le recours en ce qu'il est dirigé contre les lettres du Directeur général de l'ARTP des 17 juin, 20 et 21 juillet 2010 ;

- **Annule** le décret n°2010-632 du 28 mai 2010 instituant un système de contrôle et de tarification des communications téléphoniques internationales entrant en République du Sénégal ;

- **Annule** le décret n°2011-1271 du 24 août 2011 instituant un système de contrôle et de taxation des communications téléphoniques internationales entrant en République du Sénégal ;

- **Annule** en conséquence la circulaire n°1919 du 1er juillet 2010 du Directeur général de l'ARTP.

Chapitre II

LES ARRÊTÉS MINISTÉRIELS

Serge BERSTEIN, Le ministre sous les IIIe et IVe Républiques :

« *Les ministres ont une vive conscience de la précarité de leur fonction et des limites de leur pouvoir* ».

En droit administratif, le Premier Ministre coordonne l'action des services de l'État. Il dispose de l'Administration et nomme à certains emplois civils déterminés par la loi.

Il dispose également du pouvoir réglementaire pour l'exécution des lois, mais il ne peut signer d'ordonnance ni signer de décret que sur autorisation du Président de la République.

Il préside les conseils interministériels et les réunions ministérielles.

Quant au ministre, il dirige un ensemble de services administratifs. À ce titre, il exerce le pouvoir hiérarchique sur l'ensemble des services placés sous son autorité. Il a le pouvoir d'affecter, de muter ou de prendre des sanctions mineures contre les agents placés sous son autorité.

Cependant, il n'a pas le pouvoir de nomination ou de révocation. Il peut cependant donner des ordres à ses agents, annuler ou réformer leurs actes.

Il a un pouvoir de décision c'est-à-dire qu'il peut prendre des actes administratifs unilatéraux ou conclure des contrats nécessaires au fonctionnement du département.

Le ministre peut prendre des décisions individuelles. Mais il ne dispose pas du pouvoir réglementaire sauf si les textes le prévoient expressément ou dans le cadre de l'organisation et du fonctionnement de son service (CE 07 février 1936 JAMART).

Il a un pouvoir de gestion du département c'est-à-dire qu'il gère administrativement et financièrement le ministère (personnel, matériels, fonds, etc.).

Jurisp. : CS 27 mars 1963, Amadou Alpha KANE c/ Ministre des Transports et Télécommunication (État du Sénégal)

Sur la compétence

Attendu qu'aux termes de l'article 6 de l'ordonnance n°60-17 du 03 septembre 1960, la Cour suprême connait des recours pour excès de pouvoir dirigé contre les décisions des autorités administratives que la décision par laquelle un Ministre suspend un fonctionnaire, quels que soient les motifs sur lesquels elle repose, est bien aux nombres des actes dont il appartient à la Cour de connaître par la voie du recours pour excès de pouvoir ;

Sur les fins de non-recevoir opposés par le Ministre

Attendu que les moyens relatifs à l'absence de la décision attaquée et de la consignation manquent en fait ; que l'élection de domicile faite par le requérant en l'étude de son avocat satisfait aux exigences de l'article 45 de l'ordonnance n°70-17 du 3 septembre 1960 relative à la Cour suprême; Que les faits et moyens indiqués ont été sommairement exposés au sens de la disposition susvisée dans le mémoire ampliatif en date du 09 mars 1963 ; que la signification de la requête au Président du Conseil est conforme aux dispositions du décret n°60-404 du 14 novembre 1960 ;

Sur la légalité des décisions attaquées et sans qu'il soit besoin d'examiner les autres moyens des pourvois

Sur la mesure de révocation prise par l'arrêté du 05 juillet 1962
Considérant qu'aux termes de l'article 47 du statut général de la fonction publique relatif à la procédure de révocation des fonctionnaires : « le

conseil de discipline est saisi par un rapport émanant de l'autorité ayant pouvoir disciplinaire qui doit indiquer clairement les faits répréhensibles et s'il y a lieu, les circonstances dans lesquelles ils ont été commis » ;

Attendu que le motif tiré de ce que KANE Amadou Alpha aurait commis « *une faute lourde* » en organisant des menées subversives repose sur des faits et des allégations dont les pièces versées au dossier n'établissent point l'existence : (qu'en effet le conseil de discipline n'a été saisi par aucun rapport au sens de l'article 47 susvisé) ; que le Ministre des Transports et Télécommunications, dans ses observations sur le pourvoi s'est borné à indiquer que le requérant s'est rendu coupable de menées subversives qui ont porté préjudice au bon ordre du service ; qu'en cet état de la procédure, la Cour suprême usant du pouvoir qui appartient à la section saisie d'exiger de l'Administration compétente la production de tous documents susceptibles d'établir la conviction du juge et de permettre la vérification des allégations du requérant, a par lettre en date du 26 novembre 1962, demandé au Ministre des Transports et Télécommunication la production complète des dossiers constitués à l'occasion de poursuites disciplinaires dirigées contre KANE Amadou Alpha; qu'il n'a pas été satisfait à cette demande par les productions faites le 1er décembre 1962 ; qu'ainsi il ressort de l'ensemble des circonstances sus relatées de l'affaire, que le motif invoqué par l'auteur du pourvoi doit être regardé comme établi ; que dès lors le requérant est fondé à soutenir que la décision de révocation repose sur un motif inexact et par suite à en demander l'annulation pour excès de pouvoir ;

Sur la mesure de suspension prise par l'arrêté attaqué du 25 octobre 1961

Attendu qu'aux termes de l'article 52 du statut général de la fonction publique, « *en cas de faute grave commise par un fonctionnaire, qu'il s'agisse d'un manquement à ses obligations personnelles ou d'une infraction de droit commun, l'auteur de cette faute peut être immédiatement suspendu par l'autorité ayant pouvoir disciplinaire* » ; qu'il résulte de ce qui précède que le motif invoqué par le Ministre à l'appui de la mesure de suspension du sieur KANE Amadou Alpha manque en fait, qu'ainsi ladite mesure est entachée d'excès de pouvoir.

PAR CES MOTIFS,

Annule l'arrêté attaqué du 25 octobre 1961 du Ministre des Transports et Télécommunication.

Jurisp. : CS, 19 AVRIL 1967, SAMBA COR SARR c/ Ministre de la Fonction publique et du Travail (État du Sénégal)

Sur les conclusions à fin de sursis à exécution de l'arrêté n ° 18-565 du 31 décembre 1964

Attendu qu'aux termes de l'article 84de la loi organique sur la Cour suprême a exécution d'une décision d'une décision administrative ne peut être accordé qui si les moyens invoqués paraissent sérieux et si le préjudice encouru par le requérant est irréparable ;

Attendu que l'exécution de l'arrêté en date 31 décembre 1964, par lequel le ministre de la Fonction publique et du Travail a rapporté partiellement les arrêtés du 3 octobre 1964 et du 17 mars 1964 en tant qu'il concernait la situation administrative du sieur Samba Cor SARR, n'est pas de nature, dans les circonstances de l'affaire, a lui causé un préjudice irréparable susceptible de justifier une décision des sursis ;

Au fond

Sur le moyen pris de la violation des droits acquis sans qu'il soit besoin **de statuer sur les autres moyens**

Attendu que le sieur Samba Cor SARR demande l'annulation de l'arrêté n°18-565du 30 Décembre 1964 et de la décision n 84 23 décembre 1964 en tant que ces deux du ministre de la Fonction publique ont rapporté l'article 3 de l'arrêt n° 17-628 du 29 octobre 1962 et, dans son ensemble, l'arrêté n°4379 du 17 mars 1964 ;

Attendu que ces dispositions avaient modifié favorablement la situation administrative du requérant ; qu'il en était résulté pour lui des droits acquis;

Attendu dès lors que l'Administration ne pouvait plus les rapporter que pour illégalité et dans le délai ordinaire du recours pour excès de pouvoir; Que le retrait intervenu environ huit mois après le dernier des actes rapportés est irrégulier ;

Attendu qu'il résulte de ce qui précède que le sieur Samba Cor SARR est fondé à demander l'annulation de l'arrêté n°18-565 du 31 décembre 1964 et de la décision préparatoire n° 841 du 23 Décembre 1964;

Attendu que toutefois l'annulation de la décision de retrait ainsi illégalement intervenue ne fait pas d'obstacle à l'application des dispositions du décret n° 65-295 du 5 mai 1965 dont les dispositions rétroactives ont été validées par la loi n° 66-02 du 18 janvier 1966 ; qu'aux termes de ses dispositions, l' intégration du Sieur Samba Cor SARR dans le corps sénégalais doit être prononcée à la date du 1er janvier 1962, compte tenu de sa situation administrative dans les cadres français à cette date ;

PAR CES MOTIFS,

Rejette les conclusions à fin de sursis à exécution ;

Annule l'arrêté n°18-565 du 31 décembre 1964 du Ministre de la Fonction publique et du Travail, ensemble la décision contenue dans lettre n°841 du même ministre, en date du 23 décembre 1964 ;

Renvoie le sieur Samba Cor SARR devant le Ministre de la Fonction publique et du Travail pour y être procédé à la régularisation de sa situation.

<u>Jurisp. :</u> CS 8 Juillet 1968, Baila Haimouth SOW c/Ministre des Finances (État du Sénégal)

Sur les conclusions reconventionnelles présentées au nom de l'État

Attendu que le mandataire de l'État demande, par voie de conclusions reconventionnelles,

L'annulation :

1°- des dispositions concernant le sieur Baila Haimouth SOW contenues dans le décret n°66- 84 du 1 er février 1966, lui-même attaqué par le sieur SOW dans ses dispositions concernant le sieur Amadou Lamine FALL;

2°- des dispositions concernant le sieur SOW contenues dans le décret n° 66-83 du 1er février 1966, non attaqué par le requérant ;

3°- de l'arrêté n° 12.062 du 8 aout 1961 portant nomination du sieur SOW au grade d'inspecteur principal, arrêté non attaqué par le requérant;

Attendu que les actes dont l'annulation est ainsi demandée ont été pris au nom de l'État, les deux premiers par le président de la République lui-même, le troisième par le (193) Ministre des Finances ; qui avait la faculté de rapporter les deux premiers, à condition que ce fut pour cause d'illégalité et dans le délai du recours contentieux, et qui possédait le pouvoir hiérarchique d'annuler ou de reformer le troisième, n'est pas recevable à demander à la Cour Suprême, que ce soit par voie de recours principal ou de conclusions reconventionnelles, l'annulation des dits actes;

Sur la requête du sieur Baila Haimouth SOW Sur la recevabilité

Attendu que le mandataire de l'État soutient que le sieur Baila Haimouth SOW serait sans intérêt, et par suite irrecevable à demander l'annulation des actes individuels ou collectifs concernant la carrière du sieur Amadou Lamine FALL, du fait qu'il aurait lui-même bénéficié d'avancements et de reclassements irréguliers, et que l'examen de la carrière et des titres du sieur FALL ferait ressortir son droit à un reclassement égal, sinon supérieur à celui du requérant ;

Mais attendu qu'il résulte des pièces versées au dossier que le sieur SOW et le sieur FALL appartenaient tous deux au cadre du personnel des douanes de l'AOF régi par l'arrêté n° 2876 du 7 avril 1956, le premier faisant partie du corps de direction régi par le titre 7 de cet arrêté, le second du corps des inspecteurs régi par le titre 6 ; que par l'effet des actes attaqués, ces deux fonctionnaires se sont trouvés intégrés au même grade et au même échelon dans le nouveau corps des inspecteurs et officiers des douanes régi par le décret n° 64-590 du 30 juillet 1964, le second bénéficiant même d'une ancienneté dans cet échelon plus importante que le premier ; d'où il suit que le sieur SOW a manifestement intérêt, quelle que soit par ailleurs la légalité ou la moralité administrative des reclassements dont il a lui-même bénéficié, à demander l'annulation des décisions concernant un agent susceptible dorénavant d'entrer en compétition avec lui par l'avancement ;

Sur la légalité des décisions attaquées

En ce qui concerne l'arrêté du Ministre des Finances n° 12.695 du 24 aout 1965 et sans qu'il soit besoin d'examiner les autres moyens de la requête.

Attendu qu'il résulte des pièces versées au dossier que le sieur Amadou Lamine FALL détenait le 30 avril 1959 le grade de capitaine échelon (indice ancien 759) dans le corps des officiers des douanes régi par le titre III de l'arrêté susmentionné du 7 avril 1956 et qu'il était en service dans le territoire du Niger ; qu'il a versé, pour des raisons de santé, dans le corps des inspecteurs et reclassé au grade d'inspecteur 2°échelon (indice ancien 804) Pour compter du 1er janvier 1950 ; qu'il a été reclassé pour compter de la même date, en vertu du statut particulier du cadre des douanes de la République du Niger au grade d'inspecteur principal 2°échelon pour compter du 1er janvier 1962 ; qu'il a été remis à la disposition de la République du Sénégal en juin 1962 ;

Attendu qu'en l'absence de dispositions particulières, la réintégration dans la fonction publique sénégalaise des fonctionnaires de nationalité sénégalaise appartenant aux anciens cadres de l'AOF et ayant servi dans d'autres États, ne pouvaient se faire que conformément à la règlementation en vigueur au Sénégal, sans qu'il puisse être tenu compte des avantages acquis sous l'empire d'une législation étrangère ; qu'il appartenait donc au ministre des Finances, comme il l'a fait dans son arrêté n° 17.162 du 18 octobre 1962, de reconstituer la carrière du sieur FALL dans le cadre des inspecteurs des douanes, qui restait alors régi au Sénégal par l'arrêté du 7 avril 1956,par application des seules règles posées par cet arrêté ; que c'est par une correcte application de ces principes qu'il a reconnu à l'intéressé, qui avait été versé dans le corps des inspecteurs et reclassé inspecteur 2 ° échelon pour compter du 1er janvier 1960,par une décision émanent des autorités nigériennes, mais conforme aux dispositions de l'arrêté général de 1956, et notamment à son article 31, le bénéfice du 3° échelon du grade d'inspecteur des douanes à compter du 1er janvier 1962, sans ancienneté conservée ;

Attendu que par la suite le ministre a estimé équitable de tenir compte de la promotion au grade d'inspecteur principal obtenue dans les cadres nigériens et les stages de perfectionnement accomplis par le sieur FALL ; qu'à cet effet, faute de pouvoir le reclasser dans le corps de direction régi par le titre VII de l'arrêté général de 1956,il a cru pouvoir lui assurer une compensation équivalente en lui reconnaissant par l'arrêté attaqué du 24 aout 1965 une ancienneté de 3 ans à la date du 1er janvier 1962 dans le 3° échelon du grade d'inspecteur ;

Mais attendu qu'aucune disposition de l'arrêté n°2876 du 7 avril 1956, ni aucune autre disposition législative ou règlementaire ne permet d'attribuer rétroactivement une ancienneté fictive à un fonctionnaire ; que la situation du sieur FALL devait être appréciée comme il a été dit ci-dessus, au regard du seul arrêté général de 1956, auquel, en ce qui concerne le Sénégal, il n'avait jamais cessé d'être soumis ; D'où il suit que le sieur Bailla Haimouth SOW est soutenu à fournir que l'arrêté attaqué est entaché d'illégalité en tant qu'il reconnait au sieur Amadou Lamine FALL une ancienneté de 3 ans à compter du 1er janvier 1962 dans le 3° échelon du grade d'inspecteur des douanes ;

En ce qui concerne les décrets n°65-669 du 5 octobre 1965 et 66-84 du 1er février 1966

Attendu que le 1er des décrets prononce l'intégration des fonctionnaires régis par l'arrêté général du 7 avril1956 dans les nouveaux corps du cadre des douanes régi par le décret n°64- 590 du 30 juillet 1964, que le second porte promotion de grade dans ces corps ;

Attenu que ces décrets sont nécessairement entachés d'inégalité dans la mesure où ils tiennent compte pour déterminer le niveau d'intégration du sieur Amadou lamine FALL et ses avancements ultérieurs de l'ancienneté fictive qui lui avait été illégalement attribuée par l'arrêté du 24 aout 1965, que le sieur Baila Haimouth SOW est fondé à en demander l'annulation par voie de conséquence de l'annulation dudit arrêté ;

PAR CES MOTIFS,

Annule l'arrêté n°12.695 du Ministre des Finances en date du 24 aout 1965 ;

Annule, en celles de leurs dispositions concernant le sieur Amadou Lamine FALL, le décret n°65-669 du 5 octobre 1965 le décret n° 66-84 du 1er février 1966 ;

Rejette les conclusions reconventionnelles présentées au nom de l'État.

<u>Jurisp.</u> : CS 5 mars 1969, Ousmane SY c/ Ministre de la Fonction publique et du Travail (État du Sénégal)

Attendu que le sieur Ousmane SY, préposé de 3ème classe des douanes, conteste la légalité de l'arrêté en date du 20 décembre 1967 par lequel le Ministre de la Fonction publique et du Travail a prononcé sa révocation ;

Attendu que le conseil de discipline devant lequel a comparu le requérant le 16 juin 1967 a retenu notamment à son encontre le fait d'être intervenu en tant qu'agent de la douane auprès de ses collègues en faveur de son frère pris en flagrant délit de contrebande sur le port de Dakar et qui venait d'être arrêté par eux ; que ces faits constituent à eux seuls une faute suffisamment grave pour justifier qu'une sanction disciplinaire, dont l'appréciation incombe à l'administration, soit prise à l'encontre de l'intéressé ; qu'il n'apparait pas ainsi que l'arrêté attaqué ait été pris sur une procédure irrégulière ;

Attendu que, si l'Administration avait soutenu en saisissant le conseil de discipline que le véhicule utilisé en l'occurrence pour transporter les marchandises litigieuses était la propriété du requérant, le conseil de discipline a indiqué dans son avis que ce véhicule était en réalité la propriété de la sœur de l'intéressé ; que le Ministre de la Fonction publique et du Travail était donc parfaitement éclairé sur ce point lorsqu'il a pris l'arrêté attaqué ; qu'il lui était loisible de s'appuyer pour prendre sa décision sur les fautes retenues à la charge du sieur Ousmane SY par le conseil de discipline et qui sont parfaitement indépendantes de la question de la propriété du véhicule en cause ; qu'il ne saurait donc être allégué que l'arrêté attaqué violerait la chose jugée par le Tribunal de première instance de Dakar en tant que, par son jugement en date du 18 février 1966, il a déclaré la dame Awa SY civilement responsable du sieur Amadou SY ;

PAR CES MOTIFS,

Rejette la requête susvisée du sieur Ousmane SY.

Jurisp. : CS 06 Juin 1973 Dame Yaye Katy DIENG, Sieur MALANG FATY et Sieur Amadou Lamine DIOP c/ Ministre de la Fonction publique, du Travail et de l'Emploi (État du Sénégal)

Attendu que les requêtes susvisées de la dame Yaye Katy DIENG, du sieur Malang FATY et du sieur Amadou Lamine DIOP présentent à juger la même question ; qu'il convient de les joindre pour y être statué par un seul arrêt ;

Attendu que la dame Yaye Katy DIENG a été titularisée comme maîtresse d'enseignement ménager et social à compter du 24 Octobre 1968 par arrêté numéro 2593/MFPT/DFP/F/B10 du Ministre de la Fonction publique, du Travail et de l'Emploi en date du 10 Mars 1972 ; que le sieur Malang FATY a été titularisé comme professeur d'enseignement technique pratique à compter du 28 Février 1970 par arrêté numéro 2627/MFPT/DFP/F/B10 du même Ministre en date du 11 Mars 1972 ; que le sieur Amadou Lamine DIOP a été titularisé comme maitre d'enseignement technique à compter du 9 Octobre 1970 par arrêté numéro 2611/MFPT/DFP/F/B10 du même Ministre en date du 10 Mars 1972 ; que tous trois demandent l'annulation pour excès de pouvoir desdits arrêtés du fait qu'ils ont prononcé leur titularisation au bout de deux années de stage et non pas d'une seule année ;

Attendu que, selon les dispositions de l'article 2 du décret numéro 61-495 du 28 Décembre 1961 fixant les dispositions communes applicables aux fonctionnaires stagiaires, en vigueur à l'époque où les titularisations des intéressés ont pris effet « *sauf dérogation expresse prévue par les* *statuts particuliers, tout candidat agréé dans un corps sauf s'il y est nommé à la suite d'un concours professionnel, doit accomplir avant d'être titularisé un stage comptant du jour de sa prise de service. La durée de ce stage est en principe d'une année. Toutefois, les statuts particuliers des cadres des fonctionnaires peuvent prévoir une durée de stage plus longue. A l'expiration de cette période, après avis de la commission administrative paritaire compétente pour le corps auquel il appartiendra après titularisation, le stagiaire est, soit titularisé, soit licencié, soit autorisé à effectuer un nouveau stage à l'issue duquel il est dans les mêmes formes, ou titularisé, ou licencié. En aucun cas, cette autorisation ne peut être renouvelée* » ; Qu'aucune dérogation n'a été apportée à ce texte pas le décret n°67-1451 du 29 décembre 1967 portant statut particulier du cadre des fonctionnaires de l'enseignement technique et professionnel dont relèvent les requérants ;

Attendu qu'il résulte du texte précité que l'autorité compétente peut décider de prolonger d'un an le stage du fonctionnaire stagiaire mais qu'elle doit prendre cette décision au moment où se termine la première année de stage et en tout cas avant l'expiration de l'année qui suit ; qu'elle ne peut prendre une telle décision qu'en se fondant sur la manière de servir de l'intéressé au cours de sa première année de stage; qu'il est constant qu'à l'expiration de leur première année de stage et avant la fin de l'année suivante, le Ministre de la Fonction publique et du Travail n'a pris aucune décision autorisant les intéressés à effectuer un nouveau stage d'un an ; qu'ils se sont ainsi trouvés à compter de l'expiration de leur première année de stage et du fait de l'administration en situation irrégulière alors qu'ils auraient dû être expressément ou titularisés ou licenciés ou autorisés à renouveler leur stage ;

Attendu que la situation des intéressés a été finalement régularisée par les arrêtés attaqués intervenus de 04 ans à 05 ans et demi après leur prise de service en qualité de stagiaire ; que lesdits arrêtés ont prononcé leur titularisation après deux années de stage; qu'il résulte expressément des observations présentées par l'État que ce retard d'un an apporté à la titularisation des intéressés a été motivé exclusivement par leur participation à la grève de février 1971 ;

Mais attendu que les faits ainsi invoqués sont postérieurs à la première année de stage des intéressés ; que le motif allégué par le Ministre de la Fonction publique, du Travail et de l'Emploi pour justifier sa décision tardive de renouveler implicitement pour un an le stage des intéressés n'est pas de nature à fonder légalement sa décision ; qu'il appartenait audit Ministre d'engager à l'encontre des intéressés, s'il l'estimait opportun, une procédure disciplinaire ; mais qu'en décidant de prolonger leur stage pour des faits intervenus à une époque où les intéressés ne pouvaient plus être légalement regardés comme stagiaire, celui-ci s'est également livré à un détournement de pouvoir ;

Attendu que les arrêtés attaqués sont ainsi entachés d'illégalité et que les requérants sont fondés à en demander respectivement l'annulation ;

PAR CES MOTIFS,

Annule pour excès de pouvoir les arrêtés n°2593, 2627 et 2611/MFPT/DFP/F/B10 du Ministre de la Fonction publique, du Travail et de l'Emploi en date des 10 et 11 Mars 1972 publiés au journal officiel n°4229 du 10 juin 1972 page 950 et n°4231 du 24 juin 1972, page 1028, en tant que lesdits arrêtés ont prononcé respectivement la titularisation de la dame Yaye Katy DIENG, du sieur Malang FATY et du sieur Amadou Lamine DIOP à compter de deux années d'expiration de stage et non pas à l'expiration d'une seule année de stage.

Jurisp : CE, Momar GUEYE c/Etat du Sénégal, Arrêt N° 0018, Du 29-06-2000, BULLETIN DES ARRETS DU CONSEIL D'ETAT, ANNEE 2000

Lorsque l'acte attaqué a été retiré, son annulation reste encore possible pour anéantir ses effets passés. En outre, lorsque pour l'édiction d'un tel acte, la réglementation en vigueur prévoit une procédure particulière, le non - respect de celle-ci entraîne l'annulation de la décision attaquée.

APRES en avoir délibéré conformément à la loi ;

Sur le moyen d'office tiré de la méconnaissance de la consultation obligatoire assortie de l'exigence de l'avis conforme, sans LE CONSEIL D'ETAT qu'il soit besoin d'examiner les moyens de la requête ;

Considérant que les conclusions à fin de non - lieu, à statuer, motivées par le fait que la décision attaquée a été rapportée en cours d'instance, sont mal fondées ;

Considérant qu'il est établi en effet que la décision déférée au Conseil d'Etat a eu des conséquences que seule la rétroactivité de l'annulation encourue pourrait anéantir ; qu'ainsi, le recours introduit pour le requérant n'étant pas entièrement dépourvu d'objet, il y a lieu de rejeter lesdites conclusions ;

Considérant que par arrêté N° 3927 du 02 juin 1999, il a été créé entre l'Etat du Sénégal, le Fonds International de Développement Agricole et la Banque Africaine de Développement, un Projet Agro - Forestier de lutte contre la désertification, installé dans la région de Diourbel ;

Qu'aux termes dudit arrêté « *L'unité et la direction du Projet est dirigé par un Directeur recruté sur proposition du Ministre de l'Environnement et de la Protection de la Nature, à la suite d'une consultation nationale et après avis de non objection du Fonds International de Développement Agricole et de la Banque Africaine de Développement ; un arrêté du Ministre de l'Environnement et de la Protection de la Nature confirmera la nomination du Directeur du Projet* »;

Considérant que la « confirmation » par arrêté, mentionnée ci - dessus, doit s'entendre d'une simple formalisation de la décision concertée entre les parties intéressées ; que l'avis de non objection des Bailleurs de Fonds n'est autre que leur adhésion à la proposition du Ministre de l'Environnement et de la Protection de la Nature, autorité de tutelle ;

Considérant qu'il apparaît que Monsieur Momar GUEYE, Directeur du Projet, a été évincé de ses fonctions par arrêté du Ministre de l'Environnement et de la Protection de la Nature N° 9109, en date du 24 décembre 1999 ; que cet arrêté non motivé, est intervenu avant l'expiration de la durée de deux années prévue par le contrat consenti par le Projet à Monsieur Momar GUEYE, et ce, sans que la procédure de consultation obligatoire assortie de l'exigence de l'avis conforme ait été respectée, alors qu'en l'espèce, le parallélisme des formes et procédures s'impose du fait que les raisons qui avaient conduit les parties à édicter les formes particulières de l'acte , procédure de consultation obligatoire assortie de l'exigence de l'avis conforme ; d'où il suit qu'elle mérite d'être annulée ;

PAR CES MOTIFS ;

ANNULE pour excès de pouvoir l'arrêté N° 9109 en date du 24 décembre 1999 par lequel il a été mis fin aux fonctions du Directeur du Projet Agro - Forestier de lutte contre la désertification de Diourbel de Monsieur Momar GUEYE.

<u>Jurisp</u> : C.E arrêt n ° 15 du 22 avril 2004, Bruno BATREL c/ Ministre de l'Intérieur (État du Sénégal)

Vu la requête reçue au Greffe du Conseil d'État le 25 août 2003 par laquelle, Maître Mame Penda SAKHO, Avocat à la Cour, rue Blaise Diagne x Paul Holle à Saint-Louis, agissant au nom et pour le compte du sieur Bruno BATREL, a saisi le Conseil d'État pour obtenir l'annulation, pour excès de pouvoir de l'arrêté n°004214 du 25 juin 2003 du Ministre de l'Intérieur, prononçant l'expulsion du sieur BATREL du territoire de la République du Sénégal ;

Considérant que le requérant demande l'annulation de l'arrêté n°004214 du 25 juin 2003 du Ministre de l'Intérieur pour défaut de motif et manque de base légale ;

Qu'il soutient avoir bénéficié d'une autorisation de séjour délivrée le 02 janvier 1999, prorogée jusqu'au 27 juillet 2003 ;

Qu'il a été expulsé du Sénégal le 25 juin 2003 sur la base de l'arrêté attaqué ;

Sur la première branche du moyen pris du défaut de motif sans qu'il **soit besoin d'examiner la seconde :**

Considérant que l'arrêté n°004214 du 25 juin 2003 du Ministre de l'Intérieur prononçant l'expulsion du sieur Bruno BATREL du territoire de la République du Sénégal ne comporte pas de motifs ;

Considérant que, s'agissant d'une mesure de police défavorable au requérant, le Ministre est tenu d'indiquer les éléments de fait et de droit sur lesquels il s'est fondé ;

Que la référence vague aux nécessités de service qu'aucun élément du dossier n'établit, ne permet pas au juge d'exercer son contrôle ;

Qu'il s'ensuit que la décision attaquée encourt l'annulation ;

Jurisp. : C.E arrêt n ° 73 du 13 décembre 2007, Groupe Walfadjiri c/ Ministère de l'Information (État du Sénégal)

Considérant que le requérant fait observer que le Ministre de l'Information, en distribuant l'aide à la presse, a transgressé de manière grave et manifeste et sans motifs les critères d'attribution fixés par la loi n°96-04 du 22 février 1996, relative aux organes de communication sociale en son article 60 :

- d'abord, en attribuant gracieusement l'aide à des organes de presse qui ne paraissent plus, ne diffusent plus en clair, n'existent plus ;

- ensuite, en attribuant des sommes sans aucune adéquation entre la consistance de l'aide et l'importance des organes aidés ; enfin, en omettantde manière injustifiée des organes de communication sociale parfaitement éligibles au régime de l'aide.

Considérant que l'Agent Judiciaire de l'État dans son mémoire en défense conclut au rejet du recours du Groupe Walfadjiri comme non fondé en soutenant :

- que celui-ci affirme de manière péremptoire que certains organes qui ont bénéficié de l'aide n'existent plus, ce qui n'est pas établi ;

- que les rapports des Commissaires aux Comptes ainsi que le bilan et les comptes de l'année échue, étant les seuls moyens qui permettent de mesurer les charges sociales, le requérant n'a jamais accompli cette formalité essentielle ;

- que tous les organes du pays ne doivent pas forcément recevoir l'aide à la Presse ;

- que le requérant se donne à tort le pouvoir et le droit de qualifier injustement des organes de presse comme lui de propagandistes politiques, alors que même si cela était démontré, aucune disposition dans le texte ne les écarte du bénéfice de l'aide.

Considérant que l'Agent Judiciaire de l'État a fini par conclure en soutenant que le Ministre sachant que les organes demandeurs à l'aide ne remplissaient pas les critères définis par la loi, a privilégié le consensus avec les patrons de presse en créant par arrêté un Comité consultatif dont l'avis ne le lie pas;

Considérant qu'aux termes des articles 58 et 59 de la loi relative aux organes de communication sociale et aux professions de journaliste et de technicien, les conditions fixées pour bénéficier de l'aide à la presse sont :

Pour la presse écrite nationale :

- le tirage d'au moins 2000 exemplaires;
- l'emploi d'un minimum de 05 journalistes ou techniciens à plein temps;
- la consécration de 75% de la surface de l'organe à l'information politique, économique, sociale, culturelle ou sportive ;

- le tirage d'au moins 1/3 de ses ressources, de la vente, de ses publications, des abonnements et des souscriptions ou collectes ;

Pour les organes audio-visuels ;

- la diffusion sur au moins l'étendue d'une région administrative ;
- l'emploi de 05 journalistes ou techniciens de la communication sociale à temps plein ;
- le respect des dispositions du cahier des charges ;

Considérant que l'article 60 du même texte de loi susvisé, édicte la modulation de l'aide en fonction de la régularité du titre, du nombre de professionnels qui y travaillent, du tirage, de la diffusion, ainsi que des charges sociales ;

Considérant qu'il ne ressort pas de la distribution de l'aide tel que cela résulte de l'arrêté attaqué, lequel n'a pas été motivé, qu'il a été tenu compte de ces critères fixés par l'article 59 de la loi et que l'aide a été modulée conformément à l'article 60 de la même loi ;

Qu'en effet à titre d'exemple, pendant que le requérant soutient que certains organes qui ne paraissent plus ont été gracieusement dotés, l'Agent Judiciaire de l'État rétorque en confirmant ce fait, que l'aide peut être destinée à renforcer ces organes de presse en difficulté, ce qui va à l'encontre des critères tels que le tirage minimum et la régularité du titre exigés par la loi ;

Considérant que plus décisivement, il ressort des mêmes écrits de l'Agent Judiciaire de l'État qui, précisant les motifs de l'arrêté attaqué, fait observer que le Ministre de l'Information, tenant compte de ce qu'aucun organe de presse ne respecte les termes de la loi, a cherché un consensus pour répartir l'aide, et cela en mettant en place un comité consultatif et en convoquant une réunion élargie à tous les organes de presse ;

Considérant que ce consensus n'a pas été trouvé puisque l'un des groupes de presse a attaqué sa décision en annulation ;

Qu'ainsi l'arrêté pris en violation de la loi qui régit la matière, doit être annulé ;

PAR CES MOTIFS,

Annule l'arrêté n°006451 du 25 septembre 2006 du Ministre de l'Information pour violation de la loi.

Jurisp. : C.E arrêt n°75 du 13 décembre 2007, Commune d'arrondissement de l'Ile de Gorée c/ Ministère de l'Intérieur et des Collectivités locales (État du Sénégal)

Vu la requête enregistrée au Greffe le 13 avril 2007 par laquelle, le Maire de la Commune d'arrondissement de Gorée a saisi le Conseil d'État d'un recours pour excès de pouvoir dirigé contre la décision n° 03662/MINT.CL/DCL du 21 février 2007 du Ministre de l'Intérieur et des Collectivités locales attribuant la gestion et l'entretien du Centre Socio Culturel de Gorée à la ville de Dakar ;

Sur la recevabilité :

Considérant que dans son mémoire en défense reçu au Greffe du Conseil d'État le 31 mai 2007, l'Agent Judiciaire de l'État a conclu à l'irrecevabilité du recours motif pris de ce que l'acte attaqué n'a rien d'une décision faisant grief ; Qu'il s'agit selon lui d'un acte à caractère indicatif qui ne modifie pas l'ordonnancement juridique, et qui ne peut avoir autorité sur l'arrêté n°2/P/D/DK du 08 janvier 1998 du Préfet de Dakar et la délibération du Conseil municipal de Dakar datée du 18 novembre 1997 pris en la matière;

Considérant que dans la lettre, objet du présent recours, le Ministre de l'Intérieur affirme que la gestion et l'entretien du Centre Socio Culturel de Gorée revient de droit à la ville de Dakar, et demande dans le même temps au Maire de Gorée, à qui la lettre est adressée, de cesser tout acte de blocage ou d'entrave au bon fonctionnement du centre;

Considérant qu'en décidant en ces termes l'autorité administrative a entendu trancher le litige, et dans ces conditions même si l'acte n'est pas intitulé « arrêté » il n'en demeure pas moins que c'est une décision qui fait grief ;

Qu'il y a lieu en conséquence de déclarer le recours recevable ;

AU FOND :

Sur les premier et troisième moyens réunis tirés de la violation de la loi, sans qu'il soit besoin de statuer sur les autres moyens :

Considérant que sous ces moyens le requérant expose qu'au sens des articles 8 et 31 de la loi 96-09 du 22 mars 1996 fixant l'organisation administrative et financière de la Commune d'arrondissement et ses rapports avec la ville, la loi a expressément donné compétence aux Communes d'arrondissement en matière de gestion des équipements Socio culturels ;

Qu'ainsi, en substituant à la compétence de la Commune de Gorée, celle de la ville de Dakar, la décision du Ministre de l'Intérieur a violé la loi ;

Considérant qu'au sens des dispositions de l'article 8 de la loi 96-09 du 22 mars 1996 fixant l'organisation administrative et financière de la Commune d'arrondissement et ses rapports avec la ville, le conseil de délibération de la Commune d'arrondissement a compétence exclusive pour délibérer sur toutes les questions relatives à l'entretien des équipements scolaires, sanitaires, socio culturels et sportifs ;

Considérant que l'article 32 de la même loi prescrit à la Commune d'arrondissement d'inscrire obligatoirement dans son budget les dépenses relatives à ces opérations;

Considérant qu'en l'espèce, il résulte de la délibération de la ville de Dakar du 18 novembre 1997 et de l'arrêté n°2/P/D/DK du 09 janvier 1998 du Préfet de Dakar portant répartition des infrastructures entre la Ville de

Dakar et les Communes d'arrondissement, que la gestion du théâtre de verdure de Gorée incombait à la Commune d'arrondissement de Gorée ;

Qu'il n'est pas contesté que ce théâtre a été rénové en Centre Socio Culturel par la Commune de Gorée ;

Considérant ainsi que la gestion dudit Centre relève au sens des dispositions ci-dessus de la compétence de la Commune d'arrondissement de Gorée ;

Qu'il y a lieu en conséquence d'annuler la décision attaquée pour violation de la loi ;

PAR CES MOTIFS,

Annule la décision n° 03662/MINT.CL/DCL du 21 février 2007 du Ministre de l'Intérieur et des collectivités locales.

Jurisp. : Cour suprême, arrêt n°51 du 26/9/13, Abdoul Khafor DIOP, Tabouré AGNE c/ Premier Ministre (État du Sénégal)

Considérant que suivant requête reçue au Greffe central de la Cour suprême le19 septembre 2012, Abdoul Khafor DIOP et Tabouré AGNE, élisant domicile en l'Étude de Maître Assane Dioma NDIAYE, sollicitent l'annulation de l'arrêté n°003468/PM/ENA du 24 avril 2012 du Premier Ministre portant modification de l'arrêté n° 002418 du 8 mars 2012 fixant la liste des candidats admis à la session 2011 des concours direct et professionnel d'entrée au cycle A de l'École nationale d'Administration (ENA) ;

Après en avoir délibéré conformément à la loi ;

Considérant que par arrêté du 8 mars 2012, le Premier Ministre a fixé la liste des candidats admis à la session 2011 des concours direct et professionnel d'entrée au cycle A de l'École nationale d'Administration ;

que cette décision a été prise suite à la réclamation du candidat Yellamine GOUMBALA qui mettait en cause la validité de la candidature de Pape Massaer DIOP dont le nom, comme celui de ses camarades de promotion, a été finalement retiré de la liste des admis après une seconde délibération du jury ;

Considérant qu'après un second examen des dossiers litigieux, le Premier Ministre a pris l'arrêté du 24 avril 2012 portant modification de celui du 8 mars 2012 sur lequel ne figurent plus Tabouré AGNE et Abdou Khafor DIOP qui s'étant retrouvés sur la liste d'attente, ont formé un recours gracieux resté sans suite, suivi du présent recours en annulation contre ledit arrêté ;

Sur le moyen unique tiré de l'excès de pouvoir et de la violation de la loi, en ce que, d'une part, l'arrêté du 8 mars 2012 doit être analysé comme une mesure individuelle qui consacre des droits acquis et que son annulation ou sa modification, étant susceptible de faire grief, doit relever d'une décision judiciaire, à la suite d'un débat contradictoire, et obéir au principe de la notification, et d'autre part, l'arrêté a procédé par rétractation assimilable au fait du prince et ne leur a pas été notifié ;

Considérant que l'Agent judiciaire de l'État conclut au rejet du recours en soutenant d'abord que les motifs de droit invoqués par l'autorité administrative sont parfaitement réguliers puisqu'ayant un soubassement légal correctement interprété, ensuite que les requérants invoquent des droits acquis sans en donner la consistance, et enfin que l'affichage de l'arrêté fixant la liste définitive des candidats admis à la session 2011 constitue une large diffusion pour les candidats ;

Considérant qu'un acte administratif individuel peut faire l'objet d'un retrait à la double condition qu'il soit illégal et que ce retrait intervienne dans le délai du recours contentieux ;

Considérant que l'arrêté primatorial du 8 mars 2012 a retiré à tort de la liste des admis deux candidats alors que ceux-ci remplissaient toutes les conditions requises pour concourir à l'examen et qu'il a fait l'objet d'un retrait par arrêté du 24 avril 2012 dans le délai du recours contentieux ;

Considérant que les requérants ne peuvent invoquer des droits acquis qui n'auraient été intangibles que si l'autorité administrative n'avait pas procédé au retrait de l'acte ;

Considérant, en outre, qu'en l'espèce, l'absence de notification n'a d'effet que sur les délais de recours et ne constitue pas une cause d'annulation de l'acte attaqué ;

Qu'il s'ensuit que le moyen est mal fondé ;

PAR CES MOTIFS,

Rejette le recours formé par Abdoul Khafor DIOP et Tabouré AGNE contre l'arrêté n°003468/PM/ENA du 24 avril 2012 du Premier Ministre portant modification de l'arrêté n° 002418 du 08 mars 2012 fixant la liste des candidats admis à la session 2011 des concours direct et professionnel d'entrée au cycle A de l'École nationale d'Administration (ENA).

Jurisp. : Cour suprême, arrêt n°05, du 9 février 2012, Bakary KEITA c/ Ministre de l'Intérieur (État du Sénégal)

Vu la requête reçue le 18 juillet 2011 au greffe central par laquelle Bakary Keïta, élisant domicile en l'Étude de Maître Ciré Clédor LY, avocat à la Cour, sollicite l'annulation de l'arrêté n°00477/MINT/DGPN/BEG du 6 mai 2011 du Ministre de l'Intérieur portant sa radiation des cadres de la police sans suspension des droits à pension ;

LA COUR SUPRÊME,

Après en avoir délibéré conformément à la loi ;

Sur le moyen tiré du vice de procédure sans qu'il soit besoin de statuer sur les autres moyens du requérant

Considérant qu'aux termes de l'article 38 de la loi 2009-18 du 9 mars 2009 relative au statut du personnel de la Police nationale : *« La radiation des cadres est prononcée par l'autorité ayant pouvoir de nomination :*

-soit par mesure disciplinaire ;

-soit dans le cas prévu à l'article 35 alinéa 2 ;

-soit en cas de condamnation à une peine entraînant la perte de tout ou partie des droits civiques. Dans ce cas, la radiation est prononcée sans formalité préalable et pour compter de la date de la condamnation définitive»;

Considérant que, pour prononcer la radiation de l'agent de police Bakary KEÏTA des cadres sans formalités, le ministre de l'Intérieur s'est fondé sur le jugement n°93 rendu le 9 mars 2011 par le Tribunal Régional de Tambacounda qui a condamné celui-ci à une peine d'emprisonnement de cinq ans, pour torture et extorsion de fonds ;

Considérant qu'il résulte de l'instruction du dossier que Bakary KEITA a relevé appel de ce jugement par acte du 11 mars 2011, régulièrement versé au débat ;

Que dès lors, la condamnation n'étant pas définitive, l'autorité administrative qui a radié Bakary KEITA des cadres sans formalités, a méconnu le texte susvisé ;

Qu'il échet d'annuler l'arrêté attaqué pour vice de procédure ;

PAR CES MOTIFS,

Annule l'arrêté n° 00477/MINT/DGPN/BEG du 6 mai 2011 du Ministre de l'Intérieur portant radiation de Bakary KEÏTA des cadres de la police sans suspension des droits à pension.

Jurisp. : Cour suprême, arrêt n °10, du 23 février 2012, Ibnou Abath DIA et autres c/ Ministre d'État, Ministre du Travail et des Organisations professionnelles (État du Sénégal)

Vu la requête enregistrée au greffe central de la Cour suprême le 12 avril 2011, par laquelle Ibnou Abath DIA et sept autres, élisant domicile en l'étude de Maître Sidy KANOUTE, avocat à la Cour, sollicitent l'annulation de la décision n°000002/MTOP/DGTSS/DRTOP du 11 février 2011 du Ministre d'État, Ministre du Travail et des Organisations professionnelles, de celle n°002775/IRTSS/DK du 1er octobre 2010 de l'Inspecteur régional du Travail et de la Sécurité sociale et des lettres de mise à pied du 21 juillet 2010, que leur avait préalablement adressées leur employeur la Biscuiterie WEHBE ;

LA COUR SUPRÊME,

Après en avoir délibéré conformément à la loi ;

Sur la recevabilité du recours :

Considérant qu'il résulte de l'article 73-1 de la loi organique sur la Cour suprême que le délai du recours pour excès de pouvoir, qui est de deux mois, court de la date de la publication de la décision attaquée, à moins qu'elle ne doive être notifiée, auquel cas le délai court à compter de la date de la notification ;

Considérant que la décision attaquée, n'ayant pas été notifiée aux requérants, il y a lieu de déclarer le recours recevable ;

Sans qu'il soit besoin de statuer sur les autres moyens du requérant, sur les deuxième et quatrième moyens réunis, tirés de l'erreur manifeste d'appréciation :

Considérant que sous ces deux moyens, il est reproché à la décision attaquée d'avoir confirmé l'autorisation de licenciement de huit délégués du personnel de la Biscuiterie WEHBE, accordée par l'Inspecteur du

Travail sur la base de la faute consécutive au refus de ces derniers d'effectuer des heures supplémentaires fixées légalement par l'employeur et de la violation des relations de travail, née de leur refus de récupérer des heures normales perdues du fait du chômage d'une journée de fête légale ;

Considérant que la décision, fondée sur les dispositions de l'article 11 du décret 2006-1262 du 15 novembre 2006, indique que le contingent annuel d'heures supplémentaires pouvant être effectué par chaque travailleur, après information de l'inspecteur du travail, est de cinq cents (500) heures, alors que les requérants, se fondant sur le même texte, soutiennent que ce contingent annuel est de cent (100) heures ;

Considérant qu'il convient de faire observer que les parties se fondent sur le même décret qui renferme une erreur sur le point en litige, puisque le texte publié dans le journal officiel n° 6343 du 19 mai 2007, fait état en son article 11 d'un contingent annuel d'heures supplémentaires fixé à cent;

Considérant que cette erreur, ayant été corrigée par un ERRATUM audit décret également publié au journal officiel n° 6358 du 28 juillet 2007, qui le fixe à cinq cents heures, les délégués du personnel, qui n'avaient encore effectué que 228 heures supplémentaires pour l'année en cours, n'étaient plus en droit de s'attendre à une concertation sur ce point;

Considérant cependant qu'il ne peut être discuté que c'est dans le cadre de leur mission de défense de l'intérêt collectif des travailleurs que les délégués ont invoqué cette absence de dialogue et de concertation pour justifier leur double refus ;

Considérant qu'il n'est nulle part établi que cette posture excédait leur mandat de délégué du personnel et a eu une répercussion négative sur la marche de l'entreprise;

Qu'ainsi l'autorité administrative qui dans ces circonstances a retenu la faute pour fonder le licenciement de délégués du personnel, sans en caractériser la gravité, a commis une erreur manifeste d'appréciation ;

Que dès lors sa décision encourt l'annulation ;

PAR CES MOTIFS :

Déclare recevable le recours de Ibnou Abath DIA et autres ;

Annule la décision N°000002/MTOP/DGTSS/DRTOP du 11 février 2011 du Ministre du Travail et des Organisations professionnelles.

<u>Jurisp.</u> : Cour suprême, arrêt n°19, du 22 mars 2012, Rizare NATRANG c/ Ministre de l'Enseignement Préscolaire, de l'Elémentaire, du Moyen-secondaire et des Langues nationales (État du Sénégal)

Vu la requête reçue au Greffe Central de la Cour suprême le 20 septembre 2011, par laquelle Rizare NATRANG comparant en personne, sollicite l'annulation de la décision n° 002863 du 5 août 2011, prise par le Ministre de l'Enseignement Préscolaire, de l'Elémentaire, du Moyen-secondaire et des Langues nationales le relevant de ses fonctions de Proviseur du lycée Taïba ICS de Mboro ;

LA COUR SUPRÊME,

Après en avoir délibéré conformément à la loi ; Sur la recevabilité du recours :

Considérant que l'Agent judiciaire de l'État conclut à l'irrecevabilité du recours qui n'a pas articulé un moyen, visé un cas d'ouverture et précisé la partie de la décision attaquée conformément à l'article 35-1 de la loi organique sur la Cour suprême ;

Considérant que la requête contient l'exposé sommaire des faits et moyens, ainsi que les conclusions comme l'exige l'article 35 de la loi organique sur la Cour suprême ; que s'agissant d'un recours pour excès de pouvoir, le moyen d'annulation qui y est développé est différent du moyen de cassation spécifié à l'article 35-1 de la même loi ;

Qu'il s'ensuit que la requête est recevable ;

Sur le moyen unique tiré du détournement de pouvoir, en ce que, sous l'apparence d'une décision de mutation, le Ministre cherche à le sanctionner sur la base d'accusations gratuites, sans lui avoir donné la possibilité de s'expliquer ;

Considérant que par la décision attaquée, notifiée le 8 août 2011, Rizare NATRANG, Proviseur du lycée Taïba ICS de Mboro, a été « *relevé de ses fonctions* » et mis à la disposition de l'Inspecteur d'Académie (IA) de Thiès;

Considérant que le requérant soutient que le Ministre a pris la décision de le sanctionner parce qu'il aurait refusé de l'accueillir au lycée et qu'il entretiendrait de mauvais rapports avec les ICS, premier partenaire de l'Etablissement ;

Considérant que la décision attaquée ne comporte pas de motifs et l'Agent judiciaire de l'État, dans son mémoire en défense, invoque, pour l'autorité administrative, un pouvoir général de mutation en estimant que seule la décision de mutation d'office doit être motivée ;

Considérant qu'il résulte des termes même de la décision attaquée que Rizare NATRANG a été « *relevé de ses fonctions* » et qu'au vu des pièces du dossier, il a été remplacé à ce poste par un conseiller pédagogique à titre intérimaire et n'a, jusqu'à ce jour, reçu aucune affectation ;

Considérant que le terme « relevé de ses fonctions » utilisé dans la décision attaquée et les allégations du requérant non contredites par l'autorité administrative établissent que la mesure est manifestement une sanction prise à l'encontre d'un fonctionnaire et ce, sans le respect de la procédure disciplinaire appropriée ;

Considérant qu'en usant ainsi de son pouvoir de mutation sur les agents placés sous son autorité dans un but autre que celui pour lequel ce pouvoir lui a été conféré le Ministre a commis un détournement de pouvoir qui vicie sa décision ;

Qu'il y a lieu de l'annuler ;

PAR CES MOTIFS

Annule la décision n° 002863 du 5 août 2011 du Ministre de l'Enseignement du Préscolaire, de l'Elémentaire, du Moyen-secondaire et des Langues nationales relevant Rizare NATRANG de ses fonctions de Proviseur du lycée Taïba ICS de Mboro.

Jurisp. : Cour suprême, arrêt n°51 du 25 août 2016, Bassirou DIANKHA c/ Ministre de l'Économie et des Finances (État du Sénégal)

Vu la requête reçue le 11 avril 2014 au greffe central de la Cour suprême par laquelle Bassirou DIANKHA, élisant domicile en l'étude de la SCPA So et So, avocats à la Cour, sollicite l'annulation de l'arrêté n°01394/MEF/DGID/DEDT du 27 janvier 2014 du Ministre de l'Économie et des Finances portant résiliation du bail qui lui a été consenti par l'État du Sénégal sur la parcelle de terrain sise à Dakar, dans la zone industrielle, d'une superficie de 310 m², à distraire du titre foncier n°5012/DG ;

Après en avoir délibéré conformément à la loi ;

Considérant que suivant acte administratif approuvé le 16 novembre 2009, l'État du Sénégal a consenti un bail au profit de Bassirou DIANKHA sur une parcelle de terrain sise à Dakar dans la zone industrielle d'une superficie de 310 m² à distraire du titre n° 5012/DG ; que par correspondance du 10 février 2014, il a reçu notification de l'arrêté n° 01394/MEF/DGID/DEDT du 27 janvier 2014 du Ministre de l'Économie et des Finances portant résiliation du bail en raison « *d'une superposition de baux sur une même assiette foncière* » ; que le bail visé étant celui cédé à titre de jouissance à la société civile immobilière MAHI par l'État du Sénégal suivant acte administratif approuvé le 2 juillet 2009, sur une parcelle de 1253 m2 sise à Dakar dans la zone industrielle à distraire du titre foncier n° 5012/DG ; qu'estimant avoir introduit son dossier de demande de régularisation par voie de bail depuis le 25 novembre 2004, comme en atteste le rapport de la commission des opérations domaniales, Bassirou DIANKHA conteste non seulement l'antériorité du bail de la SCI MAHI, mais également la superposition de titres, et forme un recours en annulation contre l'arrêté ministériel résiliant son propre bail ;

Sur le premier moyen tiré d'un détournement de pouvoir, en ce que le bail, qui est un contrat administratif, a été résilié unilatéralement sans sommation sans information préalable ; que le Ministre de l'Économie et des Finances est certes compétent pour résilier d'office un bail, mais à condition qu'il y ait faute du cocontractant, comme prévu à la partie du contrat intitulée « *SANCTIONS* », ou lorsque ce pouvoir lui est conféré par la loi, ce qui n'est pas le cas en l'espèce, le motif de la résiliation invoqué étant la superposition de droits ;

Considérant qu'en vertu de l'article 74 de la loi organique sur la Cour suprême, sous réserve de la signification de la requête et des mémoires, comme il est dit aux articles 38 et 39, le Président de la Chambre administrative, sur proposition du rapporteur, prescrit toute mesure d'instruction sur le fond, qui lui paraît nécessaire à la solution de l'affaire, assortie, s'il y a lieu, de délais ;

Considérant qu'usant de ses pouvoirs d'instruction, le Président de la Chambre administrative a, par lettres des 4 août 2015 et 16 février 2016, réclamé en vain au Directeur général des Impôts et Domaines la production du plan cadastral des deux baux attribués à la SCI MAHI sur des superficies de 1253 et 202 m² à distraire du titre foncier n° 5012/DG et du bail consenti à DIANKHA sur un terrain de 310 m² à distraire du même titre foncier, afin de vérifier la superposition de titres alléguée pour justifier la résiliation du bail du requérant ;

Que faute de production de ces éléments, la matérialité de la superposition de titres sur la même parcelle invoquée par l'autorité administrative n'est pas établie ;

Que par conséquent, l'arrêté de résiliation attaqué encourt l'annulation, non pas pour détournement de pouvoir, mais en raison d'une inexactitude matérielle des faits ;

PAR CES MOTIFS,

Annule l'arrêté n°01394/MEF/DGID/DEDT du 27 janvier 2014 du Ministre de l'Économie et des Finances portant résiliation du bail consenti à Bassirou DIANKHA.

Jurisp. : Cour suprême, arrêt n°43 du 14 Juillet 2016 c/ Ministre du Commerce, du Secteur informel, de la Consommation, de la Promotion des Produits locaux et des petites et moyennes Entreprises dites PME (État du Sénégal)

Vu la requête reçue le 12 mars 2015 au greffe Central par laquelle Birane Yaya Wane, électeur à la Section Industrie, sollicite l'annulation de l'arrêté n°00420 du 13 janvier 2015 du Ministre du Commerce, du Secteur informel, de la Consommation, de la Promotion des Produits locaux et des petites et moyennes Entreprises dites PME portant prorogation des mandats des élus des Chambres de Commerce, d'Industrie et d'Agriculture;

Après en avoir délibéré conformément à la loi ;

Considérant que le 20 janvier 2014 le Président de la République a pris le décret n°2014-47 portant organisation et fonctionnement des Chambres de Commerce, d'Industrie et d'Agriculture ; que par arrêt n° 30 du 12 juin 2014 la Cour suprême a ordonné le sursis à l'exécution dudit décret ;

Que le Ministre du Commerce, visant le décret objet du sursis, a pris l'arrêté attaqué pour proroger le mandat des élus des Chambres de commerce;

Considérant que Birane Yaya WANE soutient que la décision attaquée manque de base légale pour avoir visé un décret objet de décision de sursis non encore intégré dans le dispositif juridique ;

Considérant que le décret n° 2014-47 du 20 janvier 2014 abrogeant et remplaçant le décret n° 2003-827 du 10 octobre 2003 portant organisation et fonctionnement des Chambres de Commerce, d'Industrie et d'Agriculture a fait l'objet d'un sursis à exécution par arrêt du 12 juin 2014 susvisé;

Que dès lors, l'arrêté attaqué qui a pour fondement juridique ledit décret dont il vise au demeurant l'article 7 pour son application, encourt l'annulation;

Par ces motifs,

Annule l'arrêté n° 00420 du 13 janvier 2015 du Ministre du Commerce, du Secteur informel, de la Consommation, de la Promotion des Produits locaux et des petites et moyennes entreprises dites PME portant prorogation des mandats des élus des Chambres de Commerce, d'Industrie et d'Agriculture.

Jurisp. : Cour suprême, arrêt n° 68 du 22 décembre 2016, la société Italo sénégalaise de machines européennes SARL

(SISME) c/ Ministre de l'Environnement et du Développement durable (État du Sénégal)

La COUR,

Vu la requête reçue le 21 mars 2016 au greffe central par laquelle la société italo-sénégalaise de machines européennes dite SISME, élisant domicile en l'étude de Maître Daouda Ka, avocat à la Cour, sollicite l'annulation de l'arrêté n°3111 du 29 février 2016 du Ministre de l'Environnement et du Développement durable portant fermeture de son dépôt sis à Ouest Foire ;

Considérant que le 9 octobre 2015, la Section spéciale de Protection de l'Environnement de la Gendarmerie a été saisie d'une plainte pour nuisance sonore et perturbation de la commodité du voisinage dirigée contre la Société Italo-Sénégalaise de machines européennes dite SISME, implantée à Ouest Foire et spécialisée dans la vente de machines et engins destinés à la construction de bâtiments ;

Que la Division régionale de l'environnement et des établissements classés de Dakar a adressé le 30 décembre 2015, une mise en demeure à la SISME d'arrêter toute activité sur le site et de procéder dans un délai de 8 jours, à sa délocalisation dans une zone appropriée ;

Que par arrêté n°3111 du 29 février 2016, le Ministre de l'Environnement et du Développement durable a prononcé la fermeture du dépôt de la société;

Que la SISME a introduit le présent recours en articulant deux (2) moyens;

Sur le second moyen tiré de la violation de l'article L 23 du Code de l'environnement en ce qu'il n'existe aucune urgence caractérisée justifiant l'arrêté de fermeture ; et sans qu'il soit besoin de statuer sur le premier moyen ;

Considérant qu' aux termes des dispositions de l'article L.23 du Code de l'Environnement « *Dans le cas où le fonctionnement d'installations classées présente, pour les intérêts mentionnés à l'article L 9, des dangers ou des inconvénients graves que les mesures à prendre en vertu des dispositions de la présente loi ne sont pas susceptibles de faire disparaître, la fermeture ou la suppression de ces installations doit être ordonnée par arrêté pris par le Ministre chargé de l'Environnement ; Sauf cas d'urgence, la fermeture ou la suppression intervient après avis des Ministres chargés de l'Intérieur, de la Santé publique, des Affaires sociales et de l'Industrie et après la présentation par l'exploitant de ses observations* » ;

Considérant qu'en l'espèce, le ministre qui n'a pas invoqué une urgence ou recueilli les avis des Ministres susvisés et les observations de l'exploitant, a méconnu le sens et de la portée du texte précité ;

Qu'il s'ensuit que l'arrêté attaqué encourt l'annulation;

PAR CES MOTIFS,

Annule l'arrêté n° 3111 du 29 février 2016 du Ministre de l'Environnement et du Développement durable portant fermeture du dépôt de la société Italo sénégalaise de machines européennes SARL

(SISME) sis à Ouest Foire.

Chapitre III
LES ARRÊTÉS DES REPRÉSENTANTS DE L'ÉTAT

Jean SAVANT, Les Préfets de Napoléon (1958) :

« *Le préfet constitue donc le principal représentant de l'État dans le département, le délégataire de son autorité. À ce titre, et dans une logique centralisée pluriséculaire, il incarne la puissance de l'État et de son gouvernement sur l'ensemble du territoire* ».

Les circonscriptions administratives au Sénégal sont des entités créées par l'État et ne sont pas dotées de personnalité juridique. Il s'agit actuellement de la Région, du Département et de l'Arrondissement qui sont respectivement dirigés par le Gouverneur, du Préfet et du Sous-préfet.

Le représentant de l'État, qui est délégué du Président de la République dans sa circonscription, veille à la sauvegarde des intérêts nationaux, au respect des lois et règlements et au maintien de l'ordre public. Les représentants de l'État (gouverneurs, préfets et sous-préfets) disposent d'un pouvoir réglementaire pour organiser les services dont ils ont la charge dans le cadre de la région, du département ou de l'arrondissement. Ce pouvoir leur permet de garantir l'ordre public.

Ils sont nommés par décret, sur proposition du Ministre de l'Intérieur.

Le gouverneur est un fonctionnaire de la hiérarchie A, c'est-à-dire qu'il appartient à un corps de l'État recruté parmi les licenciés de l'enseignement supérieur. Il est assisté de deux adjoints : un adjoint administratif et un adjoint au développement.

Aux termes de l'article 271 CGCT, le préfet représente l'État auprès du département, de la ville, de la commune chef-lieu de département et de toutes autres communes qui lui seront rattachées par décret. Le sous-préfet représente l'État auprès des autres communes de son arrondissement.

Ils exercent le contrôle de légalité et le contrôle budgétaire. Ils veillent en outre à l'exercice régulier, par les collectivités territoriales, de leurs compétences.

Ils représentent chacun des ministres et ont autorité sur les services déconcentrés de l'État dans leur circonscription sous réserve des exceptions prévues par d'autres textes. Ils sont seuls habilités à s'exprimer au nom de l'État devant les conseils élus de leurs circonscriptions. (*Article 270 CGCT*)

Ils exercent le pouvoir hiérarchique sur tous les agents de l'État qui se trouvent dans la circonscription. Ils coordonnent l'activité de tous les services et disposent du pouvoir d'appréciation sur la manière de servir de l'ensemble du personnel affecté dans la région, le département ou l'arrondissement.

Il faut préciser que le sous-préfet est sous l'autorité hiérarchique du préfet qui lui-même est sous celle du gouverneur.

Le gouverneur et le préfet contrôlent la gestion des crédits mis à la disposition des services régionaux et départementaux et ils réunissent, ainsi que le sous-préfet, au moins une fois par mois les chefs de service placés sous leurs ordres. Certains de leurs actes sont susceptibles de recours pour excès de pouvoir.

Jurisp. : C.E. 25 Novembre 1999, LD/MPT c/ Préfet de Dakar SUR LE MOYEN UNIQUE TIRE DE L'ABSENCE DE MOTIF

Considérant que les requérants soutiennent à l'appui de leur requête que l'arrêté du Préfet du Département de Dakar interdisant la marche qu'ils ont programmée pour le 30 juin 1999 n'est pas motivé ;

Considérant que les organisateurs de la marche interdite ont précisé les itinéraires et horaires de cette manifestation ;

Considérant que la marche étant la manifestation d'une liberté publique soumise à une simple déclaration, l'autorité administrative, chargée du maintien de l'ordre, en l'occurrence le Préfet de Dakar, ne saurait l'interdire sans qu'il n'y ait d'une part, un risque de perturbation de l'ordre public et, d'autre part, une insuffisance de moyens nécessaires pour le maintien de l'ordre ;

Considérant qu'en interdisant de façon générale et absolue la marche programmée pour le 30 juin 1999, sans pour autant faire connaître les motifs sur lesquels il s'est fondé, le Préfet ne permet pas au Conseil d'État d'exercer un contrôle normal ; D'où il suit que la décision attaquée encourt annulation ;

PAR CES MOTIFS,

Annule l'arrêté du Préfet du département de Dakar n° 0041/P/D/DK/BAGE du 28 juin 1999 qui interdit la marche programmée sur la voie publique par la Ligue Démocratique, Mouvement pour le Parti du Travail le 30 juin 1999.

<u>Jurisp :</u> CE, Arrêt N° 0023, Du 17-08-2000, Bada DIOUF et autres c/Etat du Sénégal, BULLETIN DES ARRETS DU CONSEIL D'ETAT, ANNEE 2000

Pour l'exercice de la police concernant les édifices menaçant ruine, en l'absence d'une mise en demeure adressée au Maire, le Préfet ne saurait prendre directement la mesure. D'où il suit que l'acte attaqué encourt l'annulation.

LE CONSEIL D'ETAT

APRES en avoir délibéré conformément à la loi ;

Considérant que la dame Mame Yacine BADIANE, les sieurs Bada DIOUF, Valéry MBONJO, Ghazi SAFAOUI, Souheil DELANK et Aly José KOCHEN ont saisi le Conseil d'Etat par le canal de leur conseil respectif d'une demande d'annulation pour excès de pouvoir de l'arrêté n° 59/PD pris par le Préfet de Dakar le 27 août 1999, prononçant leur évacuation dans un délai d'un an des immeubles objet des titres fonciers n°s 13240/DG et 1473/DG qu'ils occupent à la rue Galandou DIOUF ;

Considérant que les requérants ont par la suite initié une procédure de sursis à l'exécution de la décision attaquée ;

Considérant que les recours ont été introduits dans les délais, les requêtes signifiées à l'Agent Judiciaire de l'Etat et l'amende de pourvoi consignée conformément à la loi ;

Considérant que l'affaire au fond étant en état d'être jugée et s'agissant de la même cause opposant les mêmes parties et visant le même objet, il y a lieu d'ordonner la jonction des différentes procédures ainsi que le sursis au fond pour y statuer par un seul et même arrêt ;

SUR LE MOYEN SOULEVER D'OFFICE ET TIRE DE L'INOBSERVATION PAR LE PREFET DE DAKAR DES DISPOSITIONS DE L'ARTICLE 130 DU CODE DES COLLECTIVITES LOCALES ET NOTAMMENT EN SON ALINEA 2, SANS QU'IL SOIT BESOIN D'EXAMINER LES AUTRES MOYENS ;

Considérant que les requérants, tous locataires des immeubles précités sis à la rue Galandou DIOUF et appartenant au sieur Kamel FAKRY ont reçu assignation en expulsion pour cause de vétusté des locaux, le propriétaire estimant que son immeuble menace ruine ;

Considérant que suite à un rapport de la commission de recensement des édifices menaçant ruine, les occupants ont reçu notification de l'arrêté N° 59/PD pris par le Préfet de Dakar, le 27 août 1999 prononçant l'évacuation des immeubles dans un délai d'un an ;

Considérant que cet arrêté dont l'annulation est demandée a été pris en vertu des pouvoirs de police du représentant de l'Etat prévu à l'article 130 du Code des collectivités locales qui précise :"Les pouvoirs qui appartiennent au Maire en vertu des articles 124 à 128 du présent code ne font pas obstacle au droit du représentant de l'Etat de prendre pour toutes les communes d'une circonscription ou pour une ou plusieurs d'entre elles et dans tous les cas où il n'y aurait pas été pourvu par les autorités municipales, toutes mesures relatives au maintien du bon ordre, de la sécurité, de la salubrité, de la sûreté et de la tranquillité publique ; Ce droit ne peut être exercé par le représentant de l'Etat à l'égard d'une seule commune qu'après une mise en demeure au Maire restée sans résultat" ;

MAIS CONSIDERANT qu'il résulte des pièces du dossier qu'aucune mise en demeure n'a été servie au Maire ;

QUE cette formalité substantielle n'ayant pas été respectée, il échet dès lors d'annuler l'arrêté N° 59/PD du Préfet de Dakar en date du 27 août 1999 pour violation des dispositions de l'article 130 alinéa 2 du Code descollectivités locales ;

PAR CES MOTIFS

ORDONNE la jonction des procédures ;

ORDONNE la jonction du sursis au fond ;

ANNULE l'arrêté N° 59/PD du 27 août 1999.

<u>Jurisp. :</u> Cour suprême arrêt n°35 du 13octobre 2011, Alioune TINE, Président de la Rencontre Africaine des Droits de l'Homme (RADDHO) c/ Préfet de Dakar (État du Sénégal)

Considérant que pour interdire le rassemblement pacifique programmé à Dakar à la place de l'Obélisque le 24 décembre 2010 par la Rencontre Africaine des Droits de l'Homme (RADDHO) en vue de réclamer le départ du Président Laurent GBAGBO, le Préfet de Dakar, dans l'arrêté attaqué, s'est fondé sur ce que l'encadrement sécuritaire de la manifestation serait difficile à assurer en raison de la mobilisation des forces de sécurité pour la couverture du Festival Mondial des Arts Nègres (FESMAN) ; Qu'il invitait, ainsi, le demandeur à se rapprocher de ses services à la fin du Festival pour le dépôt d'une nouvelle déclaration ;

Considérant que le requérant, à l'appui de sa demande en annulation, développe un moyen unique tiré du manque de base légale et de l'erreur manifeste d'appréciation en ce que :

- d'une part, les libertés publiques garanties par les articles 7 et suivants de la Constitution et les conventions internationales sont permanentes et ne sauraient être tributaires d'un évènement ponctuel qui s'inscrit dans le cadre d'un programme gouvernemental ; qu'il appartient à l'autorité administrative de prendre toutes les dispositions pour assurer la protection des activités républicaines tout en garantissant les libertés fondamentales reconnues aux citoyens ; que le simple FESMAN ne saurait constituer un évènement exceptionnel de nature à compromettre l'exercice de telles libertés ; qu'au surplus, le rassemblement envisagé, circonscrit dans le temps et dans l'espace (Place de l'Obélisque de 15 à 17 heures), ne nécessitait pas un encadrement sécuritaire au-dessus des possibilités des forces de sécurité ;

- d'autre part, en justifiant l'interdiction du rassemblement par la seule tenue du FESMAN et en n'appréciant pas l'opportunité de celui-ci par rapport à la réunion des chefs d'État, d'où la suggestion d'une nouvelle demande après la clôture du FESMAN, l'administration a méconnu le fait que l'évènement ne peut être différé car étant intrinsèquement lié à ladite réunion tenue le même jour et à la même heure ;

Considérant que, s'il incombe à l'autorité administrative compétente, de prendre les mesures qu'exige le maintien de l'ordre, elle doit concilier l'exercice de ce pouvoir avec le respect de la liberté de réunion garantie par la Constitution ;

Considérant que la loi n°78-02 du 29 janvier 1978 relative aux réunions lui permet en son article 14 d'interdire toute réunion publique, s'il existe une menace réelle de troubles à l'ordre public et si elle ne dispose pas de forces de sécurité nécessaires pour assurer la sécurité des citoyens ;

Considérant qu'en l'espèce, le Préfet s'est borné à invoquer la difficulté de l'encadrement sécuritaire sans même alléguer l'éventualité de troubles à l'ordre public ;

Considérant qu'en prenant une telle mesure l'autorité administrative a porté atteinte à la liberté de réunion ;

Qu'en conséquence, sans qu'il y ait lieu de statuer sur le moyen tiré du défaut de base légale et de l'erreur manifeste d'appréciation, il échet de dire que le requérant est fondé à soutenir que l'arrêté attaqué est entaché d'excès de pouvoir ;

PAR CES MOTIFS,

Annule l'arrêté n°3284 du 23 décembre 2010 du Préfet de Dakar interdisant le rassemblement pacifique prévu le 24 décembre 2010 à la place de l'Obélisque par la RADDHO.

Jurisp. : Cour suprême, chambre administrative, arrêt n °50 du 27 juillet 2017 Abdoulaye SYLLA c/ État du Sénégal

Vu la requête reçue le 17 juin 2016 au greffe central par laquelle Abdoulaye Sylla, élisant domicile en l'Étude de Maîtres Demba Ciré BATHILY et associés, avocats à la Cour, sollicite l'annulation de l'arrêté n°055/ASC/SP du 11 mai 2016 du Sous-préfet de Saré Coly Sallé portant autorisation de reconstruction de mosquée dans le village de Sinthiang Saby;

Considérant qu'à la suite de l'arrêté n°042/ASCS/SP du 7 octobre 2015 portant interdiction provisoire de construction de mosquée, le Sous-préfet de Saré Coly Sallé a pris le 11 mai 2016, l'arrêté n°055/ASC/SP portant autorisation de reconstruction de mosquée dans le village de Sinthiang Saby ; Qu'Abdoulaye Sylla, chef dudit village, estimant que la mosquée à construire se trouve sur le même site qu'une autre mosquée en voie d'achèvement, distante de quatre (4) mètres, poursuit l'annulation de l'arrêté du 11 mai 2016 ;

Considérant que l'Agent judiciaire de l'État soulève l'irrecevabilité aux motifs que la requête ne mentionne pas les noms et domicile du requérant et que celui-ci, ne disposant pas d'un intérêt certain, personnel et légitime, n'a pas qualité pour agir ;

Considérant, d'une part, que la requête introduite au nom d'Abdoulaye Sylla, chef du village de Sinthiang Saby, lequel fait élection de domicile en l'étude de la Société civile professionnelle d'Avocats (SCPA) Demba Ciré Bathily et associés, avocats à la Cour, satisfait aux exigences de l'article 35 de la loi organique 2008-35 susvisée ;

Considérant, d'autre part, que le recours pour excès de pouvoir est ouvert à tous ceux qui peuvent justifier que l'annulation qu'ils demandent présente pour eux un intérêt, la notion d'intérêt s'entendant comme le droit de ne pas souffrir personnellement de l'illégalité ;

Qu'en l'espèce, le requérant qui est un habitant de Sinthiang Saby et, de surcroit, chef de ce village où est érigée la mosquée a un intérêt à contester la décision portant reconstruction de cette mosquée ;

Que dès lors, son recours est recevable ;

Sur le moyen unique tiré de l'incompétence de l'auteur de l'acte en ce que c'est le maire qui délivre les autorisations et non le sous-préfet en matière d'urbanisme et notamment de construction ;

Considérant que l'Agent judiciaire de l'État conclut au rejet du recours ;

Considérant que selon l'article 319 du Code général des Collectivités locales, la délivrance des autorisations de construire, à l'exception de celles délivrées par le ministre chargé de l'urbanisme, relève de la compétence de la commune ;

Que l'article 70 du code de l'Urbanisme précise que l'autorisation de construire est délivrée par le maire au propriétaire ou à son mandataire, après instruction par les services chargés de l'urbanisme ;

Qu'ainsi, en édictant un arrêté portant autorisation de reconstruire, le Sous-préfet a pris une décision dans un domaine où la loi ne lui donne pas compétence ;

Que dès lors, son arrêté encourt l'annulation ;

PAR CES MOTIFS,

Annule l'arrêté n°055/ASC/SP du 11 mai 2016 du Sous-préfet de Saré Coly Sallé portant autorisation de reconstruction de mosquée dans le village de Sinthiang Saby.

Jurisp. : Cour suprême, chambre administrative, arrêt n °61 du 24 novembre 2016, Collectivité Léboue de Ouakam c/Préfecture de Dakar

Vu la requête reçue le 5 novembre 2015 au greffe central par laquelle les Jaraafs Youssou NDOYE, El Hadji Momar GUEYE, El Hadji Omar Guèye SAMB, élisant domicile en l'étude de Maître Youssoupha Camara, avocat à la Cour, sollicitent l'annulation de l'arrêté n°879/P/D/DK du 16 octobre 2015 du Préfet de Dakar portant suspension jusqu'à nouvel ordre de toutes opérations sur un terrain dit « super plateau » objet du titre foncier n° 5007/DG ;

Après en avoir délibéré conformément à la loi ;

Considérant que le Préfet du Département de Dakar a pris, le 16 octobre 2015, l'arrêté numéro 379/P/D/DK, prononçant la suspension jusqu'à nouvel ordre de toutes opérations sur un terrain dit « *super plateau* », objet du titre foncier n°5007 /DG ; que s'estimant lésée, la Collectivité Léboue de Ouakam, propriétaire de ce terrain, a introduit un recours en annulation contre ledit arrêté, en articulant un moyen unique ;

Considérant que les requérants font grief à la décision attaquée de violer l'article 15 de la Constitution en ce que l'autorité administrative, en ordonnant la suspension de toutes opérations sur les terrains du « *super plateau* » objet du titre foncier n°5007 /DG devenu TF 1751/NGA, a porté atteinte au droit de propriété d'autrui, celui de la Collectivité Léboue;

Considérant que l'Agent judiciaire de l'État soutient que la mesure contestée a été prise pour assurer la sécurité des personnes et des biens, préserver la paix et la tranquillité publique et restaurer l'autorité de l'État dans le village traditionnel de Ouakam, objet de fréquentes tensions sociales ;

Considérant que l'article 15 alinéa 1er de la Constitution dispose que « *le droit de propriété est garanti par la présente Constitution. Il ne peut y être porté atteinte que dans le cas de nécessité publique légalement constatée, sous réserve d'une juste et préalable indemnité* » ;

Considérant qu'il résulte de l'état de droits réels du 19 octobre 2015, que le titre foncier n°2010 (ex- 5007) reporté au livre foncier de Ngor Almadies sous le n°1751 est la propriété de la Collectivité Léboue de Ouakam ;

Que l'arrêté du Préfet, qui empêche pour une durée indéterminée la Collectivité Léboue de Ouakam de jouir de son bien, porte atteinte à son droit de propriété sur ledit terrain en dehors de toute procédure d'expropriation pour cause d'utilité publique ;

Qu'il y a lieu, dès lors, d'annuler l'arrêté attaqué ;

PAR CES MOTIFS,

Annule l'arrêté n°879/P/D/DK du 16 octobre 2015 du Préfet de Dakar portant suspension jusqu'à nouvel ordre de toutes opérations sur le terrain dit « super plateau » objet du titre foncier n°5007 /DG.

Chapitre IV

LA CIRCULAIRE À CARACTÈRE RÈGLEMENTAIRE

M. TRICOT, Conclusions arrêt Conseil d'État de Notre Dame du KREISKER (29 janvier 1954) : « *La circulaire est un pavillon qui peut recouvrir toutes sortes de marchandises, ordres du jour, conseils, recommandations, directives d'organisation et de fonctionnement, des règles de droit* ».

La circulaire est indispensable au fonctionnement de l'Administration car elle est la manifestation de la vie interne de celle-ci. Elle est fréquemment privilégiée par les services qui s'y réfèrent plus volontiers qu'à la loi ou au décret qu'elles ont vocation à appliquer et à interpréter, raison pour laquelle elle est qualifiée de « para réglementation ».

La circulaire est un texte transmis par une autorité administrative (ministre, recteur, préfet, etc.) aux services placés sous son autorité hiérarchique, voire aux administrés, pour les informer d'une nouveauté législative ou réglementaire. L'autorité administrative indique aux personnes concernées ce qu'est, à son sens, l'état du droit et comment il doit être mis en œuvre. En d'autres termes, la circulaire est un acte administratif qui a pour objet de donner une « *interprétation* » de la réglementation et de la législation en vigueur. Ça émane plus souvent du Premier Ministre ou du Ministre.

La circulaire est l'instrument dont se servent les autorités administratives pour faire passer l'information entre les différents services d'un ministère ou entre ces services et les services déconcentrés du ministère. Plus précisément, un ministre ou un directeur de l'Administration centrale est régulièrement amené, par le biais de circulaires, à donner des instructions ou des explications à ses subordonnés sur la conduite à tenir ou la politique à suivre dans tel ou tel domaine, ainsi que sur l'interprétation à donner à une loi ou à un règlement (par exemple, la circulaire...). Cette attitude répond au souci de donner aux agents exécutants un cadre d'action stable et sûr et surtout d'éviter les incohérences qui pourraient naître d'interprétations divergentes dans l'application des lois et règlements. Les circulaires ne sont pas considérées comme des décisions car elles se contentent d'interpréter ou de commenter. Dès lors, elles sont dites interprétatives. Mais, toutes ne se contentent pas d'être purement interprétatives. Certaines ajoutent à la réglementation en vigueur des normes juridiques nouvelles. Considérées comme de véritables règlements, ces circulaires sont dites réglementaires et les administrés peuvent alors s'en prévaloir et les attaquer par le biais d'un recours pour excès de pouvoir.

Les critères de la distinction entre circulaires dites réglementaires et non réglementaires sont exprimés dans un arrêt en date du 18 juin 1993, Institut français d'opinion publique, dans lequel il est précisé que « *l'interprétation par l'autorité administrative des lois et règlements qu'elle a pour mission de mettre en œuvre n'est susceptible d'être directement déférée au juge de l'excès de pouvoir que si et dans la mesure où ladite interprétation méconnaît le sens et la portée des prescriptions législatives ou réglementaires qu'elle se propose d'expliciter.* »

Les circulaires interprétatives sont celles par lesquelles un supérieur recommande à un de ses subordonnés un certain comportement (CE juin 1950, Institut prophylactique ; CE décembre 1959, FREYSSINET) ; celles qui se limitent à un rappel d'une décision antérieure ou la position d'une commission (respectivement : CE avril 1951, Fédération nationale des fabricants français de vêtements masculins ; CE novembre 1961, École Marie-TESSIER) ; celles qui régissent le fonctionnement interne de l'Administration sans comporter aucune conséquence juridique à l'égard des administrés (CE Section mars 1951, GUISLAIN) ; et enfin, celles qui interprètent ou commentent un texte antérieur (CE février 1952, Union nationale des associations familiales). Des dispositions édictant des normes réglementaires peuvent être introduites dans une circulaire. Par exemple, un ministre, au lieu de prendre un règlement par voie d'arrêté, se contente de glisser des dispositions réglementaires dans une circulaire, ou bien n'a pas eu conscience de la nature des dispositions qu'il édicte par cette voie. La forme utilisée ne correspond plus à son contenu. Mais la circulaire sera tenue pour ce qu'elle est en réalité, c'est-à-dire pour une circulaire « *à caractère réglementaire* » et donc, pour un règlement.

Si la circulaire réglementaire est reconnue illégale, on pourra l'attaquer par la voie du recours pour excès de pouvoir ; en revanche, si elle est légale, on pourra en réclamer l'application. Du point de vue du contrôle juridictionnel, la distinction a longtemps été faite entre les circulaires interprétatives et les circulaires réglementaires, seules les secondes étant susceptibles de faire l'objet d'un recours pour excès de pouvoir. Cette distinction a été abandonnée au profit d'un nouveau critère de recevabilité du recours juridictionnel, supposé introduire davantage de clarté, celui de l'impérativité de la circulaire (CE, Sect., 18 déc. 2002, Mme DUVIGNERES, GAJA, 19e édition, Dalloz, n° 108).

Les circulaires dénuées de caractère impératif ne sont pas susceptibles d'être déférées au juge de l'excès de pouvoir. En revanche, les dispositions impératives à caractère général doivent être regardées comme faisant grief et peuvent être invoquées par l'administré pour fonder ses droits ou l'Administration pour les lui dénier. Les dispositions d'une circulaire impérative qui fixent, dans le silence des textes, une règle nouvelle ou qui prescrivent une interprétation qui méconnaît une disposition législative ou réglementaire encourent la nullité. Il convient à cet égard de citer l'arrêt du Conseil d'État selon lequel « *l'interprétation que, par voie, notamment, de circulaires ou d'instructions, l'autorité administrative donne des lois et règlements qu'elle a pour mission de mettre en œuvre n'est pas susceptible d'être déférée au juge de l'excès de pouvoir lorsque, étant dénuée de caractère impératif, elle ne saurait, quel qu'en soit le bien fondé, faire grief ; qu'en revanche, les dispositions impératives à caractère général d'une circulaire ou d'une instruction doivent être regardées comme faisant grief ; que le recours formé à leur encontre doit être accueilli notamment si ces dispositions fixent, dans le silence des textes, une règle nouvelle entachée d'incompétence ou s'il est soutenu à bon droit que l'interprétation qu'elles prescrivent d'adopter méconnaît le sens et la portée des dispositions législatives qu'elle entendait expliciter* » (Conseil d'État - 8ème et 3ème sous-sections réunies, 13 janvier 2010, n°321416, Légifrance). La juridiction civile suit sur ce point la jurisprudence administrative. Ainsi la Chambre sociale de la Cour de cassation a annulé l'arrêt d'une Cour d'appel qui s'est fondée sur des circulaires dépourvues d'effet normatif, et qui, dès lors, a violé les textes qui fondaient le recours sont elle avait été saisie (2e chambre civile 18 février 2010, Légifrance).

Par ailleurs, une circulaire peut comporter des dispositions à la fois réglementaires et interprétatives (CE novembre 1958, LEPOUSSE) ces circulaires sont considérées comme « *mixtes* » et ne sont recevables que les dispositions réglementaires, et non la totalité de la circulaire. Il peut également exister des circulaires comprenant des dispositions réglementaires légales, et d'autres illégales (CE janvier 1975, Da SILVA et CFDT). Ces cas demandent une analyse rigoureuse du texte de la circulaire.

Chapitre V

LES DÉCISIONS DES ORGANES EXÉCUTIFS ET DÉLIBÉRANTS DES COLLECTIVITÉS TERRITORIALES

Michel DE VILLIERS et Armel LE DIVELLEC, Dictionnaire du droit constitutionnel (1950) : « *La multiplication des échelons territoriaux d'administration du pays, auxquels il faut ajouter les échelons intermédiaires est une caractéristique souvent critiquée de l'organisation administrative française* ».

Les organes exécutifs des collectivités territoriales sont les maires et les présidents de conseils départementaux. Quant aux organes délibérants des collectivités territoriales, il s'agit des conseils municipaux et départementaux.

Le département est une collectivité territoriale, personne morale de droit public. Il est administré par un Conseil départemental élu au suffrage universel direct.

Le conseil départemental par ses délibérations, le président du conseil départemental par l'instruction des affaires et l'exécution des délibérations concourent à l'administration du département.

Le conseil départemental est composé de conseillères et de conseillers départementaux élus pour cinq ans conformément au Code électoral. Il est l'organe délibérant du département.

Le président du Conseil départemental est l'organe exécutif du département. Il prépare et exécute les délibérations du conseil départemental.

Il est l'ordonnateur des dépenses du département et prescrit l'exécution des recettes, sous réserve des dispositions particulières du Code général des Impôts relatives au recouvrement des recettes fiscales des collectivités territoriales.

Il est le chef des services décentralisés du département. Il peut, sous sa surveillance et sous sa responsabilité, donner délégation de signature aux membres du bureau.

Dans les mêmes conditions, il peut aussi déléguer sa signature au secrétaire général du département, ainsi qu'aux responsables desdits services.

Le président du conseil départemental gère le domaine du département. À ce titre, il exerce les pouvoirs de police afférents à cette gestion.

La commune est une collectivité territoriale, personne morale de droit public. Elle regroupe les habitants du périmètre d'une même localité composé de quartiers et/ou de villages unis par une solidarité résultant du voisinage, désireux de traiter de leurs propres intérêts et capables de trouver les ressources nécessaires à une action qui leur soit particulière au sein de la communauté nationale et dans le sens des intérêts de la nation.

Les quartiers et les villages constituent les cellules administratives de base dont le statut est déterminé par décret.

Le Conseil municipal par ses délibérations, le maire par ses décisions, par l'instruction des affaires et l'exécution des délibérations, concourent à l'administration de la commune.

Le Conseil municipal règle par ses délibérations les affaires de la commune.

Il doit assurer à l'ensemble de la population, sans discrimination, les meilleures conditions de vie. Le conseil municipal donne son avis toutes les fois que celui-ci est requis par les lois et règlements ou à la demande du représentant de l'État.

Il peut émettre des vœux, par écrit, sur toutes les questions ayant un intérêt local, notamment sur celles concernant le développement économique et social de la commune.

Il est tenu informé de l'état d'avancement des travaux et des actions financés par la commune ou réalisés avec sa participation.

Le maire est l'organe exécutif de la commune. Il est assisté par les adjoints dans l'ordre de leur élection.

NB : conformément aux dispositions de l'article 167 du CGCT, « *la ville a le statut de commune* ».

Ainsi, les présidents des Conseil départementaux et les maires disposent également du pouvoir réglementaire. Le maire dispose en effet d'un pouvoir de police, ce qui le conduit à prendre toutes les mesures nécessaires au maintien ou au rétablissement de l'ordre public, dans le cadre de sa commune.

Jurisp. : C.E arrêt n°0028, Du 31-08-1999, le Préfet de Dagana c/ Conseil municipal de Richard-Toll

LE CONSEIL D'ÉTAT

SUR LE MOYEN UNIQUE TIRE DE LA VIOLATION DE L'ARTICLE 112 DU CODE DES COLLECTIVITÉS LOCALES, EN CE QUE, AU LIEU DE DONNER DÉLÉGATION DE SIGNATURE A L'UN DE SES ADJOINTS COMME LE PRESCRIT LE TEXTE CITE AU MOYEN, LE MAIRE DE LA COMMUNE DE RICHARD-TOLL L'A DONNÉE, A UN CONSEILLER MUNICIPAL DE LADITE COMMUNE ;

SUR LA RECEVABILITÉ DU DÉFÉRÉ PRÉFECTORAL :

Considérant que l'article 112 du Code des Collectivités Locales dispose : « *Le Maire organe exécutif de la Commune peut sous sa surveillance et sa responsabilité, déléguer par arrêté une partie de ses fonctions, à un ou plusieurs de ses adjoints et, en l'absence ou en cas d'empêchement de ses adjoints, à des membres du Conseil Municipal* » ;

Considérant qu'en cas de délégation de signature comme en l'espèce, consentie dans le cadre du fonctionnement de la Commune, les actes accomplis par le délégataire ont la même nature formelle et la même hiérarchie que ceux du requérant;

Qu'il en résulte que le délégataire n'intervient que pour décharger le déléguant d'une partie de la gestion quotidienne de la Commune ;

Qu'ainsi, en application des articles 335 et 337 du Code des Collectivités Locales, le déféré préfectoral doit être déclaré recevable;

AU FOND :

Considérant que par l'acte attaqué, le Maire a délégué sa signature à un Conseiller municipal sans aucune précision sur la question de savoir si à la date de l'acte de délégation, ses adjoints étaient absents ou empêchés;

Qu'ultérieurement d'ailleurs, le Maire reconnaît lui - même qu'à la date de l'acte, deux de ses adjoints étaient présents ;

Que dès lors, l'acte attaqué viole manifestement les dispositions du texte invoqué au moyen ;

PAR CES MOTIFS

Déclare recevable le déféré préfectoral ;

Annule l'arrêté N° 11/CRT du 18 août 1998 du Maire de la Commune de Richard-Toll.

Jurisp : CE, Arrêt N° 0014, Du 29-06-2000, Yaya BA c/Etat du Sénégal, BULLETIN DES ARRETS DU CONSEIL D'ETAT, ANNEE 2000

Le Sous - Préfet ne saurait interdire, l'exploitation par le requérant de son champ, qui n'est pas situé sur un parcours de bétail. Il s'ensuit que la décision attaquée doit être annulée.

LE CONSEIL D'ETAT

APRES en avoir délibéré conformément à la loi ;

Considérant que le sieur Yaya BA demande l'annulation pour excès de pouvoir de l'arrêté n° 11/SP du 29 juillet 1999 du Sous - Préfet de Sinthiou Bambambé qui interdit l'exploitation du champ sis à Foumihara Diobé ;

SUR LE RECEVABILITE DE LA REQUETE

CONSIDERANT que le recours de Yaya BA, fait dans les formes et délais de la loi est recevable ;

AU FOND

Sur le moyen pris de l'inexistence des motifs de fait sans qu'il soit besoin d'examiner les autres :

Considérant que le Sous - Préfet de Sinthiou Bambambé a, par arrêté n°11 du 29 juillet 1999 interdit à

Yaya BA d'exploiter un champ lui appartenant et qu'il exploite depuis plus de 37 ans au motif qu'il est situé sur un parcours de bétail ;

Considérant qu'au regard de l'article premier du décret n° 80268 du 10 mars 1980 portant organisation des parcours de bétail et fixant les conditions d'utilisation des pâturages, les parcours de bétail constituent l'ensemble des espaces libres naturels traditionnels destinés à la pâture des animaux ;

Considérant qu'il ne résulte pas des éléments du dossier que le champ de Yaya BA soit situé sur un parcours de bétail ;

Que le Sous - Préfet ne saurait, sans méconnaître les droits de Yaya BA, le priver de l'exploitation de son champ en fondant sa décision sur des faits non établis ;

Qu'il suit de là que la décision attaquée encourt annulation ;

PAR CES MOTIFS :

EN LA FORME

DECLARE le recours recevable

AU FOND :

ANNULE l'arrêté n° 11/SP du 29 juillet 1999 du Sous - Préfet de Sinthiou Bamambé.

<u>Jurisp.</u> : C.E arrêt n° 30 du 29 juillet 2004, Abdou FOUTA et Mama DIAKHOUMPA c/ Le Conseil Rural de Malicounda et L'État du Sénégal

Considérant que les sieurs Abdou Fouta DIAKHOUMPA et Mama DIAKHOUMPA attributaires de terrains du domaine national sis à SALY- Carrefour, à leur grande surprise, se sont vus retiré lesdites parcelles par la communauté rurale de Malicounda suivant délibération en date du 23 juin 1999 approuvée par le sous-préfet de Syndia le 27 juillet 1999 portant désaffectation générale de l'ensemble des terrains situés dans la zone ;

Considérant qu'il est constant qu'aucun élément du dossier n'établit l'accomplissement de la formalité requise en la matière, qu'il s'agisse de la notification aux intéressés ou de la publicité de l'acte litigieux ou qu'il s'agisse de la mise en demeure préalable aux fins de conformité aux prescriptions requises ;

Qu'il y'a là une méconnaissance des dispositions de l'article 9 du décret n° 72-7288 du 27 octobre 1972 qui régissent les conditions de désaffectation d'une parcelle du domaine national pour défaut ou insuffisance de mise en valeur ;

Qu'il ne ressort du dossier aucune pièce de nature à fonder la régularité de la délibération litigieuse et qu'il s'ensuit que celle-ci encours l'annulation pour excès de pouvoir en ce qu'elle concerne

les requérants ;

PAR CES MOTIFS,

Annule la délibération n°4/CRM du 23 juillet 1999 portant désaffectation et réaffectation des parcelles à usage d'habitation et des terres du domaine national ensemble avec la décision d'approbation du sous-préfet de syndia.

Jurisp. : C.E arrêt n° 23 du 17 aout 2006, Mamadou NGOM c/Conseil rural de Sangalkam

Considérant que la requête introduite pour le compte du sieur Mamadou Ngom Conseiller rural à Sangalkam, tend à l'annulation pour excès de pouvoir de la décision n° 168 CRS/SANG-04 du 09 septembre 2004 par laquelle le Président du Conseil rural de Sangalkam l'a déclaré démissionnaire d'office dudit Conseil rural ;

Sur le moyen tiré de la violation des dispositions de l'article 230 du

Code des Collectivités locales :

Considérant qu'aux termes des dispositions de l'article 230 du Code des Collectivités locales : « *Tout membre du Conseil rural dûment convoqué qui, sans motifs légitimes reconnus par le Conseil, a manqué à trois convocations écrites successives, peut-être, après avoir été admis à formuler ses explications, déclaré démissionnaire par le Président, après avis du Conseil rural, sauf recours dans les délais de deux mois de la notification devant la juridiction compétente* » ;

Considérant que le dossier de la cause ne comporte pas d'éléments de nature à établir que le requérant a, d'une part, effectivement manqué à trois convocations écrites successives et d'autre part, été mis en situation d'articuler les explications requises, justificatives de la légitimité des motifs d'absence allégués ; qu'il en découle que les garanties protectrices du mandat de l'élu local n'ont pas été respectées, et que la décision litigieuse attaquée s'avère dès lors entachée d'illégalité ;

PAR CES MOTIFS,

Annule la décision n° 168 CRS/SANG-04 du 09 septembre 2004 prise par le Président du Conseil rural de Sangalkam.

Jurisp. : Cour suprême arrêt n°16 du 09 juin 2009, Adja Aïssatou THIAM et Hassan KOCHEN et Mohamed KHALIL c/ La Mairie de Dakar

Considérant que les requérants occupants de l'immeuble sis au 59 rue Galandou DIOUF sollicitent l'annulation de l'arrêté du Maire de Dakar prononçant leur évacuation dudit immeuble en ce que cette décision n'est étayée par aucun rapport d'expertise établissant le risque d'effondrement allégué ;

Considérant qu'en effet, l'arrêté attaqué se fonde sur l'état de l'immeuble qui risquerait de s'effondrer ;

Considérant cependant que les conclusions de la visite de la Brigade de surveillance municipale de la ville de Dakar qui sont visées dans l'arrêté, et qui semblent le sous-tendre ont été vainement réclamées au cours de l'instruction du dossier ;

Considérant qu'il résulte de l'avis recueilli par la Cour suprême auprès du Chef du Service régional de l'urbanisme de Dakar, qu'il n'y a pas de risque d'effondrement du bâtiment en cause ;

Qu'ainsi l'arrêté attaqué repose sur un motif matériellement inexistant, et est à ce titre illégal ; Qu'il échet de l'annuler ;

PAR CES MOTIFS,

Annule l'arrêté n°01149 du 25 avril 2008 du Maire de Dakar ordonnant l'évacuation des requérants de l'immeuble sis au 59, Rue Galandou DIOUF à Dakar.

Jurisp. : Cour suprême arrêt n°14 du 05 mai 2009, Aliou DIA c/ État du Sénégal

Considérant qu'il résulte de l'article 169 du Code des Collectivités locales que « *Tout membre du Conseil municipal dûment convoqué qui, sans motifs légitimes a manqué à trois sessions successives, peut, après avoir été invité à fournir ses explications, être déclaré démissionnaire par le maire après avis du conseil municipal. (...)»;*

Considérant qu'il ne ressort pas des pièces du dossier, d'une part, que le Conseiller municipal Aliou DIA a manqué à trois sessions successives du Conseil municipal auxquelles il a été régulièrement convoqué et, d'autre part, que ledit Conseil a donné son avis sur la déclaration de démission prise par le Maire de la Commune d'Arrondissement de Yeumbeul Sud;

Qu'ainsi, l'arrêté pris en violation de la loi encourt l'annulation.

PAR CES MOTIFS,

Annule l'arrêté n°09 du 25 juillet 2008 du Maire de la Commune d'Arrondissement de Yeumbeul Sud déclarant le Conseiller municipal Aliou DIA démissionnaire.

Jurisp. : Cour suprême arrêt n °31du 25 aout 2009, Sérigne Babacar SECK c/ Conseil régional de Kaolack et le Gouverneur de la région de Kaolack

Considérant qu'en vertu de l'article 28 de la Loi 96-07 du 22 mars 1996 portant transfert de compétence aux régions, communes et communautés rurales, la région reçoit, entre autres compétences, « la délivrance d'autorisation d'amodiation de chasse, après avis du conseil rural » ;

Considérant que le décret n°96.1134 du 27 décembre 1996 portant application de cette loi précise, en son article 26, que : « La région a compétence sur les terres de son ressort pour autoriser l'amodiation des droits de chasses après délibérations du ou des conseils ruraux intéressés. La décision qui en découle est prise par le Président du Conseil régional (…) Toutefois pour une zone d'intérêt cynégétique, la décision est prise après délibération du Conseil régional » ;

Qu'il dispose, en son article 49, que : « *Le Conseil rural a compétence pour donner son avis préalable à toute décision d'amodiation des droits de chasse dans une zone située sur son territoire*» ;

Qu'il indique enfin, en son article 27, que : « *La région peut déclencher des procédures régulières de résiliation des contrats d'amodiation des droits de chasse autorisés par elle. La décision est prise suivant les mêmes procédures définies à l'article 26 du présent décret*» ;

Considérant qu'il ressort de ces dispositions que toute décision d'autorisation d'amodiation des droits de chasse ou de résiliation de ladite autorisation nécessite l'avis préalable du ou des conseils ruraux concernés par la zone de chasse et que lorsque celle-ci est d'intérêt cynégétique, il faut en outre une délibération du Conseil régional;

Considérant que les décisions attaquées, bien que constatant que la zone amodiée est répartie entre les communautés rurales de Porokhane, Paoskoto, Ngayene Sabakh, Médina Sabakh et Kaymor, ne mentionnent nullement la sollicitation de l'avis préalable de leurs conseils ruraux ;

Que dès lors elles encourent l'annulation pour violation des dispositions susvisées ;

PAR CES MOTIFS,

Annule l'arrêté n°000012/CR/KL du 05 février 2007 de la présidente du Conseil régional de Kaolack portant retrait de l'autorisation d'amodiation de chasse.

Jurisp. : Cour suprême, arrêt°07, du 23 février 2012, Omar DIANGAR et Diégane SARR c/ Président du Conseil rural de DJILASS, *inédit*

Vu la requête reçue au greffe central de la Cour suprême le 9 juillet 2010 par laquelle, Oumar DIANGAR sollicite l'annulation de la délibération n°183 du 8 mai 2002 du Conseil rural de Djilass ayant attribué une partie de son champ à Diégane SARR;

LA COUR SUPRÊME,

Après en avoir délibéré conformément à la loi ;

Considérant que le requérant soutient que l'ancienne Communauté rurale de Diofior avait attribué à son père un champ qu'ils ont toujours cultivé ensemble; que lorsque Diofior a été érigé en Commune et Djilass en Communauté rurale, il a sollicité, en vain, auprès de cette dernière, une délibération pour ce champ lequel a été, par la suite, amputé d'une partie, affectée à un nommé Diégane SARR ;

Considérant que la Chambre administrative, suite à l'instruction diligentée, a, certes, obtenu du Conseil rural de Djilass la délibération attaquée qui affecte à Diégane SARR une parcelle de 116 m 70 sur 150 m, mais elle n'a reçu les informations attendues ni sur la contenance de la parcelle précédemment occupée par la famille de Oumar DIANGAR, ni sur les conditions de désaffectation de cette dernière ;

Considérant qu'il ressort de l'article 15 de la loi n°64-46 du 17 juin 1964, relative au domaine national, que les personnes occupant et exploitant personnellement des terres dépendant du domaine national, à la date d'entrée en vigueur de ladite loi, continueront à les occuper et à les exploiter ; que les décrets d'application successifs de cette loi ont réglementé les conditions de désaffectation de ces terres ;

Considérant que le requérant a soutenu, sans être contredit, que c'est une partie du champ qu'il exploitait qui a été affecté à Diégane SARR ;

Considérant que selon l'article 9 du décret n°72-1288 du 27 octobre 1972 modifié relatif aux conditions d'affectation et de désaffectation des terres du domaine national comprises dans les Communautés rurales, la désaffectation totale ou partielle peut-être prononcée à tout moment, d'office :

- si un an après une mise en demeure restée sans effet, il est constaté par le Président du Conseil rural un mauvais entretien manifeste des terres de l'affectataire au moment des travaux saisonniers habituels, une insuffisance de la mise en valeur ou une inobservation répétée et grave des règles fixées en matière d'utilisation des terres ;

- si l'affectataire cesse d'exploiter personnellement ou avec l'aide de sa famille ;

Considérant qu'il ne ressort pas du dossier qu'une mise en demeure restée, sans effet, ait été régulièrement adressée au requérant ou que celui-ci avait cessé d'exploiter personnellement ou avec l'aide de sa famille pour qu'il soit d'office désaffecté ;

Qu'ainsi, la délibération attribuant une partie du champ à Diégane SARR, emporte d'office désaffectation de Oumar DIANGAR et encourt l'annulation;

PAR CES MOTIFS,

Annule la délibération n°183 du 8 mai 2002 du Conseil rural de Djilass ayant affecté une parcelle, à Diégane SARR.

<u>Jurisp. :</u> Cour suprême, Ch. adm., arrêt n°15 du 14 mars 2013, Carraro RENATO c/ Président du Conseil rural de Malicounda,le Sous-Préfet de l'Arrondissement de Sindia et le Maire de la Commune de Saly

Vu la requête reçue au Greffe central de la Cour suprême le 4 septembre 2012, par laquelle Carraro RENATO, élisant domicile en l'Étude de Maître Abou Mohamed Fadel Fall, a formé un recours en annulation contre la délibération n° 04 du 23 juin 1999 du Conseil rural de Malicounda portant désaffectation des parcelles n°89 bis B, 89 bis H et 89 bis I du plan de lotissement de Saly Carrefour et l'acte n°05/ASD du Sous-préfet de Sindia du 30 juillet 1999 portant approbation de ladite délibération ;

Considérant que par délibération du 23 juin 1999 approuvée le 27 juillet 1999 par le Sous-préfet de Sindia, le Conseil rural de Malicounda a prononcé la désaffectation pour insuffisance de mise en valeur des parcelles n°s 89 bis-A, à 89 bis-O du plan de lotissement de Saly Carrefour ; Carraro Renato qui prétend être l'attributaire des parcelles 89 bis B, 89 bis H et 89 bis I poursuit l'annulation de ladite délibération ;

Considérant qu'il résulte des pièces produites que Carraro Renato n'est attributaire que de la parcelle n°89 bis I ; que dès lors, son action n'est recevable qu'en tant qu'elle porte sur l'annulation de la délibération concernant ladite parcelle ;

Sur le moyen unique tiré de la violation de l'article 9 du décret n°1288 du 27 octobre 1972 relatif aux conditions d'affectation e de désaffectation des terres du domaine national comprises dans les communautés rurales, modifié, en ce que, le Conseil rural de Malicounda ne lui a pas adressé une mise en demeure avant de procéder à la désaffectation ;

Considérant qu'il résulte de l'article 9 du décret susvisé que la désaffectation totale ou partielle peut être prononcée à tout moment, d'office, si un an après une mise en demeure restée sans effet, il est constaté par le Président du Conseil rural un mauvais entretien manifeste des terres de l'affectataire au moment des travaux saisonniers habituels, une insuffisance de la mise en valeur ou une inobservation répétée et grave des règles fixées en matière d'utilisation des terres ;

Considérant qu'il n'est pas établi qu'une mise en demeure ait été régulièrement adressée au requérant pour entraîner la désaffectation d'office de la parcelle qui lui avait été préalablement attribuée ;

Qu'ainsi, il y a lieu d'annuler la délibération attaquée, en ce qu'elle concerne la désaffectation de la parcelle n°89 bis I ;

PAR CES MOTIFS,

Annule la délibération n°04 du 23 juin 1999 en tant qu'elle porte sur la désaffectation de la parcelle n°89 bis I, précédemment attribuée à Carraro Renato.

Jurisp. : Cour suprême, arrêt n°15 du 25 février 2016, Djiby BA et Autres c/Communauté rurale de Ndiagne

Vu la requête reçue le 12 novembre 2013 au greffe central, par laquelle Djiby Ba, Bassirou Ba, Sadibou Gningue, Sidy Sow, Seydou Ba, Diallo Gningue, Abdoulaye Ba, Malick Ba, Aminata Sow et Maguette Sow, élisant domicile en l'étude de Maitre Daouda Ka, avocat à la cour, sollicitent l'annulation de la délibération n°003/2011 du 11 mars 2011 du conseil rural de Ndiagne, approuvée suivant arrêté n°11/SP/KO du 16 mai 2011 du Sous-préfet de Koki, et portant attribution de 445 hectares au GIE Ndieuk Ndiaye;

Après en avoir délibéré conformément à la loi ;

Considérant que suivant délibération n° 003/2011/CR Ndiagne du 11 mars 2011, approuvée suivant arrêté n°11/SP/KO du 16 mai 2011 du

Sous-préfet de Koki, le conseil rural de Ndiagne a attribué 445 hectares au GIE Ndieuk Ndiaye, pour usage agropastoral ; Que les requérants sollicitent l'annulation de cet acte ;

Sur les premier et second moyens réunis tirés de la violation des articles 15 de la loi n° 64-46 du 16 juin 1964 relative au domaine national et 9 du décret 72-1288 du 27 octobre 1972 relatif aux conditions d'affectation et de désaffectation des terres du domaine national en ce que **d'une part**, les terres attribuées au GIE Ndieuk Ndiaye englobent des villages entiers, des parcours de bétail et des champs d'hivernage, n'ont jamais fait l'objet de désaffectation et continuent d'être exploitées par les requérants et, **d'autre** part, les requérants n'ont pas reçu une notification de désaffectation des terres qu'ils occupent et exploitent alors que cette désaffectation est un préalable avant toute nouvelle attribution ;

Considérant qu'il résulte des dispositions des articles 15 de la loi n° 64-46 du 16 juin 1964 relative au domaine national, modifiée et 9 du décret 72- 1288 du 27 octobre 1972 relatif aux conditions d'affectation et de désaffectation des terres du domaine national que les personnes occupant ou exploitant personnellement les terres dépendant du domaine national à la date d'entrée en vigueur de cette loi continuent à occuper et à exploiter ces terres, lesquelles ne peuvent faire l'objet de désaffectation totale ou partielle qu'après une mise en demeure d'un an restée sans effet, en cas de constat d'un mauvais entretien manifeste des terres de l'affectataire au moment des travaux saisonniers habituels ou d'une insuffisance de la mise en valeur ou d'une inobservation répétée ou grave des règles en matière d'utilisation des terres ;

Qu'il ressort du dossier, notamment du procès-verbal de transport sur les lieux susvisé, que l'occupation et l'exploitation des requérants des terres litigieuses sont établies ;

Qu'ainsi le conseil rural de Ndiagne, en décidant d'affecter ces terres au GIE Ndieuck NDIAYE, sans procéder à une désaffectation après une mise en demeure des occupants ou exploitants de celles-ci, a violé les dispositions sus visées ;

Qu'il y a lieu, dès lors, d'annuler la délibération attaquée ;

PAR CES MOTIFS,

Annule la délibération du 11 mars 2011 du conseil rural de Ndiagne portant attribution de 445 hectares au GIE Ndieuk NDIAYE.

<u>Jurisp :</u> Cour suprême, chambre administrative, arrêt n°35 du 26 Mai 2016, Maurice FAYE c/Communauté rurale de Mbadakhoune

Vu la requête reçue le 19 février 2014 au greffe central par laquelle Maurice FAYE sollicite l'annulation de l'acte du 11 janvier 2013 du Président du conseil rural de Mbadakhoune autorisant Saer SENE à occuper provisoirement une parcelle à usage d'habitation du plan de lotissement de Gnolanème dans l'arrondissement de Kahone ;

Après en avoir délibéré conformément à la loi ;

Considérant que suivant certificat administratif n°53/K/SP du 16 janvier 1995, le sous-préfet de Kahone a attribué à Maurice FAYE la parcelle n°17 issue du plan de lotissement de Gnolanème nord-ouest ; que par acte du 11 janvier 2013 le Président du conseil rural de Mbadakhoune a autorisé Saer SENE à occuper provisoirement la même parcelle ;

Sur le moyen relevé d'office tiré de la violation des dispositions combinées de l'article 9 de la loi 64-46 du 17 juin 1964 relative au domaine national, 7 de son décret d'application et 195 du code des collectivités locales ;

Considérant qu'il résulte de ces textes que les modalités d'exercice du droit d'usage sur les terres de la zone des terroirs sont de la compétence du conseil rural ;

Considérant que le Président du conseil rural, en autorisant Saer SENE à occuper provisoirement la parcelle litigieuse, a empiété sur les pouvoirs du conseil rural qui, seul, est compétent, par délibération, à affecter les terres du domaine national situées dans les zones des terroirs ;

Qu'il y a lieu, dès lors, d'annuler l'acte attaqué ;

PAR CES MOTIFS,

Annule l'acte du 11 janvier 2013 du président du conseil rural de Mbadakhoune autorisant Saer SENE à occuper provisoirement une parcelle à usage d'habitation du plan de lotissement de Gnolanème dans l'arrondissement de Kahone.

Jurisp. : Cour suprême, chambre administrative, arrêt n°52 du 25 août 2016, Alioune NDOYE c/ État du Sénégal

Vu la requête reçue le 07 aout 2015 au greffe central par laquelle Alioune NDOYE, élisant domicile en l'étude de Maître Doudou NDOYE, avocat à la Cour, sollicite l'annulation des arrêtés n°165 et 166 du 18 juillet 2014 du Sous-préfet de la Commune d'Arrondissement de Dakar-Plateau, portant respectivement modification du budget de la Commune d'Arrondissement de Dakar-Plateau et rectification de l'arrêté n° 156 valant mandat de paiement ;

Après en avoir délibéré conformément à la loi ;

Considérant que par l'arrêt confirmatif n°394 du 08 novembre 2014 rendu par la Cour d'appel de Dakar, l'ancienne commune de Dakar-Plateau a été condamnée à payer à la société Lynx Sécurité la somme de 12.052.000F CFA représentant le coût des prestations de gardiennage outre celle de 2.000.000 F CFA à titre de dommages et intérêts ;

Que le sous-préfet de la commune d'arrondissement de Dakar-Plateau, sur le fondement des articles 355 et 356 du code des collectivités locales, a pris les arrêtés n°165 et 166 du 18 juillet 2014 portant respectivement modification du budget de la commune d'Arrondissement de Dakar-Plateau et rectification de l'arrêté n°156 valant mandat de paiement ; qu'Alioune NDOYE s'est pourvu en annulation contre ces arrêtés ;

Considérant que l'Agent judiciaire de l'État soulève l'irrecevabilité de la requête au motif qu'il n'y a pas été mentionné les noms et prénoms des autres parties défenderesses qui ont reçu signification de la requête ;

Considérant qu'en vertu des dispositions de l'article 39 du code de procédure civile, l'État est assigné, en la personne de l'Agent judiciaire de l'État ou en ses bureaux, à charge pour ce dernier de saisir le fonctionnaire compétent pour plaider au fond, s'il y a lieu ;

Considérant que, selon l'article 3 du décret n°70-1216 du 7 novembre 1970 portant création d'une Agence judiciaire de l'État et fixant ses attributions, l'Agent judiciaire de l'État est seul habilité à recevoir en sa personne ou en ses bureaux les citations et assignations dont il doit viser l'original, ainsi que les requêtes introductives d'instance servies ou notifiées à l'État ;

Considérant qu'en l'espèce**,** la requête d'Alioune NDOYE est un recours pour excès de pouvoir dirigé contre des arrêtés du sous-préfet de la commune d'arrondissement de Dakar-Plateau, un organe de l'État identifié ayant reçu signification en la personne de l'Agent judiciaire de l'État qui a régulièrement déposé un mémoire en défense ;

Qu'ainsi, l'irrecevabilité alléguée n'est pas encourue ;

Sur le premier moyen tiré de la violation de l'article 258 de la loi n°2013-10 du 28 décembre 2013 portant code général des collectivités locales (CGCL) en ce que les textes visés par le sous-préfet pour fonder ses décisions ne sont plus applicables ;

Considérant qu'aux termes de l'article 332 du code général des collectivités locales « *les dispositions du présent code sont applicables à compter de l'installation des conseils départementaux et municipaux issus des élections locales qui suivent sa date d'entrée en vigueur* » ;

Considérant qu'il ressort du procès-verbal d'installation du conseil municipal de la commune d'arrondissement de Dakar plateau du 19 juillet 2014 que la mise en place de ce conseil municipal issu des dernières élections locales est intervenue à cette date ;

Considérant que les arrêtés attaqués ayant été pris le 18 juillet 2014 sous l'empire de l'ancien code des collectivités locales et ce, avant l'installation du nouveau conseil municipal, les articles 355 et 356 du code des collectivités locales sur lesquels les décisions du Sous-Préfet se fondent sont, dès lors applicables ;

Sur le deuxième moyen tiré de la violation de l'article 356 du code des collectivités locales en ce que le sous-préfet n'a pas satisfait à l'obligation d'une mise en demeure préalable ;

Considérant que selon ce texte, le représentant de l'État procède d'office au mandatement d'une dépense obligatoire dans le mois suivant la mise en demeure adressée au conseil et restée infructueuse ;

Considérant qu'en l'espèce, le sous-préfet de l'arrondissement de Dakar- plateau a visé dans les arrêtés attaqués les mises en demeure du 20 mai 2014, envoyées au maire de la commune, avant d'inscrire d'office la dépense litigieuse au budget de la collectivité locale ;

Considérant cependant que par lettre du 12 mai 2016 du Président de la Chambre administrative adressée à l'Agent judiciaire de l'État, la Cour a vainement réclamé copies de ces mises en demeure qui n'ont pas été produites au dossier ;

Que par conséquent, les mises en demeure préalables n'étant pas établies, conformément au texte susvisé, il y'a lieu d'annuler les arrêtés attaqués ;

PAR CES MOTIFS,

Et sans qu'il soit besoin de statuer sur le troisième moyen ;

Annule les arrêtés n°165 et n°166 du 18 juillet 2014 du sous-préfet de la commune d'arrondissement de Dakar plateau portant respectivement modification du budget de la commune d'Arrondissement de Dakar-Plateau et rectification de l'arrêté n°156 valant mandat de paiement.

<u>Jurisp.</u> : Cour suprême, chambre administrative, arrêt n° 23 du 30 juin 2017, Abdoulaye LO pour SCEET c/ Conseil rural de Sindia

Vu la requête reçue au Greffe central de la Cour suprême le 5 aout 2010 par laquelle, Abdoulaye LO, représentant légal de la Société de Construction et d'Exploitation Touristique, ayant pour conseil Maître Guédel NDIAYE et associés, avocats à la cour, a sollicité l'annulation pour excès de pouvoir de la délibération n°04/ CRS/2009 du 19 aout 2009 du Conseil rural de Sindia portant désaffectation de 70 ha de terres précédemment attribués à ladite société et de la décision du sous-préfet portant approbation de la délibération ainsi que de la décision implicite de rejet du Préfet de son recours hiérarchique;

Considérant que, suivant mémoire en défense déposé le 22 novembre 2010, l'Agent Judiciaire de l'État a, d'une part, soulevé l'irrecevabilité du recours fait hors délai puisque le requérant est censé avoir pris connaissance de la délibération dès lors que celle-ci a fait l'objet de publication par voie d'affichage et, d'autre part, sollicité sa mise hors de cause au motif qu'il n'est pas habilité à représenter la Communauté rurale en justice ;

Considérant que le Conseil rural de Sindia, quant à lui, a excipé de l'irrecevabilité de la requête de Abdoulaye LO, la décision attaquée ayant été annulée par une autre délibération du 18 février 2010 reçue par le requérant, suivant récépissé du 16 avril 2010 ;

Considérant qu'il résulte de l'article 212 du code des collectivités locales que les décisions du président et les délibérations du conseil ne sont exécutoires qu'après avoir été portées à la connaissance des intéressés par les meilleurs moyens, toutes les fois qu'elles contiennent des dispositions générales et, dans les autres cas, par voie de notification individuelle ;

Considérant qu'en l'espèce, la délibération attaquée qui aurait dû être notifiée au requérant, ne l'a pas été ;

Considérant que, par ailleurs, l'annulation de la délibération attaquée par une autre délibération que le Conseil rural de Sindia allègue, est contestée par le requérant qui a établi l'occupation continue du site par les nouveaux affectataires constaté par procès-verbal du 3 janvier 2011 de Maître Ndéye Lissa BARRY, huissier de justice à Mbour ;

Qu'il s'ensuit que le recours est recevable ;

Sur la demande de l'État du Sénégal tendant à sa mise hors de cause :

Considérant que le recours contre la délibération du Conseil rural de Sindia approuvée par le représentant de l'État n'a pas été signifié à l'Agent judiciaire de l'État es-qualité de représentant de la Communauté rurale dont le président a lui aussi reçu signification ;

Qu'ainsi, il n'y a pas lieu de mettre l'État du Sénégal hors de cause ;

Sur le moyen unique tiré de la violation de la loi en sa première branche et sans qu'il soit besoin de statuer sur la seconde branche ;
Considérant que le requérant sollicite l'annulation de l'acte attaqué au motif que le Conseil rural a procédé d'office à la désaffectation totale du terrain d'une superficie de 70 hectares, à lui attribué, sans l'avoir préalablement mis en demeure ;

Considérant qu'il résulte des articles 15 de la loi n°64-46 du 17 juin 1964 relative au domaine national et 9.2° du décret n°72-1288 du 27 octobre 1972 modifié relatif aux conditions d'affectation et de désaffectation des terres du domaine national comprises dans les communautés rurales, que la désaffectation totale ou partielle ne peut être prononcée d'office que si, un(1) an après une mise en demeure restée sans effet, il est constaté par le Président du Conseil rural une insuffisance de mise en valeur ;

Considérant qu'en l'espèce, la désaffectation totale du terrain par le conseil rural pour défaut d'exploitation, n'a été précédée d'aucune mise en demeure servie à l'attributaire Abdoulaye LO, es qualité de la SCEET ;

Qu'il échet, d'annuler l'acte attaqué pour violation de la loi ;

PAR CES MOTIFS,

Annule la délibération n°04/CRS/2009 du 19 aout 2009 du Conseil rural de Sindia en ce qu'elle porte désaffectation du terrain attribué à Abdoulaye LO es qualité de la SCEET.

Jurisp. : Cour suprême, chambre administrative, arrêt n°54 du 24 août 2017 Pathé Dioubairou AW c/ La Commune de Ouakam

Vu la requête reçue le 14 septembre 2015 au greffe central par laquelle Pathé Dioubairou AW, élisant domicile en l'Étude de Maître Mbaye Jacques NDIAYE, avocat à la Cour, sollicite l'annulation de la décision n°130/CO/CABM/SM du 2 mars 2015 du Maire de la Commune de Ouakam refusant de lui renouveler sa demande d'autorisation de construire ;

Considérant que par arrêté n°3834 du 12 septembre 2011 du Maire de la Ville de Dakar, Pathé Dioubairou AW, bénéficiaire d'un bail sur un terrain de l'État du Sénégal, sis à Ouakam, a obtenu une autorisation de construire une villa ; que n'ayant pas commencé les travaux dans le délai de deux (02) ans prescrit par ledit arrêté, il a introduit une demande de renouvellement de cette autorisation auprès du Maire de la Commune de Ouakam qui, par décision n°130/CO/CABM/SM du 2 mars 2015, l'a rejetée ;

Que Pathé Dioubairou AW a formé un recours en annulation en articulant deux moyens ;

Sur le premier moyen tiré de l'insuffisance de motifs en ce que le Maire a rejeté sa demande de renouvellement en application de l'article R 214 du décret d'application du code de l'urbanisme, alors qu'il a produit un état des droits réels et qu'il n'existe aucun litige sur le terrain qui appartient à l'État;

Et sans qu'il soit besoin de statuer sur le second ;

Considérant que selon l'article R 212 du Décret n°2009-1450 portant partie réglementaire du code de l'urbanisme, l'autorisation de construire est refusée si les constructions, par leur situation, leurs dimensions ou l'aspect extérieur des bâtiments ou ouvrages à édifier ou à modifier, sont de nature à porter atteinte à la salubrité ou à la sécurité publique, au caractère ou à l'intérêt des lieux avoisinants, aux sites, aux paysages naturels ou urbains ainsi qu'à la conservation des perspectives monumentales ou à caractère historique d'un quartier ;

Considérant qu'en l'espèce, le Maire de Ouakam a rejeté la demande de renouvellement de l'autorisation de construire de Pathé Aw au motif que ce dernier n'a pas produit un état des droits réels et que le terrain est situé dans une zone litigieuse ;

Considérant cependant que le requérant, titulaire d'une première autorisation de construire du 12 septembre 2011, a produit au dossier un état de droits réels du 18 juin 2015 et qu'il n'est pas établi que sa parcelle fait l'objet de litiges ; qu'en outre, le maire n'a pas invoqué une violation des règles d'urbanisme et de construction ;

Que dès lors, l'annulation est encourue ;

PAR CES MOTIFS,

Annule la décision n°130/CO/CABM/SM du 2 mars 2015 du Maire de la Commune de Ouakam refusant d'octroyer à Pathé Dioubairou AW une autorisation de construire.

Jurisp. : Cour suprême, arrêt n°08 du 28 mars 2019, GIE « Les Jeunes Agriculteurs de la Commune de Sandiara » c/ Commune de Sandiara

Vu la requête reçue le 9 septembre 2016 au greffe central par laquelle le GIE « *Les jeunes agriculteurs de Sandiara* », élisant domicile en l'étude de Maître Jacques Baudin, avocat à la Cour, sollicite l'annulation de la délibération n°007/COM/SAND du 11 octobre 2014 du Conseil municipal de Sandiara, approuvée le 10 novembre 2014 par le Sous-préfet de l'Arrondissement de Sésséne, portant désaffectation de terres du domaine national sises au village de Sandiara d'une superficie de quarante-neuf hectares quarante ares (49ha 40a) pour servir de zone industrielle ;

Après en avoir délibéré conformément à la loi ;

Considérant que par acte du 31 mars 1998, le Président du Conseil rural de Sandiara a notifié au Groupement des Maraîchers de Sandiara l'affectation d'un terrain du domaine national à usage maraicher d'une superficie de cinquante (50) hectares;

Que par délibération n°007/COM/SAND du 11 octobre 2014, approuvée le 10 novembre 2014 par le Sous-préfet de l'Arrondissement de Sésséne, le Conseil municipal de Sandiara a désaffecté ledit terrain, en vue de l'implantation d'une zone industrielle ;

Que le GIE « *Les jeunes agriculteurs de Sandiara* » sollicite l'annulation de ladite délibération en articulant un moyen unique ;

Sur le moyen tiré de la violation de l'article 6 du décret n°72-1288 du 27 octobre 1972 fixant les conditions d'attribution des terres du domaine national en ce que le Conseil municipal de Sandiara a prononcé la désaffectation du terrain qui lui a été attribué sans aucune notification alors que ce terrain est mis en valeur ;

Considérant que les dispositions de l'article 6 suscité, qui prévoient les conditions dans lesquelles les héritiers d'un attributaire initial d'un terrain du domaine national peuvent obtenir affectation des terres exploitées par leur auteur, n'ont pas vocation à s'appliquer en l'espèce ;

Considérant que selon les dispositions de l'article 9 du même décret, applicable en l'espèce, la désaffectation totale ou partielle des terres du domaine national comprises dans les communautés rurales peut être prononcée à tout moment, d'office, si, un an après une mise en demeure restée sans effet, il est constaté par le Président du Conseil rural un mauvais entretien manifeste des terres de l'affectataire au moment des travaux saisonniers habituels, une insuffisance de la mise en valeur ou une inobservation répétée et grave des règles fixées en matière d'utilisation des terres ;

Considérant qu'il ressort du procès-verbal de transport sur les lieux du 27 juillet 2018 que, d'une part, les terres litigieuses sont occupées et mises en valeur par les membres du GIE « *Les jeunes agriculteurs de Sandiara* » qui y mènent des activités maraichères et, d'autre part, la zone industrielle dont l'implantation est envisagée par le Conseil municipal de Sandiara ne se situe pas sur le site désaffecté, mais plutôt sur un site voisin;

Qu'ainsi, en désaffectant les terres attribuées au requérant pour utilité publique, sans mise en demeure préalable, le Conseil municipal a méconnu le sens du texte susvisé ;

PAR CES MOTIFS,

Annule la délibération n°007/COM/SAND du 11 octobre 2014 du Conseil municipal de Sandiara, portant désaffectation de terres du domaine national sises au village de Sandiara d'une superficie de quarante-neuf hectares quarante ares (49ha 40a) pour servir de zone industrielle.

<u>Jurisp :</u> Cour suprême, arrêt n°09 du 28 mars 2019 Mame Diarra DIOP et autres c/ Commune de Dya

Vu la requête reçue le 9 février 2018 au greffe central par laquelle Mame Diarra Diop et autres, élisant domicile en l'étude de Maître Mame Adama Guéye et associés, avocats à la Cour, sollicitent l'annulation de la délibération n°16/C-DYA/2017du 4 novembre 2017 du Conseil municipal de Dya, approuvée par arrêté n°101/A.NG/SP du 9 novembre 2017 du Sous-préfet de l'Arrondissement de Ngothie, portant affectation d'un terrain d'une superficie de huit cent quarante-cinq (845) hectares sis à Sagne Bambara à la Société nouvelle des Salins du Sine Saloum, pour l'implantation d'une usine de sel ;

Après en avoir délibéré conformément à la loi ;

Considérant que par délibération n°16/C-DYA/2017 du 4 novembre 2017, approuvée par arrêté n°101/A.NG/SP du 9 novembre 2017 du Sous-préfet de l'Arrondissement de Ngothie, le Conseil municipal de Dya a affecté à la Société nouvelle des Salins du Sine Saloum un terrain d'une superficie de huit cent quarante-cinq (845) hectares sis à Sagne Bambara pour l'implantation d'une usine de sel;

Que Mame Diarra DIOP et autres, habitants de la Commune de Dya, sollicitent l'annulation de ladite délibération en développant deux moyens ;

Sur le premier moyen tiré de la violation du Code de l'Environnement en ce que le Conseil municipal de Dya n'a pas fait une évaluation environnementale ou une enquête avant l'affectation des terres à la Société Nouvelle des Salins du Sine Saloum ;

Sur le second moyen tiré de la violation de l'article R.39 du décret n°2001-282 du 12 avril 2001 portant application du Code de l'Environnement en ce que le Conseil municipal de Dya n'a pas réalisé une étude d'impact sur l'environnement avant l'affectation des terres ;

Les moyens étant réunis ;

Considérant qu'aux termes de l'article L.48 du Code de l'Environnement « *tout projet de développement ou activité susceptible de porter atteinte à l'environnement, de même que les politiques, les plans, les programmes, les études régionales et sectorielles devront faire l'objet d'une évaluation environnementale* » ;

Considérant que selon les dispositions de l'article 39 du décret n°2001-282 du 12 avril 2001 portant application du Code de l'Environnement, l'étude d'impact sur l'environnement évalue les effets escomptés sur la santé des populations, sur l'environnement naturel et sur la propriété ;

Considérant qu'il résulte de l'article L.6 alinéa 3 du Code de l'Environnement que dans l'exercice de leurs compétences, les collectivités territoriales doivent se conformer aux dispositions et principes énoncés par ledit code ;

Considérant qu'il n'est pas établi qu'une évaluation environnementale a été faite avant la décision attaquée qui porte affectation de terres en vue de l'implantation d'une usine de sel laquelle, selon l'article L.9 du Code de l'environnement, est une installation classée susceptible de porter atteinte à l'environnement ;

Qu'il s'ensuit que la délibération attaquée, n'ayant pas satisfait aux exigences des textes susvisés, encourt l'annulation ;

PAR CES MOTIFS,

Annule la délibération n°16/C-DYA/2017 du 4 novembre 2017 du Conseil municipal de Dya, approuvée par arrêté n°101/A.NG/SP du 9 novembre 2017 du Sous-préfet de l'Arrondissement de Ngothie, portant affectation d'un terrain d'une superficie de huit cent quarante-cinq (845) hectares sis à Sagne Bambara à la Société nouvelle des Salins du Sine Saloum, pour l'implantation d'une usine de sel.

Chapitre VI
LES DÉCISIONS PRISES PAR LES DIRECTEURS DE SERVICES

Pierre ESPLUGAS, Déconcentration (2010) :

« *La décentralisation présente des avantages indéniables : elle permet un rapprochement entre administration et administrés ainsi qu'un désencombrement des niveaux supérieurs de l'État* ».

Le juge a considéré que la décision du Directeur de la Surveillance du Territoire portant annulation d'une autorisation de port d'arme est un acte individuel susceptible de recours pour excès de pouvoir.

Il a, par ailleurs, décidé que la décision par laquelle un Directeur des Études, de la Recherche et de la Formation de l'École nationale de Développement sanitaire a refusé de délivrer le diplôme d'État de kinésithérapeute est fondée dans la mesure où l'intéressé ne remplissait plus les conditions requises pour l'obtention du diplôme.

Jurisp. : C.E, arrêt n°22 du 27 mai 2004, Okouele ABEL c/État du Sénégal

Vu la requête reçue le 13 décembre 2002 au Greffe du Conseil d'État par laquelle, Maître Mamadou DIAW, Avocat à la Cour, agissant au nom et pour le compte de Okouele ABEL a saisi le Conseil d'État aux fins d'obtenir l'annulation pour excès de pouvoir de la décision du 18 novembre 2002 par laquelle le Directeur des Études, de la Recherche et de la Formation de l'École nationale de Développement Sanitaire a refusé de lui délivrer le diplôme d'État de kinésithérapeute ;

LE CONSEIL D'ÉTAT :

Après **en avoir délibéré conformément à la loi ;**

Au Fond :

Sur les moyens réunis tirés de la violation du principe d'égalité des usagers devant le service public et de l'erreur manifeste d'appréciation :

Considérant que sous ces moyens, le requérant soutient, d'une part, que la décision attaquée doit être censurée, motifs pris de ce qu'elle méconnaît le principe d'égalité des citoyens devant la loi en ce que le Directeur des Études, de la Recherche et de la Formation, en remettant aux autres étudiants leur diplôme, a refusé de lui délivrer le sien, et d'autre part, en ce que ledit Directeur a commis une erreur manifeste dans l'appréciation des faits ;

Considérant que le requérant, étudiant congolais recruté sur titre, qui a suivi le cycle de formation de technicien supérieur de santé, section kinésithérapie, n'a pu réussir à la session unique de l'examen de fin d'année en 2001, pour n'avoir pas validé ses travaux pratiques (TP) ;

Qu'ayant déjà eu à redoubler la première année, pour une formation de deux ans, il ne pouvait pas reprendre la deuxième année, sauf dérogation particulière formellement accordée par la direction de l'École ou cas de force majeure dûment constaté ;

Considérant qu'il ressort de l'instruction et des pièces versées au dossier que l'Administration de l'École Nationale de Développement Sanitaire n'a nullement accordé une dérogation spéciale au requérant aux fins de validation de ses travaux pratiques ;

Que même si l'intéressé a, par la suite, réussi à la certification, il ne remplissait plus les conditions requises pour l'obtention du diplôme de kinésithérapeute ;

Qu'en conséquence les moyens articulés s'avèrent non fondés ;

PAR CES MOTIFS,

Rejette le recours présenté pour le sieur Okouele ABEL.

<u>Jurisp. :</u> Cour suprême, arrêt n°12, du 23 février 2012, Barthélémy TOYE DIAS c/État du Sénégal

Vu la requête reçue au greffe central de la Cour suprême le 30 mai 2011, par laquelle Barthélémy TOYE DIAS, ayant pour conseils Maîtres NDIAYE, NDIONE et PADONOU, avocats à la Cour, sollicite l'annulation de la décision n°OO333/DST/DAM du 23 mars 2011 du directeur de la surveillance du territoire portant annulation de son autorisation de port d'arme;

LA COUR SUPRÊME,

Après en avoir délibéré conformément à la loi,

Sur la recevabilité du recours

Considérant que l'Agent judiciaire de l'État soulève l'irrecevabilité du recours, au motif qu'il a été introduit le 30 mai 2011 contre une décision intervenue le 23 mars 2011, soit après l'expiration du délai de deux mois prévu par l'article 73-1 de la loi organique sur la Cour suprême;

Considérant qu'il résulte des dispositions de ce texte que, le délai du recours pour excès de pouvoir, qui est de deux mois, court à compter de la publication de la décision attaquée, à moins qu'elle ne doive être notifiée, auquel cas le délai court à compter de la date de la notification ;

Considérant que le retrait d'un permis de port d'arme étant un acte individuel, le délai court à compter de sa notification ; qu'ainsi, en l'absence de notification, le recours est recevable ;

Sur les faits et prétentions des parties :

Considérant que Barthélemy TOYE DIAS, bénéficie, depuis le 27 août 2004, d'une autorisation provisoire de port d'arme pour un pistolet de marque Taurus calibre 9 mm ; que cette autorisation a été renouvelée le 20 janvier 2009 par le directeur de la surveillance du territoire qui, par décision du 23 mars 2011, a annulé ladite autorisation ;

Considérant que le requérant soutient qu'étant membre du bureau d'un parti politique, maire et président de l'association des maires du Sénégal, cette autorisation de port d'arme lui a été délivrée essentiellement pour assurer sa sécurité personnelle, eu égard à ses activités politiques au Sénégal ; que l'autorisation de port d'arme est en réalité un acte dissuasif de haute portée, de telle sorte que son retrait rendu public, d'ailleurs, l'expose, sans aucun fondement, à des agressions de tous genres, alors que ses fonctions actuelles exigent qu'il bénéficie d'une protection particulière ;

Considérant que l'Agent Judiciaire de l'État qui conclut au rejet du recours, fait valoir que le 18 mars 2011, le requérant s'est rendu au Campus de l'université Cheikh Anta DIOP, pour distribuer des prospectus annonçant une manifestation publique, prévue le 19 mars 2011 ; que cette démarche, ayant naturellement provoqué une vive réaction d'une foule d'étudiants, il n'a trouvé d'autre moyen que de brandir son arme de guerre calibre 9 mm pour tirer des coups de feu ; que c'est pour apaiser l'ordre public troublé sans raison et assurer la tranquillité et la sécurité que l'Administration a annulé l'autorisation de port d'arme de DIAS ;

Sur le moyen unique tiré de la violation de la loi, en ce que, la décision attaquée ne fait l'objet d'aucune motivation, alors qu'il résulte des dispositions combinées des articles 16, 21 de la loi n°66-03 du 18 janvier 1966 relative au régime général des armes et des munitions et 13 du décret d'application n° 66-889 du 17 novembre 1966 que l'autorisation de détention ou de port d'arme ne peut être retirée que pour trois motifs : la moralité devenue douteuse du titulaire, les nécessités de l'ordre public, l'exigence de la sûreté de l'État ;

Considérant que l'Agent judiciaire de l'État soutient que ce moyen est manifestement inopérant en ce que les motifs de moralité douteuse, les nécessités de l'ordre public et l'exigence de la sureté de l'État ont constitué la base de la décision ; qu'il ajoute que le requérant est détenteur d'un permis illégal portant sur une arme classée dans la première catégorie, celle des armes de guerre ; que la Cour suprême a l'obligation de rétablir le droit en annulant cette autorisation conformément à l'article 11 de la loi n°66-03 du 18 janvier 1966 qui dispose que : « *l'achat, la détention et le port des armes de la première catégorie sont interdits* » ;

Considérant qu' il résulte des dispositions de l'article 16 de la loi n°66- 03 du 18 janvier 1966 relative au régime général des armes et des munitions et celles de l'article 13 du décret d'application n° 66-889 du 17 novembre 1966 que le ministre de l'Intérieur peut retirer provisoirement ou définitivement le permis de détention ou de port d'arme au titulaire dont la moralité est devenue douteuse ou encore lorsque les nécessités de l'ordre public ou la sûreté de l'État l'exigent ;

Considérant que la délivrance d'un permis de détention ou de port d'arme a pour but de permettre au bénéficiaire d'assurer sa défense et celle de ses biens en prévenant, au besoin en repoussant, toute attaque injuste dont il ferait l'objet ;

Considérant que le fait pour un titulaire d'un permis de port d'arme de tirer des coups de feu, pour dissuader une attaque dont il fait l'objet, ne saurait constituer ni un motif suffisant de trouble à l'ordre public, ni une atteinte à la sûreté de l'État ;

Qu'ainsi, les motifs invoqués par l'autorité administrative pour annuler l'autorisation de port d'arme de Barthélemy DIAS ne sont pas fondés ;

Considérant que, par ailleurs, la loi de 1966 invoquée par l'Agent Judiciaire pour soutenir que le permis porte sur une arme dont la détention est interdite, a été abrogée et remplacée par la loi n°71-84 du 28 décembre 1971 qui, en son article 11, prévoit que : « *L'achat, la détention et le port d'arme de première catégorie sont interdits, sauf exceptions prévues par l'autorité administrative* » ;

Que, dès lors, en délivrant un permis pour une arme de première catégorie, l'administration n'a fait qu'user de la faculté qui lui est ainsi offerte de déroger à l'interdiction ;

PAR CES MOTIFS,

Annule la décision n°00333/DST/DAM du 23 mars 2011 du directeur de la surveillance du territoire portant annulation de l'autorisation de port d'arme délivrée à Barthélémy TOYE DIAS.

<u>Jurisp :</u> CE, Arrêt n° 0012, du 29-06-2000, Association nationale des handicapés moteurs du Sénégal C/Etat du Sénégal, BULLETIN DES ARRETS DU CONSEIL D'ETAT, ANNEE 2000

Le candidat à un concours de recrutement des volontaires de l'éducation, ayant souffert d'une poliomyélite, mais qui boite et utilise une béquille pour ses déplacements n'est pas atteint d'une infirmité avérée incompatible avec la fonction d'Enseignant. D'où il suit que la décision attaquée doit être annulée.

LE CONSEIL D'ETAT

APRES en avoir délibéré conformément à la loi ;

Considérant que par requête susvisée, l'Association des handicapés moteurs du Sénégal, demande au Conseil d'Etat d'annuler pour excès de pouvoir la décision n° 01012 du 21 juillet 1999 par laquelle l'Inspecteur d'Académie de Tambacounda a confirmé la décision du jury du concours de recrutement des volontaires de l'Education qui a éliminé Boubacar FADIYA au motif qu'il souffre d'une infirmité incompatible avec la fonction d'enseignant ;

Considérant que l'association requérante dûment mandatée par Boubacar FADIYA, et ayant intérêt à agir, a consigné l'amende et signifié sa requête, que son recours est recevable en la forme ;

Considérant que pour éliminer Boubacar FADIYA, candidat admissible au concours des volontaires de l'Education nationale, le jury du concours, organisé en juin 1999 s'est fondé sur les dispositions des article 9, 10, 11 et 12 de l'arrêt n° 005558 du 15 juin 1995 du Ministre chargé de l'Education de base, qui confère au jury, à l'issue de l'entretien de confirmation, le droit d'éliminer le candidat s'il décèle qu'il est atteint d'une infirmité avérée incompatible avec la fonction d'enseignant ;

Considérant qu'au soutien de son recours, l'association requérante invoque la violation de l'égal accès des citoyens à un emploi public, reconnu par la Constitution et les traités internationaux relatifs aux droits humains, la violation des droits acquis et le défaut de base légale;

Considérant que l'autorité administrative peut, sans méconnaître le principe de l'égal accès des citoyens à un emploi public, instituer dans un souci d'intérêt général, certaines restrictions à ce principe en fixant des conditions imposant des sujétions nécessaires et acceptables au regard de l'objectif visé par la réglementation ;

Qu'en l'espèce, l'objet de la réglementation édictée par l'arrêté n°005558 en ses articles 9, 10, 11 et 12 étant, pour fournir un enseignement de qualité, d'avoir des enseignants qui remplissent les conditions d'aptitude intellectuelle et physique, de permettre au jury d'éliminer le candidat frappé d'une infirmité avérée ou notoire, incompatible avec la fonction d'enseignant ;

Considérant que si en application des dispositions de l'article 11 de l'arrêté n° 5558 du 15 juin 1995, créant le projet des volontaires de l'Education nationale, il appartient au jury de déceler et d'éliminer, au cours de l'entretien de confirmation les candidats atteints d'une infirmité avérée, incompatible avec la fonction d'enseignant, il revient, en cas de contestation, au Conseil d'Etat, de vérifier si les faits tels qu'ils existent présentent toutes les caractéristiques justifiant la décision prise ;

QUE l'exercice de ce contrôle a permis au Conseil d'Etat d'apprécier que le fait, pour Boubacar FADIYA qui a souffert de poliomyélite, de boiter et d'utiliser une béquille pour faciliter ses déplacements, ne constitue pas une infirmité avérée incompatible avec la fonction d'enseignant ;

QU'AINSI c'est par une mauvaise application des dispositions susvisées que le jury l'a éliminé des candidats du concours des volontaires de l'éducation ;

QU'IL y a lieu donc d'annuler la décision.

PAR CES MOTIFS

Déclare le recours recevable en la forme ;

AU FOND

ANNULE la décision n° 01012 du 21 juillet 1999 de l'Inspecteur d'académie de Tambacounda confirmant la décision du jury du concours de recrutement des volontaires qui a éliminé Boubacar FADIYA.

Chapitre VII

LES DÉCISIONS PRISES PAR LES ORGANES EXÉCUTIFS ET DÉLIBÉRANTS DE L'UNIVERSITÉ

CHEIKH ANTA DIOP

« *Formez-vous, armez-vous de sciences jusqu'aux dents (...) et arrachez votre patrimoine culturel.* »

Le législateur sénégalais en adoptant la loi n° 67-45 du 13 juillet 1967 relative à l'Université de Dakar, avait voulu notamment, mettre sur pied un statut pour l'ensemble du personnel de l'Université et dégager des principes fondamentaux qui sont à la base de la politique sénégalaise en matière d'enseignement supérieur. Ainsi, pour permettre aux personnels enseignants d'exercer convenablement leur fonction, la loi précitée prévoit des sanctions disciplinaires applicables en son article 14.

Aux termes de l'article 14 « *Toute faute commise par un membre du personnel enseignant de l'Université de DAKAR, soit dans l'exercice de ses fonctions qu'à l'occasion de cet exercice, soit, même en dehors de cet exercice, dans des conditions de nature à affecter son honorabilité ou sa dignité d'enseignant, l'expose à une sanction disciplinaire, Sans préjudice, le cas échéant, des peines prévues par la loi pénale. Les peines disciplinaires sont :*

1. l'avertissement,

2. le blâme

3. la réduction d'ancienneté d'échelon,

4. l'abaissement d'échelon,

5. la suspension pour une durée maximale d'un an avec privation totale ou partielle du traitement,

6. *la mise à la retraite d'office,*

7. *la révocation avec ou sans sus pension des droits à pension* ».

Elles sont prononcées par le Conseil de l'Université statuant en formation disciplinaire, saisi par le Ministre compétent dans les conditions fixées par décret. Appel peut être fait devant la Cour suprême, laquelle connait de l'affaire au fond. C'est dans cette perspective que le décret n° 79-1 013 du 31 octobre 1979, portant application de l'article 14 de la loi n° 67-45 du 13 juillet 1967 relative à l'Université de Dakar, a institué la Commission de Discipline. Les décisions de la Commission peuvent faire l'objet d'une contestation devant la juridiction compétente.

À cela s'ajoute l'article 14 de la loi-2019-02 modifiant la loi n° 1981-59 du 09 novembre 1981 portant Statut du Personnel enseignant des universités qui dispose « *Les personnels titulaires qui font preuve d'insuffisance professionnelle sont, soit admis à la retraite, soit, s'ils ne remplissent pas les conditions requises, licenciés. La décision est prise sur avis conforme de la Commission disciplinaire désignée par l'Assemblée de l'Université, après observation des formalités prescrites en matière disciplinaire* ». Cette décision également peut faire l'objet d'un recours devant le juge de l'excès de pouvoir.

De nos jours, la gouvernance universitaire, aux mutations de l'enseignement supérieur cristallisées autour de solides ambitions nationales de développement a permis une adaptation du cadre législatif et réglementaire des universités publiques sénégalaises. C'est ainsi que fut adoptée la loi n°2015-26 du 28 décembre 2015 relative aux universités publiques et d'un décret-cadre 2020-979 relatif aux universités publiques. Ces textes sont appliqués par un décret adopté pour chaque université. Il en est ainsi du décret 2021-1500 du 16 novembre 2021 fixant les règles d'organisation et de fonctionnement de l'UCAD.

Aux termes de cette loi de 2015-26 et du décret 2020-979 relatifs aux universités publiques, les organes délibérants et de décisions sont : le Conseil d'administration, le Conseil académique et le Recteur. Les décisions prises par ces organes sont des décisions exécutoires donc susceptibles de recours pour excès de pouvoir. Il en est ainsi par exemple des délibérations du Conseil académique et les décisions du Recteur concernant les actes de gestion et d'administration de l'université et des membres de la communauté universitaire.

Par contre, les délibérations des assemblées de faculté, des Directions des écoles et instituts ainsi que des Départements n'ont pas un caractère de décisions car n'étant pas définitives. Par conséquent, elles ne sont pas susceptibles de recours pour excès de pouvoir devant le juge administratif.

Jurisp. : C.E, arrêt n°0076 du 31 août 1994, prosper Guéna NITCHEN et autres C/ L'Université Cheikh Anta DIOP de Dakar

LE CONSEIL D'ETAT

APRES en avoir délibéré conformément à la loi ;

Considérant que les recours susvisés, introduits aux noms des Etudiants Etrangers de l'Université de Dakar et dirigés contre la décision objet de la lettre circulaire IF 3443 du Recteur de l'Université de Dakar, en date du 9 octobre 1993 présentent à juger la même affaire, qu'il y a lieu de les joindre pour être statué par une seule décision ;

Considérant que les requérants, à l'exception de Richard Moulombo MOMBO, ont introduit le 14 décembre 1993 un recours gracieux demeuré sans suite ; il s'en suit, qu'en application de l'article 35 de la loi organique sur le Conseil d'Etat,il échet de déclarer le recours découlant de la décision implicite de rejet recevable, et le recours de Richard Moulombo MOMBO irrecevable pour tardiveté;

Considérant que les requérants soulèvent deux moyens ;

1°) la violation des articles 5 et 8 du décret n 0 70-1 1 35 du 1 3 octobre 1 970 :2 °) la violation de l'article Ier de la loi 1169-33 du 19 juin 1969 de l'article 26 dela résolution 217 sur la Déclaration Universelle des Droits de l'Homme et l'article 96 de la Convention de l'Union Economique Monétaire Ouest Africaine ;

Considérant qu'il résulte des pièces du dossier notamment du procès-verbal de l'assemblée de l'Université du 2 octobre 1992, qu'en sa séance du 5 octobre 1992, l'Assemblée de l'Université de Dakar, siégeant en formation restreinte présidée par le Recteur, en présence de Chefs d'Etablissements et du Secrétaire Général, a arrêté la proposition issue des conclusions de la concertation sur l'Enseignement Supérieur, et a fixé, pour les Etudiants Etrangers à compter de l'année universitaire 1992-1993, les droits d'inscription à 250.000 francs pour les Facultés et 300.000 francs pour les Ecoles de Formation, « taux pratiqués dans les autres universités » ;

Sur le premier moyen tiré de la violation des articles 5 et 8 combinés du décret 1170-1135 du 1 3 octobre 1970 portant statut de l'Université de Dakar et fixant les attributions et la composition de l'Assemblée de l'Université en ce que la décision fixant les nouveaux taux des droits d'inscription pour les Etudiants Etrangers a été prise par une formation restreinte de l'Université alors que l'article 8 du décret susvisé attribue cette compétence à l'assemblée de l'Université dont la composition est fixée à l'article 5 dudit décret ;

Considérant que si en application des articles 4 et 8 alinéa 2 du décret visé au moyen, l'Université de Dakar, placée sous la tutelle du Ministre de l'Education Nationale, est administrée par le Recteur et l'Assemblée de l'Université dont la composition est fixée à l'article 5, il découle cependant des dispositions de l'article II du même décret que l'Assemblée de l'Université peut désigner en son sein une commission permanente réduite, qui peut suppléer l'Assemblée en cas de besoin dans l'intervalle des sessions plénières ;

Considérant que c'est cette formation restreinte qui, en sa séance du 5 octobre 1992 a arrêté la décision objet de la lettre circulaire du Recteur, laquelle décision a été soumise ensuite à l'appréciation de l'Assemblée de l'Université qui l'a approuvée sous réserve que son application soit différée pour l'année universitaire 1992-1993 ;

Il s'en suit qu'en siégeant en formation restreinte, et en statuant sur une matière relevant de sa compétence, l'Assemblée de l'Université a valablement délibéré. Il en résulte que le moyen invoqué n'est pas fondé ;

Sur le second moyen tiré de la violation de l'article Ier de la loi n 0 69- 33 du 19 juin 1969 modifiant l'article 3 de la loi n 0 67-45 du 1 3 juillet 1967 relative à l'Université de Dakar, de l'article 26 de la Déclaration Universelle des Droits de l'Homme et l'article 96 de la Convention de l'Union Economique Monétaire Ouest Africaine ;

Sur la 1 ère branche du moyen en ce que l'article visé au moyen stipule : « l'Université de Dakar est ouverte à tous les étudiants justifiant des titres requis sans restriction de nationalité, de race ni de religion dans la limite des places disponibles» ;

Considérant que l'article dont la violation est invoquée réglemente les conditions d'accès à l'Université fondées notamment sur l'obtention des titres requis c'est-à-dire des diplômes exigés ou admis en équivalence ; QUE l'interdiction de discrimination fondée sur la nationalité vise le fait, alors que des places sont disponibles, de refuser d'inscrire un étudiant qui remplit les conditions d'accès, en se basant uniquement sur la nationalité ; QUE l'Assemblée de l'Université en prenant la décision d'augmenter les droits d'inscription pour les Etudiants Etrangers ne leur a nullement interdit d'accéder à l'Université et n'a donc pas violé l'article 3 visé au moyen ;

Sur la 2ème branche du moyen en ce que l'article 26 de Déclaration Universelle des Droits de l'Homme du 1 0 décembre 1948 stipule aux Études Supérieures est ouvert en pleine égalité à tous en fonction du mérite.

Considérant que si l'autorité administrative est tenue de respecter les principes généraux du droit, en l'espèce l'égal accès de tous aux Études Supérieures, principes résultant de la Déclaration Universelle des Droits de l'Homme mentionnée dans le préambule de la Constitution et qui s'imposent à elle, il n'en demeure pas moins que l'égalité ne signifiant pas uniformisation, elle peut, sous le contrôle du Juge de l'excès de pouvoir et sous réserves des engagements pris, réglementer les conditions d'exercice du droit d'accès à l'Université et fixer le montant des frais d'inscription en pratiquant une tarification différenciée fondée sur l'intérêt général et sur la situation objective des requérants qui au même titre que les Sénégalais peuvent bénéficier des dispenses de droits prévues à l'article 8 du décret 1170-1135 portant statut de l'Université de Dakar ; Il en résulte que l'article 26 susvisé n'a pas été violé ;

Sur la 3ème branche du moyen

Considérant qu'en ce qui concerne la violation alléguée de l'article 96 du traité de l'Union Economique et Monétaire de l'Ouest-Africaine qui interdit aux États d'introduire ou de maintenir dans leur législation et dans leur pratique administrative toute mesure ayant un effet discriminatoire entre les ressortissants de leur Union, l'examen des pièces versées du dossier révèle que parmi les requérants, seuls 6 ont produit des documents attestant leur nationalité', ce sont les Camerounais NKAKTACHAM Yonga Jean-Christ, Guéna NITCHEN, DZOKEM Doumbo Yvette, Tsachoua Dissi Anne PULCHERIE, NDOB Charles Christian et le Tchadien HamiaTao GOUACKEN ;

Considérant que ces Etudiants n'étant pas ressortissants d'un des États Membres de l'Union, le Traité invoqué ne saurait leur être appliqué pas plus qu'il ne saurait l'être pour ceux dont la nationalité n'a pas été établie ; d'où il suit que la violation invoquée n'est pas fondée ;

PAR CES MOTIFS,

Ordonne la jonction des procédures ;

Déclare irrecevable le recours de Richard Moulomba MOMBO.

Jurisp. : Cour suprême, arrêt n°17 du 22 mars 2012, Mame Thierno DIENG c/Recteur de l'Université Cheikh Anta DIOP

Vu la requête reçue au greffe central de la Cour suprême le 11 août 2011 par laquelle, le Professeur Mame Thierno DIENG, élisant domicile en l'étude de Maître Coumba SEYE NDIAYE, avocat à la Cour, sollicite l'annulation des décisions n° 0002920 et n° 0002924 du 21 décembre 2011 du Doyen de la Faculté de Médecine de l'Université Cheikh Anta DIOP portant respectivement nomination du Professeur Assane KANE au poste de Responsable des enseignements de dermatologie à la faculté de médecine et proposition de nomination du même Professseur au poste de chef du service de Dermatologie de l'hôpital Aristide le Dantec de Dakar ;

LA COUR SUPRÊME,

Après en avoir délibéré conformément à la loi ;

Sur la recevabilité du recours :

Considérant que le Recteur de l'Université Cheikh Anta DIOP de Dakar (UCAD) conclut à l'irrecevabilité du recours comme tardif, au motif que le Professeur Mame Thierno DIENG l'avait déjà saisi par lettre, reçue au rectorat le 29 décembre 2010, d'un recours gracieux contre les deux décisions incriminées ; que, par lettre du 7 février 2011, il lui a fourni des éléments de réponse en rejetant sa demande; qu'ainsi, en application de l'article 73 -1, alinéa 2 de la loi organique sur la Cour suprême, il avait un délai de deux mois pour se pourvoir contre cette décision de rejet, alors qu'il n'a introduit son recours que 6 mois plus tard, soit le 11 août 2011 ;

Considérant que le requérant a exercé deux recours administratifs dans le délai du recours contentieux ; que le premier recours hiérarchique qu'il a adressé au Recteur a été traité comme un recours gracieux puisque l'autorité s'est contentée de lui transmettre en réponse la lettre du Doyen de la Faculté de Médecine et de Pharmacie de l'UCAD lequel s'expliquait sur sa propre décision ; qu'il a, ainsi, été amené à réitérer le recours hiérarchique deux jours plus tard ;

Considérant que, dans ces circonstances, le délai du recours contentieux ne doit commencer à courir qu'à compter de la réponse de l'autorité administrative sur le second recours administratif daté du 9 février 2011 ;

Considérant que le Recteur ayant gardé le silence sur ce recours, la décision implicite de rejet était acquise au bout de 4 mois et, dès lors, le recours en annulation introduit le 11 août 2011 est recevable, pour avoir été fait dans le délai légal ;

Sans qu'il soit besoin de statuer sur les autres moyens du requérant ;

Sur le premier moyen tiré de la violation de l'article 22 al 2 du décret n° 70-1135 du 13 octobre 1970 modifié portant statut de l'Université de Dakar, en ce que, parmi les enseignants ayant siégé à l'assemblée restreinte de faculté du 9 octobre 2010, au cours de laquelle sa candidature à la succession du Professeur Bassirou NDIAYE a été examinée, il y avait trois Maîtres de Conférence agrégés tous de grade inférieur au sien, qui, donc, n'étaient pas habilités à statuer sur son cas ;

Considérant que le Recteur, qui conclut au rejet du moyen, soutient que l'assemblée restreinte de faculté du 9 octobre 2010 a procédé à la nomination à une fonction et non à l'attribution d'un poste et, qu'en pareil cas, elle était régulièrement constituée pour délibérer valablement et nommer le Professeur Assane KANE, à la fonction de Responsable des Enseignements de Dermatologie;

Considérant que le requérant, Médecin-colonel, est Professeur en Dermato- vénérologie et enseigne à la Faculté de Médecine, de Pharmacie et d'Odontologie de l'Université Cheikh Anta DIOP de Dakar ; Qu'il est, à ce titre, un professeur associé qui occupe un emploi d'enseignant titulaire et, bien que régi par le décret n°81-1212 du 9 décembre 1981 fixant les conditions de nomination, d'emploi, de rémunération et d'avancement des personnels enseignants non titulaires des universités, il est membre de l'assemblée de Faculté ainsi que cela ressort de l'article du 13 octobre 1970 modifié, portant statut de l'Université de Dakar ;

Considérant qu'en vertu du texte visé au moyen : « *l'Assemblée de Faculté donne son avis sur l'attribution des postes d'enseignement et sur les vacances de postes et elle présente, pour pourvoir les postes vacants, une liste de candidats conformément à la réglementation en vigueur. Elle siège dans ce cas en formation restreinte comprenant le Doyen et les seuls enseignants de grade supérieur à celui des candidats examinés* » ;

Considérant que, dans le cadre de l'instruction du dossier, la chambre administrative a, par lettre du 9 février 2012, réclamé, sans suite, au conseil du recteur, la production du procès-verbal de délibération de l'assemblée restreinte de faculté du 9 octobre 2010;

Considérant qu'il ressort de la lettre du Doyen adressée au Recteur, le 26 janvier 2011, que l'Assemblée de Faculté a examiné le cas du Professeur Mame Thierno DIENG, candidat au poste de responsable des enseignements de Dermatologie et au poste de Chef du service de

Dermatologie de l'Hôpital Aristide Le Dantec et qu'elle a dû recourir au vote pour départager les concurrents, le Professeur Assane KANE, a finalement été nommé au premier poste et proposé au second ;

Considérant qu'il résulte du témoignage écrit, versé au débat et non contesté, du Professeur Boubacar DIALLO qui a siégé à l'Assemblée de Faculté du 9 octobre 2010, en sa qualité de Chef du Département d'Odontologie de la Faculté de Médecine, que les enseignants Anta TALL DIA, Mamadou Lamine DIOUF et Guata Yoro SY ont également siégé à cette assemblée restreinte au cours de laquelle la candidature de Mame Thierno DIENG a été examinée ;

Considérant qu'il n'est pas non plus contesté que ces trois enseignants étaient, à cette époque, des Maîtres de conférences agrégés, donc moins gradés que Mame Thierno DIENG, alors professeur titulaire ainsi que cela ressort de la liste du personnel enseignant de la Faculté de Médecine, de Pharmacie et d'Odonto- stomatologie établie selon le grade pour l'année universitaire 2009-2010 régulièrement versé au débat ;

Qu'ainsi, l'Assemblée restreinte de faculté, organe habilité par le règlement pour donner l'avis avant la prise des décisions, était irrégulièrement composée ;

Qu'il s'ensuit que les décisions attaquées sont affectées d'un vice de procédure constitutif d'illégalité ;

PAR CES MOTIFS :

Déclare le recours de Mame Thierno DIENG recevable ;

Annule les décisions n°s 0002920 et 0002924 du 21 décembre 2010 du Doyen de la Faculté de Médecine et de Pharmacie de l'UCAD portant respectivement nomination du Professeur Assane KANE au poste de Responsable des enseignements de dermatologie et proposition de sa nomination au poste de Chef du service de dermatologie de l'hôpital Aristide Le Dantec.

<u>Jurisp. :</u> Cour suprême, arrêt n°62 du 28 décembre 2017, Aynina DIOP et Baba FALL c/Recteur de l'U.C.A.D et État du Sénégal

Vu la requête reçue le 18 août 2016 au greffe central par laquelle Aynina et Baba FALL, élisant domicile en l'étude de Maître Aliou SOW, à la Cour, sollicitent l'annulation de la décision implicite du l'Université Cheikh Anta DIOP de Dakar rejetant leur demande de nomination en qualité d'assistants stagiaires à l'Institut des Droits de t de la Paix ;

Considérant que par lettre du 31 juin 2015, le Recteur de l'Université Cheikh Anta DIOP de Dakar (UCAD) a mis à la disposition de l'Institut des Droits de l'Homme et de la Paix (IDHP) deux postes d'enseignants cherchent à pourvoir après mise en concurrence ;

Qu'à l'issue de la procédure d'appel à candidatures organisée par cet institut, le comité scientifique a proposé au Recteur la nomination de Baba FALL et Aynina DIOP qui, pour connaître la suite réservée à leur dossier de recrutement, ont adressé à cette autorité une lettre reçue le 13 avril 201 et restée sans réponse ;

Que ce silence gardé pendant plus de quatre mois équivalant à une décision implicite refusant leur recrutement, ils ont introduit le présent recours pour solliciter l'annulation de cette décision ;

Considérant que l'Agent judiciaire de l'État conclut à sa mise hors de cause; Considérant que selon l'article 2 de la loi no 67-45 du 13 juillet 1967, l'Université de Dakar, ainsi que les facultés sont des établissements publics dotés de la personnalité juridique et de l'autonomie financière ;

Qu'en vertu de l'article 16 du décret no 70-1135 du 13 octobre 1970 portant statut de l'Université de Dakar, le Recteur représente l'Université en justice dans les actes de la vie civile;

Que dès lors, il échet de mettre l'État du Sénégal hors de cause ;

Sur moyen unique tiré de la violation des droits acquis en ce que l'autorité administrative a refusé de recruter les candidats déclarés admis par jury légalement constitué après un concours dont les résultats ont été entérinés par le Comité scientifique conformément aux dispositions de l'article 11 du décret 110 83-302 du 16 mars 1983 portant création d'un Insti des Droits de l'Homme et de la Paix ;

Considérant que pour motiver son refus, le Recteur soutient que, d'une part, comité scientifique n'a pas compétence pour recruter le personnel enseignant et, d'autre part, les requérants ne sont ni enseignants des Facultés ni experts nationaux ou internationaux et leur grade ne leur permet pas d'enseigner à l'Institut en violation de l'article II du même décret

Qu'il ait valoir, en outre, que nul ne peut être nommé en qualité de perso el enseignant de l'Université s'il n'a pas satisfait aux conditions de recrutement fixées par la réglementation applicable à l'emploi considéré ;

Considérant que l'article II du décret 11083-302 du 16 mars 1983 portant création d'un Institut des Droits de l'Homme et de la Paix dispose que « le per el enseignant est nommé par le recteur sur la proposition du comité scientifique de l'Institut, parmi les enseignants des Facultés, ou parmi I experts nationaux ou internationaux » ;

Considérant qu'en l'espèce, à la suite de la mise en concurrence demandée par le Recteur, le comité scientifique de l'IDHP lui a proposé la nomination de Baba FALL et Aynina DIOP ;

Considérant que, si le comité scientifique n'a pas compétence pour nommer les enseignants-chercheurs de l'IDHP, il reste que l'article II précité lui donne le pouvoir de proposer au Recteur la nomination de ces derniers ;

Considérant qu'il n'est pas établi que les requérants sont des enseignants des Facultés ;

Considérant qu'en revanche, il ressort des pièces du dossier que les requérants, tous doctorants, ont obtenu des diplômes en droits de l'homme se rattachant aux disciplines enseignées au niveau de l'Institut; qu'il s'y ajoute qu'ils ont été autorisés par le Recteur à effectuer, de 2013 à 2016, des vacations à l'IDHP ;

Qu'ainsi, le Recteur ne peut, par de simples allégations, leur dénier leur qualité d'expert d'autant plus qu'il n'est pas contesté que dans le cadre de la coopération entre l'Université d'Evry-Val-d 'Essonne et l'UCAD, es requérants ont subi une formation d'expert en droits de l'Homme ;

Que, dès lors, en refusant de procéder à leur recrutement, il méconnait le sens et la portée de l'article II susvisé ;

PAR CES MOTIFS,

Annule la décision implicite de rejet de nomination par le Recteur de l'Université Cheikh Ante DIOP de Dakar de Baba FALL et Aynina DIOP et qualité d'assistants stagiaires à l'institut des Droits de l'Homme et de la Paix.

Chapitre VIII

LES DÉCISIONS DU CONSEIL NATIONAL DE RÉGULATION DE L'AUDIOVISUEL (CNRA)

De Alain BENTOLILA, Le Figaro (14 février 2015) :

« *Le long et le profond, le précis et le rare sont les ennemis désignés de la communication audiovisuelle* ».

Le Conseil national de Régulation de l'Audiovisuel est une autorité indépendante de régulation de l'audiovisuel créée par la loi n° 2006-04 du 04 janvier 2006.

Tous les médias audiovisuels entrent dans le champ de compétence de l'organe de régulation des médias audiovisuels quel que soit leur statut juridique.

Le CNRA a pour missions essentielles :

- d'assurer le contrôle de l'application de la réglementation sur l'audiovisuel ;

- de veiller au respect des dispositions de la présente loi et de celles des cahiers de charges et conventions régissant le secteur ;

- d'exercer un contrôle, par tous les moyens appropriés, sur le contenu et les modalités de programmation des émissions publicitaires diffusées par les sociétés nationales de programmations et par les titulaires des autorisations délivrées pour des services de communication audiovisuelle privés ;

- de superviser une émission programmée toutes les deux semaines, séparément à la Radio et à la Télévision publiques, cette émission étant réservée aux partis politiques légalement constitués pour leur permettre d'évoquer les questions d'actualité nationale et internationale sous forme de débats contradictoires ;

- de fixer les règles concernant les conditions de productions, de programmation et de diffusion des émissions réglementées des médias audiovisuels pendant les campagnes électorales.

Le Conseil national de Régulation de l'Audiovisuel veille aussi :

- à l'indépendance et à la liberté de l'information et de la communication dans le secteur de l'audiovisuel ;

- au respect de la loi et à la préservation des identités culturelles, à l'objectivité et au respect de l'équilibre dans le traitement de l'information véhiculée par les médias audiovisuels ;

- à la sauvegarde de l'enfance et de l'adolescence dans les contenus des programmes ;

- au respect de l'accès équitable des partis politiques, des syndicats et des organisations reconnues de la société civile aux médias audiovisuels dans les conditions fixées par les lois et règlements en vigueur ; au respect des cahiers de charges applicables aux titulaires de concession portant autorisation d'exploitation d'un service de communication

audiovisuelle ;

- à la libre et saine concurrence entre les entreprises de communication audiovisuelle ;

- à ce que toute station de radiodiffusion dispose, obligatoirement, d'un système de retardement de la voix d'au moins trois secondes pour ses émissions interactives ;

- au respect des principes d'équité et d'équilibre entre tous les partis en tenant compte des contraintes du service public de la radiotélévision ;

- au respect des dispositions de la loi n° 92-57 du 3 septembre 1992 relative au pluralisme à la Radiotélévision, notamment des articles 14 à 18 sur la propagande des partis politiques, la retransmission des débats parlementaires et le pluralisme de l'information ;

- au respect des règles d'éthique et de déontologie dans le traitement de l'information et dans la programmation des différents médias audiovisuels ; notamment en assurant le respect des institutions de la République, de la vie privée, de l'honneur et de l'intégrité de la personne humaine ;

- au respect de l'unité nationale, de l'intégrité territoriale et du caractère laïc de la République dans les contenus des messages audiovisuels ;

- au respect de l'application stricte des dispositions des cahiers de charges relatives à la diffusion d'émissions interactives.

En cas de manquement aux obligations prévues par la loi, ainsi que par les conventions et cahiers de charges, le Conseil national de Régulation de l'Audiovisuel fait des observations ou une mise en demeure publique aux contrevenants.

En cas d'inobservation de la mise en demeure, le Conseil national de Régulation de l'Audiovisuel peut prendre une sanction qui peut consister en la suspension totale ou partielle d'un programme.

Les décisions du Conseil national de Régulation de l'Audiovisuel portant sanction peuvent faire l'objet d'un recours en annulation ou d'une demande de sursis à exécution devant la Cour suprême. Ce recours n'est pas toutefois suspensif.

Par ailleurs, l'organe de régulation des médias peut s'opposer à la diffusion d'une émission de la campagne électorale en cas de contravention aux règles posées par la Constitution.

Sa décision doit être motivée et notifiée, immédiatement, au candidat concerné. Cette décision peut faire l'objet d'un recours pour excès de pouvoir devant la Cour suprême qui se prononce en procédure d'urgence avant la fin de la campagne (*Article LO.134 du Code électoral*).

Jurisp. : Cour suprême, arrêt n° 52 du 24 août 2017, société Expo Carrefour Afrique dite EXCAF TELECOM S.A. c/ le Conseil national de Régulation de l'Audioviuel

La COUR

Vu la requête reçue le 26 septembre 2016 au greffe central par laquelle la société Expo Carrefour Afrique dite EXCAF TELECOM S.A., élisant domicile en l'étude de Maître Baboucar CISSE, avocat à la Cour, sollicite l'annulation de la décision 11001-2016 du 26 juillet 2016 de l'Assemblée des conseillers du Conseil national de Régulation de l'Audiovisuel, prononçant contre elle une amende de huit millions de francs CFA et ordonnant l'arrêt immédiat de l'intégration des programmes audiovisuels de Being Media Group, TF1 Distribution et des chaines de Turner Broadcasting System Europe Limited et le retrait de son bouquet de toutes les chaines pour lesquelles elle ne dispose pas de droits de diffusion;

Après en avoir délibéré conformément à la loi,

Considérant qu'à la suite de plaintes de Being Media Group, TFI Distribution et des chaines de Turner Broad casting System Europe Limited, le Conseil national de Régulation de l'Audiovisuel (CNRA) a, par décision du 25 juillet 2016, prononcé contre le groupe EXCAF Télécommunications une amende de huit millions de francs CFA et ordonné l'arrêt immédiat de l'intégration de leurs programmes audiovisuels et le retrait de ces programmes de son bouquet ;

Que la société EXCAF TELECOM poursuit l'annulation de cette décision en articulant les griefs suivants :

- la violation des droits de la défense en ce que le CNRA n'a pas observé le délai de 15 jours imparti par l'article 26 la loi n0200604 du 4 janvier 2006 portant création du CNRA;

- la violation des articles 1 er et 18 de la loi 1102006-04 susvisée et l'article unique de la loi 1102000-07 du 10 janvier 2000 abrogeant et remplaçant l'article 2 de la loi n092-02 du 6 janvier 1992 portant création de la Radiotélévision du Sénégal en ce que le CNRA a examiné les plaintes Being Media Group, TF1 Distribution Broad casting System Europe Limited qui ne disposent pas de la qualité à agir puisqu'elles ne sont pas des concessionnaires de service public ;

- le manque de base légale en ce qu'il ressort des énonciations de la décision que dans le courrier du 1 er juin 2016 le CNRA y prend déjà des mesures sans même avoir reçu sa version des faits ainsi que ses explications et qu'il est mentionné, dans la décision, la date du 25 juillet 2016 alors que cette date correspond à celle de la notification de la décision qui a été rendue en réalité le 14 juillet 2016.

Considérant que selon les dispositions des articles 1 er et 26 de la loi 1102006-04 du 4 janvier 2006 portant création du Conseil national de Régulation de l'Audiovisuel, le CNRA est chargé de veiller au respect de la réglementation de l'audiovisuel et qu'en cas de manquement, il peut prononcer des sanctions après avoir fait des observations ou une mise en demeure aux contrevenants ;

Considérant qu'il résulte du dossier que le CNRA a notifié à la société EXCAF TELECOM les faits qui lui sont reprochés par lettre du 1er juin 2016, suivie d'une mise en demeure du 30 juin 2016, avant de prendre une décision qui, bien que mentionnant la date du 14 juillet 2016 pour la réunion de l'assemblée des conseillers, a été édictée le 25 juillet 2016; Qu'ainsi, ce faisant, le CNRA l'a mis à même de s'expliquer sur les faits retenus contre elle;

Considérant que les droits des plaignants sur les programmes en cause ne sont pas contestés pas par la société EXCAF TELECOM ; que les textes invoqués au moyen ne subordonnent pas la saisine du CNRA à la qualité de concessionnaire de service public ;

Qu'en conséquence, la requérante est mal fondée à soulever la violation de la loi et le manque de base légale ;

PAR CES MOTIFS,

REJETTE le recours formé par la société Expo Carrefour Afrique dite EXCAF TELECOM contre la décision 11001-2016 du 26 juillet 2016 de l'Assemblée des conseillers du Conseil national de Régulation de l'Audiovisuel.

<u>Jurisp :</u> Cour suprême, arrêt no 17 du 23 février 2023, le Groupe D-Média c/ le Conseil national de Régulation de l'Audiovisuel

La COUR

Vu la requête reçue le 24 mai 2022 au greffe central et par laquelle le Groupe DMEDIA, élisant domicile en l'étude de Maître Cheikh Koureyssi BA, avocat à la cour, sollicite l'annulation de la décision n0 0002/CNRA du 31 mars 2022 du Conseil national de Régulation de l'Audiovisuel (CNRA) portant suspension de la diffusion des programmes de la SEN TV et de la ZIK FM pour soixante-douze (72) heures, durant la période du jeudi 31 mars 2022 à 18 heures au dimanche 3 avril 2022 à 18

heures ;

Considérant qu'il ressort des pièces du dossier que le 14 mars 2022, le CNRA, après avoir constaté, en plus du conflit d'intérêt, des manquements à la réglementation sur l'audiovisuel, notamment aux principes d'objectivité, de neutralité, d'équité et d'équilibre, caractérisés par la manière dont Ahmed AÏDARA fait la revue de presse depuis son élection comme maire, consistant à faire la promotion de son camp politique et à dénigrer le côté opposé ou certains citoyens, a adressé une mise en demeure à la SEN TV et à la ZIK FM de prendre toutes les dispositions pour mettre définitivement un terme à ces violations, tout en leur signalant que la répétition de tels actes les exposera aux sanctions prévues par la réglementation, notamment la suspension partielle ou totale de leurs programmes ;

Que, constatant que la violation de la réglementation n'a pas cessée, nonobstant cette mise en demeure, le CNRA a pris le 29 mars 2022 la décision portant interdiction de l'animation des revues des titres et de presse par Ahmed AÏDARA sur la SEN TV et la ZIK FM ;

Qu'ayant relevé dès le lendemain que le présentateur persistait dans la manière de faire la revue de presse, le CNRA a pris le 31 mars 2022 la décision portant suspension de la diffusion des programmes de la SEN TV et de la ZIK FM pour une période de soixante- douze (72) heures ;

Que le Groupe DNŒDIA a introduit un recours contre ladite décision en développant trois moyens ;

Sur le premier moyen tiré de la violation de la procédure en ce que la décision attaquée est entachée d'un vice de procédure au motif que le CNRA a visé un journaliste et s'est interféré dans la décision souveraine d'un groupe de presse de choisir en toute liberté le ou les journalistes devant animer une émission, alors que la loi n02006-04 du 4 janvier 2006 susvisée ne lui confère pas le pouvoir de viser la personne des journalistes, mais plutôt un programme;

Sur le deuxième moyen tiré de l'erreur manifeste d'appréciation en ce que la décision attaquée est fondée sur de supposés manquements non étayés ni prouvés de Ahmed AÏDARA aux principes d'objectivité, de neutralité, d'équité et d'équilibre dans sa revue de presse, alors que la proportionnalité entre la sanction et la gravité des faits n'est pas caractérisée ;

Les deux moyens étant réunis

Considérant que le Code de la Presse, qui régit tous les professionnels des médias ainsi que toutes les activités relatives à la presse écrite, à la communication audiovisuelle et à la presse en ligne, après avoir fixé les droits et devoirs des journalistes et posé le principe de la liberté de la presse, précise que cette liberté s'exerce dans le respect de l'éthique, de la déontologie et des lois et règlements en vigueur, de la vie privée et des bonnes mœurs;

Considérant que l'article 26 de la loi no 2006-04 du 4 janvier 2006 portant création du CNRA dispose « *qu'en cas de manquement aux obligations prévues par la présente loi, ainsi que par les conventions et cahiers des charges, le Conseil national de Régulation de l'Audiovisuel fait des observations ou une mise en demeure publique aux contrevenants.*

En cas d'inobservation de la mise en demeure, le Conseil national de Régulation de l'Audiovisuel peut prendre une sanction qui peut consister en la suspension totale ou partielle d'un programme.

Il est tenu, en fonction de la gravité des griefs, de procéder aux sanctions suivantes : suspension d'un à trois mois de tout ou partie des émissions » ;

Considérant que l'article 210 du Code de la Presse, qui reprend la même procédure, prévoit, en outre, que l'organe de régulation a le choix entre l'avertissement ou la suspension d'une partie ou de la totalité d'un programme;

Considérant qu'en l'espèce, le CNRA reproche au groupe de presse des manquements à la réglementation sur l'audiovisuel notamment, aux principes d'objectivité, de neutralité et d'équité dans la présentation du programme de revue de presse ;

Qu'il a constaté que malgré la mise en demeure du 14 mars 2022, la SEN TV et la ZIK FM n'ont pas pris les dispositions pour faire cesser ces manquements ;

Considérant que c'est en conformité avec la procédure susvisée que le CNRA, tenant compte de la gravité des griefs reprochés aux organes de presse et de la persistance des manquements, a prononcé la suspension de la diffusion de leurs programmes, quelle que soit la personne de l'animateur, sans que l'on puisse lui reprocher d'avoir commis une quelconque erreur dans l'appréciation des faits ;

Qu'il s'ensuit que le moyen n'est pas fondé ;

Sur le troisième moyen tiré de la violation du principe général d'égalité des citoyens en ce que le CNRA méconnait le principe d'égalité entre les organes de presse au motif qu'il lui applique toute la rigueur de la réglementation sur l'audiovisuel, alors que non seulement il s 'en écarte dans sa mission de contrôle mais en épargne la RTS, chaine publique, qui n'a jamais respecté, à ce jour, ses obligations découlant du cahier des charges et permis I 'accès équitable des partis politiques, des syndicats et des organisations de la société civile aux médias d'État,

Considérant que le principe constitutionnel de l'égalité des citoyens devant la loi n'implique pas que des personnes placées dans des situations différentes soient traitées de manière identique,

Considérant qu'en l'espèce, le groupe requérant n'établit pas un comportement similaire reproché à un programme de la RTS dans les mêmes circonstances ;

Qu'il s'ensuit que le moyen n'est pas fondé ;

PAR CES MOTIFS,

Rejette le recours du Groupe DMEDIA contre la décision 1100002 CNRA du 3 1 mars 2022 du Conseil national de Régulation de l'Audiovisuel (CNRA) portant suspension de la diffusion des programmes de la SEN TV et de la ZIK FM pour soixante-douze (72) heures, durant la période du jeudi 31 mars 2022 à 18 heures au dimanche 3 avril 2022 à 18 Heures.

Chapitre IX
LES DÉCISIONS DU CONSEIL SUPÉRIEUR DE LA MAGISTRATURE

Georges COURTELINE, « La société est bien gouvernée quand les citoyens obéissent aux magistrats et les magistrats aux lois »

Le Conseil supérieur de la Magistrature est présidé par le Président de la République. Le ministre de la Justice en est le vice-président.

Il est composé de membres de droit et de membres élus. Les membres de droit sont :

- le premier président de la Cour suprême et le procureur général près ladite cour ;

- les premiers présidents de cours d'appel et les procureurs généraux près lesdites cours.

Les membres élus qui sont au nombre de quatre sont élus par les différents collèges de magistrats pour un mandat de trois ans, renouvelable une fois. Sont élus dans les mêmes conditions que les titulaires quatre membres suppléants. Chaque collège élit en son sein un membre sauf le collège des magistrats du deuxième grade qui a deux représentants.

Les membres du Conseil supérieur de la Magistrature ainsi que les personnes qui, à un titre quelconque, assistent aux délibérations, sont tenus au secret professionnel.

Le Conseil supérieur de la Magistrature se réunit, au moins deux fois par an, sur convocation de son président. Toutefois, en cas d'urgence, le Conseil supérieur de la Magistrature peut statuer par voie de consultation à domicile.

Pour la nomination des magistrats, l'avis du Conseil supérieur de la Magistrature est donné sur les propositions du ministre de la Justice, après un rapport établi par un membre dudit Conseil.

Lorsqu'il statue sur la nomination des magistrats, le Conseil supérieur de la Magistrature est présidé par le Président de la République. Toutefois, sur autorisation du Président de la République, le Ministre de la Justice peut présider le Conseil supérieur de la Magistrature. Pour délibérer valablement, il doit comprendre, outre son président, au moins les deux tiers de ses membres. En cas de partage des voix, celle du président est prépondérante. (Voir la loi organique n° 2017-11 du 17 janvier 2017 portant organisation et fonctionnement du Conseil supérieur de la Magistrature)

Le Conseil supérieur de la Magistrature est le conseil de discipline des magistrats.

Conformément à l'article 18 de la loi organique n° 2017-11 du 17 janvier 2017 portant organisation et fonctionnement du Conseil supérieur de la Magistrature « *le Conseil de discipline délibère à huis clos. Sa décision doit être motivée. Le magistrat mis en cause peut exercer un recours devant la Cour suprême, hors la présence des magistrats de ladite cour ayant connu de l'affaire, conformément aux délais prescrits.* »

En d'autres termes, les décisions du Conseil supérieur de la Magistrature sont susceptibles de recours pour excès de pouvoir.

Jurisp. : C.E, arrêt n° 0005 du 28 Mai 1997, El Hadji GUISSE c/ État du Sénégal

Conseil d'État

Après en avoir délibéré conformément à la loi :

Considérant que par requête enregistrée le 14 avril 1995, Monsieur El Hadji MASSE, Magistrat Conseiller à la Cour de Discipline Budgétaire a saisi le Conseil d'État d'un recours tendant à l'annulation pour excès de pouvoir de la lettre N° 608 MJ'DSJ en date du 13 février 1995 par laquelle le Ministre de la Justice Garde des Sceaux suite à une transmission par le Président de la République, Président du Conseil supérieur de la Magistrature pour suite à donner à la demande de Monsieur El Hadji GUISSE et tendant d'une part à faire rétroagir à compter du 1er mai 1998, sa nomination en qualité de Président de Chambre intervenue par décret en date du 03 novembre 1994 et d'autre part à faire obtenir son affectation à la Cour de Cassation en qualité de Conseiller, a répondu au requérant qu'après étude, les demandes ne pouvaient être accueillies favorablement au motif qu'une nomination individuelle, de surcroit au choix, ne peut avoir un effet rétroactif et est laissée à l'appréciation de l'autorité compétente ;

Considérant que le sieur El Hadji GUISSE soutient que l'acte attaqué encourt l'annulation pour incompétence du Ministre de la Justice pour prendre la décision contenue dans la réponse, irrégularité des motifs invoqués, erreur de droit et de fait ;

Considérant qu'aux termes de l'article 35 de la loi organique n° 92- 24 du 30 mai 1992 et même de la nouvelle loi organique n° 96-30 sur le Conseil d'État, « *le recours pour excès de pouvoir n'est recevable que contre une décision explicite ou implicite d'une autorité administrative* » ;

Considérant que l'acte attaqué ne peut être qualifié de décision susceptible de recours pour excès de pouvoir au sens de l'article 35 sus indiqué puisqu'il ne peut modifier de manière unilatérale la situation juridique du requérant, qu'il ne peut ni lier le Conseil supérieur de la Magistrature seul organe compètent pour donner un avis pour la nomination des Magistrats ni faire obstacle à la saisine dudit Conseil pour statuer sur les demandes du sieur GUISSE ;

D'où, il suit que le recours formé contre la lettre N°0608/MJ/DSJ du 13 février 1995 doit être déclaré irrecevable ;

PAR CES MOTIFS,

Déclare irrecevable le recours introduit le 14 avril 1995 contre la lettre N°0608/MJ/DSJ.

Jurisp. : C.E arrêt n° 36 du 26 aout 2004, El Hadji Malick NIANG C/ État du Sénégal (Conseil supérieur de la Magistrature)

VU La requête reçue au Greffe du Conseil d'État le 19 avril 2004 et enregistrée sous le numéro 31/RG/2004, par laquelle Monsieur Elhadji Malick NIANG, domicilié à Fass Louveau N°17 B à Dakar, élisant domicile en sa propre demeure, demande au Conseil d'État l'annulation pour excès de pouvoir du décret numéro 99-002/MJ/DSJ/P du 5 janvier 1999, portant admission à cesser les fonctions d'un magistrat ;

Considérant qu'aux termes des dispositions de l'article 20 de la loi organique n°96-30 du 26 octobre 1996 sur le Conseil d'État, modifiée par les lois organiques n°99-70 et n°99-72 du 17 février 1999 : « *la requête, accompagnée d'une copie de la décision administrative attaquée doit dans le délai de deux mois, être signifiée à la partie adverse par exploit d'huissier* » ;

Considérant que cet exploit doit, à peine de nullité indiquer à la partie adverse qu'elle a, à compter de la signification, un délai de deux mois pour produire sa défense ;

Considérant que faute pour le demandeur d'avoir satisfait dans le délai prévu aux prescriptions du présent article, le Conseil d'État le déclare déchu de son pouvoir ;

Considérant que l'examen du dossier et des pièces de la procédure révèle que ces formalités n'ont pas été accomplies ;

D'où il s'ensuit qu'il doit être déclaré déchu de son pourvoi ;

PAR CES MOTIFS,

Déclare El hadji Malick NIANG déchu de son pourvoi.

Jurisp. : **CS Sénégal, arrêt n° 08 du 11 mars 2022, Ngor DIOP c/ État du Sénégal**

Vu la requête reçue le 8 octobre 2020 au greffe central par laquelle Ngor DIOP, élisant domicile aux études de Maître Ousmane SEYE, Ibrahima DIAWARA, Assane Dioma NDIAYE, Macodou NDOUR, Samba AMETTI et Moise Mamadou NDIOR, avocats à la Cour, sollicite l'annulation du décret n° 2020-1526 du 17 juillet 2020 portant sa nomination en qualité de conseiller à la Cour d'Appel de Thiès ;

Après en avoir délibéré conformément à la loi ;

Considérant que par décret n°2020-1526 du 17 juillet 2020 portant nomination de Conseillers de Cours d'Appel, pris sur le rapport du Garde des Sceaux, Ministre de la Justice et après avis favorable du Conseil supérieur de la Magistrature, en sa consultation à domicile, Ngor DIOP, matricule de solde n°611558/B, magistrat du 1er grade, 1er groupe, 4ième échelon, indice 3837, précédemment Président du Tribunal d'instance de Podor, a été nommé Conseiller à la Cour d'Appel de Thiès, même grade, même indice ;

Que Ngor DIOP, estimant que cette décision constitue une sanction déguisée faisant suite à son refus de satisfaire la demande qui lui avait été faite par des autorités judiciaires de mettre en liberté provisoire un prévenu, en sollicite l'annulation en soulevant dix moyens tirés de l'exception d'inconstitutionnalité, de vices de procédure, d'une insuffisance de motivation, d'un détournement de procédure, d'un détournement de pouvoir, de la violation de la loi et de l'erreur de droit ;

Considérant que l'État du Sénégal conclut au rejet du recours ;

Sur l'exception d'inconstitutionnalité

Considérant que le requérant soulève l'exception d'inconstitutionnalité de l'article 6 alinéa 3 de la loi organique portant

Statut des magistrats en ce que la possibilité que ce texte accorde à l'autorité de nomination de déplacer un magistrat du siège, pour nécessités de service, même sans son consentement, est, d'une part, une modulation des principes de l'inamovibilité des magistrats du siège et de l'indépendance du pouvoir judiciaire consacrés aux articles 88, 89, 90 et 94, alors que la Constitution, en prévoyant l'intervention de lois organiques, a limitativement énuméré les matières dans lesquelles ces lois doivent intervenir et ne lui a pas donné ce pouvoir, d'autre part, constitue une atteinte au droit à l'égalité de traitement au regard des dispositions des articles 1er et 6 de la Déclaration des droits de l'homme et du citoyen de 1789 et enfin, introduit une discrimination dans le traitement des magistrats au regard du fait qu'en vertu des mêmes principes constitutionnels de l'indépendance du pouvoir judiciaire et de l'inamovibilité des juges, aucun membre du Conseil constitutionnel, de la Cour suprême et de la Cour des Comptes ne peut être déplacé si ce n'est sur sa demande ou pour incapacité physique ou faute professionnelle ;

Considérant que le Conseil constitutionnel, par décision n°2-C-2017 du 9 janvier 2017, a jugé que « *l'article 6, après avoir posé le principe de l'inamovibilité des magistrats du siège y a apporté une réserve en autorisant leur déplacement pour nécessité de service et après avis du Conseil supérieur de la Magistrature, pour une durée n'excédant pas trois années », puis a affirmé que « cet article n'est pas contraire à l'article 90 alinéa 3 de la Constitution* »;

Considérant que selon l'article 92 de la Constitution, la décision du Conseil constitutionnel n'est susceptible d'aucune voie de recours, qu'elle s'impose aux pouvoirs publics et à toutes les autorités administratives et juridictionnelles ;

Considérant, par ailleurs, que le principe constitutionnel de l'égalité des citoyens devant la loi n'implique pas que des personnes placées dans des situations différentes soient traitées de manière identique ;

Que le requérant, magistrat des cours et tribunaux, ne saurait invoquer une rupture d'égalité en se fondant sur les dispositions spéciales applicables aux membres du Conseil constitutionnel, de la Cour suprême et de la Cour des comptes pour demander le renvoi préjudiciel devant le Conseil constitutionnel ;

Que dès lors, il n'y a pas lieu à renvoi ;

Sur le quatrième moyen pris d'une insuffisance de motivation au regard d'une part, des dispositions de l'article 6 de la loi organique portant organisation et fonctionnement du Conseil supérieur de la Magistrature et, d'autre part, de l'article 6 alinéa 3 de la loi organique portant Statut des magistrats en ce que l'autorité de nomination n'a ni justifié l'existence d'une nécessité de service ni caractérisé une urgence ;

Sur le septième moyen tiré de la violation du principe de l'inamovibilité des juges rappelé par les dispositions de l'article 6 de la loi organique n°2017-10 du 17 janvier 2017 portant Statut des magistrats, ensemble les dispositions de l'article 3 de ladite loi, du décret n° 2015-35 du 20 juillet 2015 portant aménagement de l'organisation judiciaire et du décret n° 2018- 2163 du 12 décembre 2018 portant nomination de Présidents par intérim de Tribunaux d'Instance en ce que l'autorité de nomination l'a déplacé de son poste pour l'affecter en qualité de conseiller de Cour d'appel sans avoir recueilli au préalable son consentement alors, qu'en application des dispositions de l'article 3 de la loi organique portant statut des magistrats, le recours à l'intérim pour les postes de chef de juridiction visés par ce texte ne s'applique pas aux juridictions de deuxième classe comme le Tribunal d'Instance de Podor, et que nommé chef de cette juridiction suivant le décret n°2018-2163 du 12 décembre 2018, il avait dès lors, de plein droit, la qualité de titulaire à ce poste, nonobstant que le décret de nomination l'ait qualifié de Président par intérim pour une durée de trois ans, et en admettant qu'il s'est agi d'un intérim au poste de Président du Tribunal d'Instance de Podor, il ne pouvait, sans son consentement préalable, être déplacé de ce poste pendant la durée de l'intérim ;

Sur le neuvième moyen tiré de la violation de l'article 6 alinéa 3 de la loi organique portant Statut des magistrats en ce que le décret l'a déplacé de son poste de Président du Tribunal d'Instance de Podor pour nécessités de service alors qu'aucun avis motivé du Conseil supérieur de la Magistrature ne spécifie lesdites nécessités dont l'inexistence est établie par le fait qu'il a été remplacé par un magistrat du même grade ;

Sur le dixième moyen tiré de la violation de l'article 6 de la loi organique portant Statut des magistrats en ce que le décret attaqué l'a déplacé de son poste pour l'affecter à la Cour d'Appel de Thiès sans spécifier la durée alors qu'aux termes du texte susvisé, dans les cas de déplacement d'un magistrat justifié par les nécessités du service, ce déplacement a lieu de manière provisoire, la durée de ce déplacement doit être spécifiée dans la décision et ne doit pas excéder trois ans ;

Les moyens étant réunis

Et sans qu'il soit besoin de statuer sur les autres moyens

Considérant que sous ces moyens, le requérant fait grief au décret attaqué d'avoir méconnu les dispositions de l'article 6 de la loi organique portant Statut des magistrats, en ce qu'il a été déplacé de son poste sans que soient établis l'existence de nécessités de service, la caractérisation d'une urgence, son consentement préalable et la durée de son déplacement;

Considérant que la loi organique portant Statut des magistrats dispose, en son article 6, que : « *Les magistrats du siège sont inamovibles. En dehors des sanctions disciplinaires du premier degré, ils ne peuvent recevoir une affectation nouvelle, même par voie d'avancement, sans leur consentement préalable, sous réserve des dispositions des articles 90 et suivants de la présente loi organique.*

Toutefois, lorsque les nécessités du service l'exigent, les magistrats du siège peuvent être provisoirement déplacés par l'autorité de nomination, après avis conforme et motivé du Conseil supérieur de la Magistrature spécifiant lesdites nécessités de service ainsi que la durée du déplacement.

Cette durée ne peut en aucun cas excéder trois ans. » ;

Que l'article 90 du même texte précise que : « *La suppléance des chefs de cours et tribunaux s'établit ainsi qu'il suit : le premier président de la Cour d'appel est remplacé de plein droit par le vice-premier président ou à défaut par le président de chambre le plus ancien ; le procureur général près une Cour d'appel est remplacé de plein droit par le premier avocat général, à défaut par l'avocat général ou le substitut général le plus ancien ; le président de chambre est remplacé par le conseiller le plus ancien ; le président du tribunal est remplacé par le premier vice-président ou à défaut par le vice-président le plus ancien ; le procureur de la République est suppléé de plein droit par le procureur adjoint ou à défaut par le premier substitut.* » ;

Que l'article 91 dudit texte ajoute que : « *Les suppléances des autres emplois non prévues aux articles précédents, sont assurées, selon les cas, par des magistrats du siège ou du parquet de la même juridiction.*

Elles sont constatées par arrêté du Ministre de la Justice, après avis des chefs de cours. Si le nombre des magistrats disponibles dans la juridiction ne permet pas de combler toutes les vacances d'emploi, le service peut être assuré par un intérimaire choisi parmi les magistrats des cours et tribunaux selon qu'il est du siège ou du parquet par le Premier président ou le Procureur général de la Cour d'appel du ressort de ladite juridiction. L'intérim ne saurait dépasser une période de six (06) mois. » ;

Considérant que par correspondances des 11 novembre 2021 et 31 janvier 2022, le président de la chambre administrative a réclamé la production de l'avis du Conseil supérieur de la Magistrature visé par le décret attaqué; Que par lettre du 10 février 2022, l'agent judiciaire de l'État a produit ledit document ;

Considérant que pour procéder à l'affectation du magistrat Ngor DIOP, le décret attaqué s'est borné à énoncer dans ses visas que la mesure a été prise sur le rapport du Garde des Sceaux, Ministre de la Justice et après avis favorable du Conseil supérieur de la Magistrature, en sa consultation à domicile du 10 juillet 2020 ;

Qu'il ne résulte ni de l'examen du décret attaqué ni de celui de l'avis du Conseil supérieur de la Magistrature produit au dossier la motivation de la décision, la spécification des nécessités de service et la durée du déplacement comme prescrit par l'article 6 susvisé ;

Considérant que la qualité de magistrat du siège de Ngor DIOP, titulaire, de par son grade, du poste d'un tribunal de deuxième classe est établie ; Que le requérant qui n'a pas fait l'objet de sanctions disciplinaires du premier degré, n'est pas non plus dans les cas prévus aux articles 90 et 91 précités ;

Que, dès lors, le décret attaqué n'ayant pas respecté les prescriptions légales, l'annulation est encourue ;

PAR CES MOTIFS,

Dit n'y avoir lieu à renvoi devant le Conseil constitutionnel;

Annule le décret n° 2020-1526 du 17 juillet 2020 portant nomination de Conseillers de Cours d'appel uniquement en ce qu'il a nommé Ngor DIOP, matricule de solde n°611558/B, magistrat du 1er grade, 1er groupe, 4ième échelon, indice 3837, précédemment président du Tribunal d'Instance de Podor, comme conseiller à la Cour d'Appel de Thiès, même grade, même indice.

Jurisp. : CS Sénégal, arrêt n°32 du 28 juillet 2022, H c/ État du Sénégal

Vu la loi organique n°2017-09 du 17 janvier 2017 sur la Cour suprême, modifiée par la loi organique n°2022-16 du 23 mai 2022 ;

Après en avoir délibéré conformément à la loi ;

Attendu qu'il résulte des énonciations de la décision du Conseil Supérieur de la Magistrature (n°5/2020/CD/CSM du 15 décembre 2020) que **H**, magistrat, a fait l'objet d'une série de plaintes déposées auprès du Procureur général près la Cour d'Appel de Saint-Louis par les nommés X, Y et Z; que ces plaintes faisaient suite à différentes remises d'importantes sommes d'argent chiffrées respectivement à 16.461.666 francs, (seize millions quatre cent soixante et un mille six cent soixante-six) et 40 000.000 (quarante millions) de francs, dans le cadre de transactions ;

Que H avait, pour l'une, offert ses services pour agir comme mandataire d'héritiers lui ayant confié leur part d'héritage, pour l'autre, agi comme dépositaire momentané de sommes consignées dans le cadre d'une médiation pénale ; que dans le dernier cas, il s'agissait d'un emprunt contracté avec promesse de remboursement dans les six jours ; que dans tous les cas cités, il a dissipé les sommes et n'a jamais pu rembourser intégralement les victimes malgré ses promesses, et ce, depuis au moins deux ans ; qu'il lui est également reproché d'avoir quitté son poste de travail comme Substitut général près la Cour d'Appel de Saint-Louis, sans raison déclarée, ni permission de son supérieur, de fin octobre à début décembre 2017 et du 02 janvier jusqu'au 30 juillet 2018 ;

Sur le premier moyen tiré de la violation de l'article 24 de la loi organique n°2017-10 du 17 janvier 2017 portant Statut des magistrats en ce que les poursuites disciplinaires qui n'ont été engagées qu'à compter de la lettre n°000173 du 5 septembre 2019 du Ministre de la Justice sont atteintes par la prescription annale ;

Attendu qu'aux termes des dispositions de l'article 24 de la loi susvisée « *Le Ministre de la Justice dénonce au Conseil supérieur de la Magistrature les faits motivant les poursuites disciplinaires. Les poursuites disciplinaires se prescrivent dans un délai d'un à partir de la dénonciation des faits à l'autorité disciplinaire* » ;

Attendu qu'il résulte de l'examen des pièces du dossier que le Conseil Supérieur de la Magistrature (CSM), saisi par lettre n°000029 du 20 février 2020 du Garde des Sceaux, Ministre de la Justice, a statué par décision n°5 du 15 décembre 2020 en prononçant contre **H** la sanction disciplinaire de la mise à la retraite d'office ;

Qu'entre le 20 février 2020, date de la saisine de l'organe disciplinaire des magistrats qu'est le CSM, et le 15 décembre 2020, date de la décision, il ne s'est pas écoulé un an ;

Qu'ainsi, les poursuites disciplinaires ne sont pas atteintes par la prescription ;

Sur le deuxième moyen tiré de la violation de l'article 10 alinéa 2 de la loi organique 2017-11 du 17 janvier 2017 portant organisation et fonctionnement du CSM en ce qu'entre le 5 septembre 2019, date de la saisine du CSM et celle de la décision, il s'est écoulé plus de deux mois, alors que, d'une part, aux termes de ce texte « *le Conseil saisi doit statuer dans le délai de deux mois à compter de sa saisine* » et, d'autre part, ces dispositions étant d'ordre public, la régularisation ne peut se faire par une nouvelle saisine suivant lettre n° 000029 du 24 février 2020 du Ministre de la Justice ;

Attendu qu'aux termes de l'article 10 alinéa 2 du texte visé au moyen « *Le Conseil de discipline, saisi, doit statuer dans le délai de deux mois à compter de sa saisine* » ;

Attendu que, contrairement aux allégations de **H**, le CSM a été saisi par lettre n°000029 du 20 février 2020 du Garde des Sceaux, Ministre de la Justice et a statué par décision n°5 du 15 décembre 2020 ;

Attendu que le délai visé par l'article 10 alinéa 2 du texte précité n'est qu'indicatif et son non-respect n'est pas sanctionné ;

Qu'il s'ensuit que le moyen n'est pas fondé ;

Sur le troisième moyen pris de la disproportionnalité de la sanction prononcée en ce que le Conseil de discipline a prononcé à son encontre la mise à la retraite d'office alors qu'il avait exercé un véritable repentir en remboursant intégralement deux plaignants et en offrant d'en faire autant avec le dernier ;

Attendu que pour prononcer la mise à la retraite d'office, le conseil de discipline qui a relevé que « **H** a reconnu avoir reçu de X et Y des sommes d'argent, avec mandat d'en faire un usage déterminé et de les avoir utilisées à des fins personnelles, notamment dans une opération d'achat d'or avec des partenaires (un sénégalais et un étranger) qui, d'après lui, ont quitté le territoire national dès qu'ils ont reçu lesdits montants et a également reconnu l'emprunt des six millions de francs qu'il n'a jamais remboursés et qu' il a enfin, justifié ses absences par le souci de régler les problèmes sus évoqués et s'extirper de l'engrenage dans lequel il était plongé », puis retenu qu'« il serait inadéquat autant pour l'intégrité de la magistrature que pour la protection des justiciables de le maintenir en activité», a fait une exacte appréciation de la gravité de la faute ;

Qu'il s'ensuit que le moyen est mal fondé ;

PAR CES MOTIFS,

Rejette le pourvoi formé par **H** contre la décision n° 5/2020/CD/CSM du 15 décembre 2020 du Conseil supérieur de la Magistrature (CSM) prononçant sa mise à la retraite d'office.

Chapitre X

LES DÉCISIONS RENDUES PAR LES CONSEILS NATIONAUX DES DIVERS ORDRES PROFESSIONNELS

Gweltaz EVEILLARD, La place de la volonté générale dans l'élaboration de l'acte administratif unilatéral : « *La soumission de l'acte administratif à la loi est toute entière garantie par le recours contentieux ouvert devant le juge administratif* ».

Un ordre professionnel est un organisme regroupant, sur un territoire donné, l'ensemble des membres d'une même profession, profession qui généralement peut être exercée de manière libérale, et qui assure une forme de régulation de la profession en question.

Contrairement à un syndicat ou une association professionnelle, l'appartenance à l'ordre professionnel n'est pas une faculté mais une obligation pour le professionnel, l'inscription au sein de l'ordre étant une condition nécessaire à l'exercice de la profession.

Au Sénégal, il existe plusieurs ordres professionnels. Parmi ces ordres on peut citer entre autres :

- ordre des huissiers ;
- ordre des notaires ;
- ordre des commissaires-priseurs ;
- ordre des Médecins ;
- ordre des avocats ;
- ordre des Pharmaciens ;
- ordre des vétérinaires ;
- ordre des experts Comptables et Comptables agrées ;

- ordre des experts et Evaluateurs agréés ;
- ordre des géomètres ;
- ordre des architectes.

Un ordre professionnel peut exercer les missions suivantes :

- régulation de l'accès à la profession (vérification de la qualification professionnelle, éventuellement validation de diplômes) et son suivi (tenue de registres d'immatriculation des membres) ;

- contribution à la formation permanente ou plus simplement le suivi de l'obligation de formation continue ;

- représentation de la profession à l'égard des pouvoirs publics ;

- promotion de la profession à travers les médias et les écoles et universités ; organisation de la concurrence entre ses membres sur une base équitable, non vénale et respectueuse des règles de l'art, tout en limitant les concentrations et les positions dominantes ;

- fonction juridictionnelle, avec un Conseil disciplinaire dont les décisions sont sous appel des juridictions administratives, ces décisions peuvent être des recommandations, un avertissement, un blâme, une suspension, une radiation, la liquidation et la mise sous administration ordinale, en cas de violation du code de déontologie de la profession ;

- fonction arbitrale pour régler les conflits d'interprétation portant sur les conventions entre un professionnel et son client sur la base des documents qu'il préconise, ou entre deux membres ;

- plus généralement, contrôle du respect des patients et clients dans le sens de la défense de l'intérêt général.

Ces ordres, chargés d'un service public, disposent, ainsi, dans certains cas du pouvoir réglementaire. De ce fait, ils ont la possibilité d'édicter les règles relatives aux professions en question. Ces règles sont susceptibles de recours pour excès de pouvoir.

<u>Jurisp.</u> : CE arrêt n° 0044, du 30/12/1999, Amadou DIENG c/ Ordre national des Experts et Evaluateurs Agréés du Sénégal

SUR LE MOYEN UNIQUE tiré de la violation de l'article 50 alinéa 2 nouveau du décret n° 92-601 du 1er avril 1992 complétant les articles 37, 38, 45 et 50 du décret n° 83-339 du 1er avril 1983 portant application de la loi n° 83-05 du 28 janvier 1983 instituant l'Ordre des Experts et Evaluateurs Agréés ;

Considérant que le requérant soutient que la décision implicite de rejet de l'Ordre des Experts encourt l'annulation pour violation de l'article 50 alinéa 2 sus - visé ;

Considérant QUE le texte précité dispose : "sont également dispensés du stage et inscrits directement au tableau de l'Ordre dans les sections Expertise Comptable, Expertise fiscale et Commissariat aux comptes des sociétés, les professionnels nationaux justifiant du titre d'inspecteurs des impôts et domaines ayant 15 ans de fonctions" ;

Considérant que le requérant a produit une attestation du Directeur Général des impôts et domaines en date du 15 septembre 1997, justifiant de son titre d'Inspecteur des impôts et domaines ayant 27 années de fonctions pour avoir servi à la Direction Générale des Impôts du 1er mai 1961 au 31 mars 1988, avant d'avoir été admis à faire valoir ses droits à une pension de retraite par décret n° 88-1058 en date du 03 août 1988 ;

Considérant qu'il résulte de ce qui précède qu'à la date de sa demande le requérant remplissait les conditions exigées par la loi ;

Qu'il échet en conséquence de faire droit à la requête;

PAR CES MOTIFS,

Annule la décision implicite de rejet de la demande d'inscription du requérant à l'Ordre des Experts avec dispense de stage.

Jurisp. : **C.E arrêt n°04 du 09 mars 2006, Ordre des Pharmaciens du Sénégal c/ÉTAT DU SÉNÉGAL**

Vu la requête enregistrée au Greffe du Conseil d'État le 12 octobre 2005 par laquelle, Maître Papa Oumar NDIAYE, Avocat à la Cour, agissant au nom et pour le compte de l'Ordre des Pharmaciens du Sénégal, a saisi le Conseil d'État aux fins d'obtenir l'annulation pour excès de pouvoir de l'arrêté n° 003535 du 22 juillet 2005 du Ministre de la Santé et de la Prévention médicale autorisant l'ouverture d'une officine de pharmacie à la Cité AELMAS, rue de la Mosquée à Dakar ;

En la forme :

Sur la recevabilité :

Considérant que l'État du Sénégal soutient que le présent recours doit être déclaré irrecevable pour défaut d'intérêt à agir de l'Ordre des Pharmaciens ;

Mais considérant qu'il ressort des dispositions de la loi n° 73-62 du 19 décembre 1962 portant création de l'Ordre des pharmaciens, que l'Ordre, personne morale de droit public, doit veiller au respect des normes régissant les conditions d'exercice de la profession de pharmacien et, notamment, les prescriptions relatives à l'ouverture des officines de pharmacie;

Qu'il a donc un intérêt certain pour exercer la présente action ; Qu'ainsi l'exception soulevée doit être rejetée comme mal fondée ;

Au fond :

Sur les moyens tirés de la violation des dispositions des articles 1er, 2 et 3 du décret n° 95-727 du 26/07/1995 fixant les critères de création et de répartition des officines :

Considérant que sous ces moyens le requérant soutient que la décision attaquée encourt l'annulation en ce que, d'une part, le Ministre chargé de la santé n'a pas au préalable fixé par arrêté le nombre d'officines existantes et celles pouvant être créées par rapport aux chiffres officiels de la population de l'année en cours, et d'autre part, il n'a pas sollicité l'avis du Conseil de l'Ordre ;

Sur la première branche du moyen tiré de l'absence d'arrêté :

Considérant qu'il ressort des dispositions de l'article 1er du décret visé au moyen que le nombre d'habitants requis pour créer une officine de pharmacie est fixé à 10.000 sur toute l'étendue du territoire national, avec la possibilité pour le Ministre de la Santé de déroger à cette règle si les besoins de la population l'exigent ;

Que l'article 2 du même décret dispose qu'un arrêté du Ministre chargé de la Santé fixe chaque année le nombre d'officines existantes et celles pouvant être créées par rapport aux chiffres officiels de la population de l'année en cours ;

Considérant que cet arrêté qui relève d'une bonne administration doit faciliter la création d'officines pour permettre de répondre de façon optimale aux besoins en médicaments de la population résidant dans les zones d'accueil desdites officines ;

Que le fait que cet arrêté n'ait pas été pris, n'est pas sanctionné légalement par l'impossibilité pour le Ministre chargé de la Santé d'accorder ou de refuser l'autorisation d'ouverture d'une officine ;

Qu'il s'ensuit que l'arrêté attaqué n'a pas méconnu les dispositions des articles visés au moyen et que cette branche du moyen est non fondée ;

Sur la deuxième branche du moyen tiré du défaut de consultation :

Considérant qu'il ressort des pièces du dossier que le Ministre chargé de la santé avait bien saisi le Conseil de l'Ordre des Pharmaciens le 30 mars 2005 pour recueillir son avis sur la demande d'ouverture d'officine de la dame HANE ;

Que d'ailleurs le requérant ne conteste pas cette saisine mais subordonne, dans sa correspondance du 11 août 2005, l'émission de son avis à la publication par le Ministre de la Santé, de l'arrêté fixant le nombre des officines existantes et celles pouvant être créées pour l'année 2005 ;

Considérant ainsi, le requérant qui a refusé d'émettre l'avis sollicité est mal fondé à soutenir qu'il n'a pas été consulté ; Que cette branche du moyen est inopérante ;

PAR CES MOTIFS,

Rejette le recours en annulation introduit par l'Ordre des Pharmaciens du Sénégal contre l'arrêté n° 003535 du 22 juillet 2005 du Ministre de la Santé et de la Prévention médicale autorisant l'ouverture d'une officine de pharmacie à la Cité AELMAS, rue de la Mosquée à Dakar.

Jurisp. : CE arrêt n°14 du 05 juillet 2006, Meïssa Serigne Thippy Ben Moussa LEYE Et Hamidou GAYE c/ Ordre national des Experts Comptables et Comptables agrées du Sénégal (ONECCA)

Vu la requête enregistrée au greffe du Conseil d'État le 31 octobre 2005 par laquelle, Maître Fodé Ndiaye, avocat à la cour, agissant au nom et pour le compte de Meissa Serigne Thippy Ben Moussa LEYE et Hamidou GAYE, a saisi le Conseil d'État aux fins d'annulation des décisions implicites de rejet du Conseil de l'Ordre des Experts leur refusant l'inscription au tableau de l'Ordre national des Experts Comptables et Comptables Agréés du Sénégal dit ONECCA ;

SUR LE MOYEN UNIQUE PRIS DU DÉFAUT DE BASE LÉGALE ET DE LA VIOLATION DES DISPOSITIONS DE L'ARTICLE 85 DU DÉCRET N° 2001-283

Considérant que sous ce moyen, les requérants sollicitent l'annulation des décisions implicites de rejet de leurs demandes d'inscription au tableau de l'ordre national des Experts Comptables et Comptables Agréés du Sénégal pour défaut de base légale ;

Considérant que les requérants soutiennent que les décisions attaquées encourent l'annulation en ce sens qu'ils ne sont pas frappés de forclusion ; et qu'ils ont rempli toutes les conditions légales prévues par l'article 85 alinéa 2 du décret 2001-283 du 12 avril 2001 portant règlement intérieur de l'ONECCA ainsi que celles fixées par les anciennes dispositions du décret n°83-339 du 1er avril 1983 portant application de la loi n°83-06 du 28 janvier 1983 instituant un Ordre national des Experts et Evaluateurs Agrées ;

Considérant que l'article 85 sus indiqué dispose que « *le temps de stage accompli sur la liste du stage de la section comptable de l'Ordre national des Experts et Evaluateurs Agréés du Sénégal à la date d'entrée en vigueur du présent règlement intérieur, est entièrement pris en compte à leur profit. Ils seront inscrits sur la liste des experts comptables stagiaires de l'ONECCA. Ils disposent d'un délai de 4 ans à compter de l'entrée en vigueur du présent règlement intérieur pour terminer leur formation, présenter leur mémoire de fin de stage et obtenir leur inscription au tableau conformément aux anciennes dispositions* » ;

Considérant en l'espèce que Hamidou GAYE et Meissa Serigne Thippy Ben Moussa LEYE ont respectivement produit des lettres en date des 08 août 2001 et 17 juillet 2002 ;

Considérant qu'il résulte de ces lettres que le conseil de l'ordre les informait qu'ils étaient inscrits au tableau en qualité d'experts comptables stagiaires pour compter du 20 février 2002 et 13 février 1998 ;

Considérant que par courrier du 28 avril 2005, le conseil de l'ordre leur a délivré, à chacun, une attestation de fin de stage, en leur précisant que leurs mémoires étaient transmis à la commission nationale du stage pour examen;

Considérant qu'au vu des attestations de stage les requérants ont rempli les conditions légales de capacité prévues par les dispositions de l'article premier du décret n°83-339 du 1er avril 1983 portant application de la loi n°83-06 du 28 janvier 1983 instituant un ordre des Experts et Evaluateurs agréés, modifié par le décret n°92-601 du 1er avril 1992 et celles de l'article 85 al 2 du règlement intérieur susvisé ;

Qu'il s'ensuit que les décisions attaquées sont entachées d'illégalité et encourent l'annulation ;

PAR CES MOTIFS,

Annule les décisions implicites de rejet des demandes d'inscriptions de Hamidou GAYE et Meissa Serigne Thippy Ben Moussa LEYE au tableau de l'Ordre national des Experts Comptables et Comptables Agrées de Sénégal, en qualité d'experts comptables.

Jurisp. : C.E arrêt n° 70 du 12 décembre 2007, Mamadou Aminata DIOP c/Ordre national des Experts Comptables et Comptables agrées du Sénégal (ONECCA)

Vu la requête reçue au Greffe du Conseil d'État le 10 mai 2007, par laquelle monsieur Mamadou Aminata DIOP, ayant pour conseil Maître Massokhna KANE, avocat à la Cour, sollicite l'annulation pour excès de pouvoir de la décision du Conseil de l'Ordre national des Experts Comptables et des Comptables agréés référencée JBF/2007/028 en date du 28 février 2007 portant rejet de sa demande d'inscription au tableau de l'Ordre ;

Sur le deuxième moyen, pris du défaut de base légale, sans qu'il soit besoin de statuer sur les autres moyens :

Considérant que sous ce moyen, le requérant soutient que la décision attaquée viole les dispositions de l'article 1er du décret n° 83-339 du 1er avril 1983 portant application de la loi n° 83-06 du 28 janvier 1983 instituant un Ordre des Experts et Evaluateurs agréés, modifié par le Décret n° 92-601 du 1er avril 1992 et celles de l'article 85 alinéa 2 du Règlement intérieur de l'Ordre national des Experts comptables et des Comptables agréés (ONECCA) ;

Il affirme à l'appui qu'il a :

- régulièrement effectué son stage ;

- fourni tous les documents qui lui avaient été demandés y compris son mémoire de fin de stage ;

- reçu son attestation de fin de stage de l'Ordre national des Experts comptables et des Comptables agréés, laquelle attestation précise que le requérant a été inscrit sur la liste des Experts comptables stagiaires du 23 avril 1987 au 29 décembre 2005 et a effectué en qualité d'Expert-comptable stagiaire, un stage réglementaire conforme aux conditions définies par les articles 58 à 67 du règlement intérieur de l'ONECCA ;

Considérant qu'il ressort en effet de l'attestation de fin de stage délivrée le 30 avril 2005 par le Président de l'Ordre national des Experts comptables et des Comptables agréés au sieur Mamadou Aminata DIOP « *que celui-ci a été inscrit sur la liste des Experts comptables stagiaires du 23 avril 1987 au 29 décembre 2005 et a effectué en qualité d'Expert-comptable stagiaire, un stage réglementaire conforme aux conditions définies par les articles 58 à 67 du règlement intérieur de l'ONECCA* » ;

Considérant que le Conseil de l'Ordre, après avoir fait cette appréciation positive à travers l'attestation précitée, ne saurait à bon droit refuser au requérant son inscription au Tableau ;

Qu'en effet, une réserve liée à l'acceptation « *du mémoire final de stage* » par cette commission ne saurait être valablement introduite d'autant que la réglementation - notamment les dispositions combinées des articles 60 et suivants du Décret n° 83-339 du 1er avril 1983 portant application de la loi n° 83-06 du 26 janvier 1983 instituant un Ordre des Experts et Evaluateurs agréés et 85 alinéa 2 du Décret n° 2001-283 du 12 avril 2001 portant approbation du règlement intérieur de l'Ordre national des Experts comptables et des Comptables agréés - n'attache aucune conséquence à l'appréciation faite dudit document ;

Que dès lors, la décision prise en méconnaissance des dispositions relatives aux conditions d'inscription au Tableau en qualité d'Expert-comptable se trouve entachée d'illégalité pour manque de base légale et encourt en conséquence l'annulation ;

PAR CES MOTIFS,

Annule la décision du Conseil de l'Ordre national des Experts comptables et des Comptables agréés du Sénégal en date du 28 février 2007, rejetant la demande d'inscription au Tableau du sieur Mamadou Aminata DIOP.

Jurisp.: CE arrêt n° 71 du 12 décembre 2007, Mamadou DIEYE c/ Ordre national des Experts Comptables et Comptables agrées du Sénégal (ONECCA)

Vu la requête reçue au Greffe du Conseil d'État le 18 mai 2007, par laquelle Monsieur Mamadou DIEYE, ayant pour conseils Maîtres Yaré FALL et Amadou Aly KANE, avocats à la Cour, sollicite l'annulation pour excès de pouvoir de la décision JBS/2007/027 du 28 février 2007 du Conseil de l'Ordre national des Experts comptables et des Comptables agréés du Sénégal portant rejet de sa demande d'inscription au tableau de l'Ordre ;

EN LA FORME :

Considérant que dans son mémoire en défense déposé le 31 juillet 2007, l'ONECCA plaide la déchéance du demandeur, motif pris de ce que la signification de la requête n'a pas été accompagnée d'une copie de la décision attaquée ;

Considérant que cette exception doit être rejetée comme mal fondée car, telle qu'elle a été faite, la signification a atteint son objectif qui consiste à permettre à la partie adverse d'assurer sa défense ;

Qu'il y a lieu, dès lors, de déclarer le recours recevable pour avoir été introduit dans les forme et délai légaux ;

AU FOND :

Sur le moyen unique, pris du défaut de base légale ainsi que de la violation des dispositions combinées de l'article premier du Décret n° 83-339 du 1er avril 1983 portant application de la loi n° 83-06 du 28 janvier 1983 instituant un Ordre des Experts et Evaluateurs agréés, modifié par le Décret n° 92-601 du 1er avril 1992 et de l'article 85 du règlement intérieur de l'ONECCA, approuvé par Décret n° 2001-283 du 12 avril 2001

Considérant que le requérant soutient que le refus de son inscription au motif que son mémoire de fin de stage n'avait pas été accepté, est illégal;

Qu'il fait observer que si l'article 85 du règlement intérieur de l'ONECCA soumet le stagiaire à l'obligation de présenter un mémoire de fin de stage, il ne subordonne pas l'inscription au tableau à l'acceptation ou la validation dudit mémoire ;

Qu'il en conclut que l'ONECCA, en faisant dépendre l'inscription au tableau de l'Ordre, de l'acceptation préalable du mémoire, exige une condition qui n'est pas prévue par la loi et entache ainsi sa décision d'illégalité;

Considérant qu'il ressort de l'attestation de fin de stage délivrée le 30 décembre 2005 par le Président de l'Ordre national des Experts comptables et des Comptables agréés au sieur Mamadou DIEYE « que celui-ci a été inscrit sur la liste des Experts comptables stagiaires du 19 novembre 1987 au 29 décembre 2005 et a effectué en qualité d'Expert-comptable stagiaire un stage réglementaire conforme aux conditions définies par les articles 58 à 67 du règlement intérieur de l'ONECCA » ;

Considérant que le Conseil de l'Ordre, après cette appréciation positive à travers l'attestation précitée, ne saurait à bon droit refuser au requérant son inscription au Tableau ;

Qu'en effet, une réserve liée à l'acceptation « *du mémoire final de stage*» ne saurait être valablement introduite d'autant que la réglementation notamment les dispositions combinées des articles 60 et suivants du Décret n° 83-339 du 1er avril 1983 portant application de la loi n° 83-06 du 26 janvier 1983 instituant un Ordre des Experts et Evaluateurs agrées et 85 alinéa 2 du Décret n° 2001-283 du 12 avril 2001 portant approbation du règlement intérieur de l'Ordre national des Experts comptables et des Comptables agréés n'attache aucune conséquence à l'appréciation faite dudit document

Que dès lors, la décision prise en méconnaissance des dispositions relatives aux conditions d'inscription au Tableau en qualité d'Expert-comptable se trouve entachée d'illégalité pour manque de base légale et encourt, en conséquence l'annulation ;

PAR CES MOTIFS,

Rejette comme non fondée, l'exception soulevée par l'ONECCA ;

Déclare le recours recevable ;

Annule la décision du Conseil de l'Ordre national des Experts comptables et des Comptables agréés du Sénégal en date du 28 février 2007, rejetant la demande d'inscription au Tableau du sieur Mamadou DIEYE.

<u>Jurisp.</u>: CE arrêt n°02 du 31 janvier 2008, Maguèye NIANG c/ Ordre national des Experts Comptables et Comptables agrées du Sénégal (ONECCA)

Vu la requête reçue au Greffe du Conseil d'État le 29 mai 2007, par laq Maître Saér LO THIAM, avocat à la Cour, agissant au nom et pour le com du nommé Maguèye NIANG sollicite l'annulation pour excès de pouvoir de décision n° JBF/2007/072 rendue le 28 février 2007 par l'Ordre national des Experts comptables et Comptables agrées du Sénégal, portant rejet de la demande d'inscription au Tableau des Experts comptables ;

Sur le premier moyen tiré du défaut de base légale et de la violation de la loi, sans qu'il soit besoin de statuer sur second moyen :

Considérant que sous ce moyen, le requérant soutient que la décision attaquée viole les articles 1er, 34, 36, 61, 62 et 63 du Décret n°83-339 du 1er avril 1983 portant application de la loi n°83-06 du 28 janvier 1983 relatif à la création de l'Ordre des Experts et Evaluateurs agréés et les articles 68 et 85 alinéa 2 du Règlement intérieur de l'Ordre national des Experts comptables et des Comptables agréés du Sénégal approuvée par le Décret n°2001-283 du 12 avril 2001 ;

Qu'il affirme à l'appui qu'il a :

- régulièrement effectué son stage d'Expertise comptable qui a été validé par la Commission de Contrôle du Stage en sa séance du 17 mars 2005 au vu des six (6) rapports trimestriels jugés recevables;
- fourni tous les documents qui lui avaient été demandés y compris son mémoire de fin de stage ;
- reçu une attestation du Président de l'Ordre en date du 28 avril 2005 dans laquelle celui-ci affirme qu'après réexamen du dossier du requérant, la Commission de Contrôle du stage a émis un avis favorable à la délivrance de l'attestation de fin de stage et transmis son mémoire à la Commission nationale du Tableau ;

Considérant que la réglementation, notamment les dispositions combinées des articles 60 et suivants du Décret n°83-339 du 1er avril 1983 portant application de la loi n°83-06 du 28 janvier 1983 instituant un Ordre des Experts et Evaluateurs agrées et 85 alinéa 2 du Décret n°2001-283 du 12 avril 2001 portant approbation du règlement intérieur de l'Ordre national des Experts comptables et des Comptables agréés-n'attache aucune conséquence à l'appréciation faite du mémoire de fin de stage ;

Qu'une réserve liée à l'acceptation dudit document par le Conseil de l'Ordre ne saurait être valablement introduite d'autant que la réglementation notamment l'article 85 du Décret n°2001-283 du 12 avril 2001 pose une simple condition de dépôt de mémoire et non une condition de validité dudit mémoire ;

Que dès lors, la décision prise en méconnaissance des dispositions relatives aux conditions d'inscription au Tableau en qualité d'Expert-comptable se trouve entachée d'illégalité pour manque de base légale et encourt en conséquence l'annulation ;

PAR CES MOTIFS,

Annule la décision n° JBF/2007/072 du Conseil de l'Ordre national des Experts comptables et des Comptables agréés du Sénégal en date du 28 février 2007, rejetant la demande d'inscription du sieur Maguèye NIANG au Tableau de l'Ordre.

Jurisp.: CE arrêt n°25 du 22 avril 2008, Ordre des Pharmaciens du Sénégal c/ État du Sénégal

Vu la requête enregistrée au Greffe du Conseil d'État le 07 juillet 2006, par laquelle l'Ordre des Pharmaciens du Sénégal, ayant pour conseil Maître papa Oumar NDIAYE, avocat à la Cour, sollicite l'annulation, pour excès de pouvoir, de l'arrêté n° 002389 du 13 avril 2006, du Ministre de la Santé et de la Prévention médicale, autorisant Madame Diarra SECK

DANKOKO, Docteur en Pharmacie, à transférer aux Parcelles assainies, n° 217, Unité 13, région de Dakar, son officine de pharmacie sise à Orkadiéré, région de Matam, et ouverte suivant arrêté n° 006646 du 11 octobre 2002 ;

AU FOND

Sur le moyen unique tiré de la violation de l'article L 570 de la loi n° 94-43 du 18 janvier 1994 portant création et transfert d'officine de pharmacie

Considérant que l'Ordre des Pharmaciens du Sénégal fait grief à l'arrêté ministériel attaqué d'avoir violé ;

d'une part, l'alinéa 2 de l'article visé au moyen en ce qu'il a autorisé le transfert de l'officine en cause d'une région à une autre alors qu'aux termes dudit alinéa, le transfert d'une officine de pharmacie ne peut être demandé que pour le territoire d'une même Commune, pour celui d'une Commune limitrophe ou d'une même Communauté urbaine ;

d'autre part, l'alinéa 5 du même article en ce que le transfert d'une pharmacie d'une région démunie et peuplée comme Matam compromet indiscutablement l'approvisionnement normal en médicaments et ne répond pas à un besoin réel du quartier d'accueil dont il vient, au contraire, augmenter la densité pharmaceutique alors qu'aux termes de l'alinéa susvisé, le transfert est subordonné à la double condition qu'il ne compromette pas l'approvisionnement normal en médicaments de la population du quartier d'origine et qu'il réponde à un besoin réel de la population résidant dans le quartier d'accueil ;

Considérant qu'il y a lieu, d'abord, de préciser que les dispositions du Code de la Santé publique qui sont applicables au Sénégal, en vertu de la loi n° 54-418 du 15 avril 1954 étendant aux territoires d'Outre-Mer, au Togo et au Cameroun certaines dispositions de ce Code relatives à l'exercice de la pharmacie, sont celles qui étaient en vigueur au moment de l'accession du Sénégal à la souveraineté nationale ;

Qu'ainsi, la loi n° 94-43 du 18 janvier 1994 relative à la Santé publique et à la protection sociale, adoptée postérieurement par le législateur français constitue une loi étrangère inapte à régir les faits de la cause ;

Considérant qu'il résulte des dispositions de l'article L.570 alinéa 2 du Code de la Santé publique, tel qu'appliqué au Sénégal, que le transfert d'une officine de pharmacie ne peut être demandé que pour le territoire d'une même Commune, pour celui d'une Commune limitrophe ou d'une même Communauté urbaine ;

Considérant dès lors, sans qu'il soit besoin de statuer outre mesure, que l'arrêté attaqué, qui autorise le transfert de l'officine de pharmacie en cause d'une région à une autre, viole la loi et encourt l'annulation ;

PAR CES MOTIFS,

Annule l'arrêté n° 002389 du 13 avril 2006, du Ministre de la Santé et de la Prévention médicale, autorisant Madame Diarra SECK DANKOKO, Docteur en Pharmacie, à transférer aux Parcelles assainies, n° 217, Unité 13, région de Dakar, son officine de pharmacie sise à Orkadiéré, région de Matam.

Chapitre XI

LES DÉCISIONS DE LICENCIEMENT DES DÉLÉGUÉS DU PERSONNEL

Claude ONESTA ; « *Déléguer, ce n'est pas perdre son autorité, c'est libérer les énergies*»

L'entreprise est une entité économique mais aussi sociale car constituée d'hommes et de femmes qui ont des besoins, des aspirations, des droits et des obligations. Pour assurer la représentation des salariés dans l'entreprise, le législateur français a mis en place, en 1937 l'institution des Délégués du Personnel.

Au Sénégal, les textes de référence concernant les Délégués du Personnel sont :

- le Code du Travail (articles L.211 à L.219) ;
- le Décret n° 67-1360 du 9 décembre 1967 et le Décret n° 83-680 du 29 juin 1983 abrogeant et remplaçant l'article 10 du Décret n° 67-1360 du 9 décembre 1967 ;
- la Convention collective nationale interprofessionnelle du 27 mai 1982, modifiée par la CCNI du 30 décembre 2019.

Les délégués du personnel représentent uniquement les travailleurs visés à l'article premier du Code du travail à l'exception de toutes autres personnes collaborant à la marche de l'établissement et, en particulier, des personnes occupant un emploi permanent dans un cadre d'une Administration publique.

L'élection des délégués du personnel est obligatoire dans les entreprises comprenant au moins 11 salariés et a lieu tous les deux ans. Le nombre des délégués du personnel est déterminé en fonction du nombre de salariés. Toutefois, ils sont au minimum un délégué titulaire et un délégué suppléant dans les entreprises éligibles.

Ce seuil est apprécié sur une période de douze (12) mois consécutifs ou non au cours des trois dernières années précédentes.

Cependant, par voie conventionnelle, rien n'empêche l'employeur de mettre en place une telle institution alors même que ce seuil ne serait pas atteint.

L'employeur est tenu d'organiser les élections de DP, qu'il le veuille ou non, que les salariés le souhaitent ou pas.

L'employeur peut être invité à tout moment par un salarié ou un syndicat de la branche d'activité à organiser des élections de DP; dans ce cas, il est tenu d'engager la procédure légale de convocation des élections du DP.

La mission principale du délégué du personnel au sein de l'entreprise est de transmettre auprès de la direction les requêtes multiples et variées qu'il a reçu des salariés. Ces requêtes peuvent traiter de différents aspects relatifs aux conditions de travail et à la vie au sein de l'entreprise :

- le respect du Code du travail ;
- les règles de la protection sociale ;
- l'hygiène et la sécurité au sein de l'entreprise ;
- le respect des conventions et des accords collectifs de l'entreprise.

Le délégué du personnel a également pour fonction de saisir l'inspecteur du travail, si cela lui semble nécessaire, dans le but de faire valoir les règlements ou les réclamations des salariés.

Il travaille également en collaboration avec l'inspecteur du travail lorsque celui-ci se déplace au sein de l'entreprise.

Le délégué, en l'absence de comité d'entreprise, peut avoir des missions en plus de celles qui lui sont traditionnellement attribuées :

- détermination des congés payés ;
- consultation lors d'un accident du travail ;
- présence lors de la prise de décision de licenciements pour raison économique.

En parallèle à ses trois missions principales qui incombent directement au délégué du personnel, il peut également être sollicité pour être délégué syndical ou encore organiser la vie sociale et culturelle au sein de l'entreprise, ou enfin, le cas échéant, représenter les salariés au sein du comité d'entreprise lorsqu'il en existe un.

Pour mener à bien les tâches qui lui incombe au sein de l'entreprise, le délégué du personnel dispose d'un temps imparti en fonction du nombre de salariés :

- 10 heures / mois dans les entreprises de moins de 50 salariés ;
- 15 heures / mois dans les entreprises de 50 salariés et plus.

L'employeur doit mettre à disposition du ou des délégués du personnel un espace, dans les locaux de l'entreprise, dédié à leurs activités.

Le délégué du personnel a également un droit de communication au sein de l'entreprise sur les échanges qu'il a avec la direction et sur le rendu de son travail, par le biais de panneaux d'affichage mis à sa disposition.

Durant les heures de délégation le délégué du personnel a le droit de circuler librement dans l'entreprise. Il peut également se rendre sur le poste de travail d'un autre salarié afin d'échanger avec celui-ci, sans toutefois perturber le bon fonctionnement de l'entreprise.

Le ou les délégués du personnel doivent être reçus au moins une fois par mois par l'employeur. Aussi, ils peuvent demander à être reçus en urgence si cela est motivé par leur mission (plainte d'un salarié, dégradation soudaine des conditions de l'entreprise, etc.). La teneur de ses réunions doit être diffusée aux salariés par le biais d'un registre librement accessible.

Ainsi, on peut dire que le délégué du personnel a un rôle central au sein de l'entreprise puisqu'il est le représentant élu des salariés auprès de la direction. L'employeur doit lui permettre de mener à bien ses fonctions. À la différence du délégué syndical, il n'a pas de droit de revendication. Toutefois, il peut avoir une influence notoire sur les salariés.

Dans l'accomplissement de sa mission, le DP est exposé et peut faire l'objet de mesures de représailles pouvant aller jusqu'à la rupture de son contrat de travail qui constitue le support juridique de ses fonctions. C'est pourquoi, le législateur a imposé le principe d'une autorisation obligatoire et préalable de licenciement que l'employeur doit demander et obtenir de l'Inspecteur du Travail.

Cette protection concerne les DP en fonction (titulaires comme suppléants, les candidats aux fonctions de DP entre la date de remise des listes à l'employeur et celle du scrutin et les DP dont le mandat a expiré (entre la fin du mandat et trois mois après l'expiration).

Certaines conventions collectives prévoient, toutefois que le DP ne peut être muté contre son gré, pendant la durée du mandat, sauf appréciation de l'Inspecteur du Travail du ressort.

Le délégué du personnel est le représentant élu des salariés auprès de la direction. Il a une mission de représentation et de consultation au sein de l'entreprise. Néanmoins, même s'il dispose d'un temps imparti à ses activités de représentation, il est un salarié comme les autres au sein de l'entreprise.

La demande de licenciement d'un DP doit être faite par écrit à l'Inspection du Travail du ressort qui doit rendre sa décision dans les 15 jours (30 jours si expertise est sollicitée par l'inspecteur) suivant le dépôt de la demande.

Le défaut de réponse dans le délai vaut autorisation implicite de licenciement.

L'Inspecteur du Travail est tenu de motiver sa décision d'autorisation ou de refus du fait de son caractère définitif.

L'employeur est tenu de notifier au DP dont il envisage le licenciement son intention de demander l'autorisation de licenciement.

Tout licenciement d'un DP opéré sans autorisation ou en dépit du refus de l'Inspecteur du Travail est nul ; en conséquence le DP doit être réintégré dans son emploi et dans sa qualité de représentant du personnel et tous les salaires doivent lui être payés allant de la date du départ de l'entreprise jusqu'à sa réintégration.

À défaut de sa réintégration, dans les 15 jours suivant la notification de la décision de refus de licenciement de l'Inspecteur ou de la décision du Ministre infirmant l'autorisation, donnée ou de la mise en demeure faite par L'Inspecteur de réintégrer le DP lorsque l'employeur n'a pas fait la demande; ce dernier est tenu de verser une indemnité supplémentaire variable l'ancienneté du DP : de 1 à 5 ans (12 mois), de 5 à 10 ans (20 mois) et au-delà de 10 ans (2 mois par année d'ancienneté avec un maximum de 36 mois).

En cas de faute lourde du DP, justifiant en principe le licenciement immédiat de l'intéressé, l'employeur peut prononcer immédiatement la sanction disciplinaire de la mise à pied, en attendant la décision définitive de l'Inspecteur.

La décision de l'Inspecteur, accordant ou refusant l'autorisation de licenciement, n'est susceptible d'aucun recours autre que le recours hiérarchique devant le Ministre du Travail.

Les parties disposent d'un délai de quinze (15) jours, à compter de la notification de la décision de l'Inspecteur pour déférer celle-ci devant le Ministre qui dispose d'un délai de 30 jours pour statuer sur le recours hiérarchique et confirmer ou infirmer la décision de l'Inspecteur.

La décision du Ministre est susceptible de recours juridictionnel en excès de pouvoir devant la Cour suprême qui ne peut que rejeter le recours ou annuler la décision administrative qui lui est soumise.

Jurisp. : CE, arrêt n° 0023, Du 28-07-1999, Moussa KANE c/ État du Sénégal

LE CONSEIL D'ÉTAT,

SUR LE MOYEN TIRE DE LA VIOLATION DE L'ARTICLE L 214 DU CODE DU TRAVAIL

Considérant que le requérant soutient que la décision du Ministre du Travail et de l'Emploi encourt l'annulation pour violation des paragraphes 1, 2 et 3 de l'article L 214 du Code du Travail précité, aux termes duquel

« *l'employeur est tenu d'informer les délégués du personnel et notamment celui ou ceux dont il envisage le licenciement, de la date du dépôt de la demande d'autorisation de licenciement* » ;

Considérant que pour infirmer la décision de l'Inspecteur du Travail, le Ministre du Travail et de l'Emploi se borne à déclarer que, les insuffisances invoquées, relatives à la procédure ne sont pas établies ; et que les faits reprochés sont établis parce que avoués par le requérant ;

Mais Considérant qu'il ne résulte pas des pièces de la procédure que la formalité prévue à l'article L 214 susvisé, édictée dans le but de renforcer la garantie accordée aux délégués du personnel a été accomplie ;

Qu'AINSI, en infirmant la décision de l'Inspecteur du Travail, le Ministère a violé les dispositions de l'article L.214 alinéas 1,2 et 3 du Code du travail ;

PAR CES MOTIFS

Annule la décision n° 0084 en date du 15 janvier 1999 prise par le Ministre du Travail et de l'Emploi.

Jurisp : CE 29 Juillet 1998, Société Générale de Banques au Sénégal c/ Ministère du Travail

Considérant qu'il ressort des procès - verbaux d'Huissiers de Justice datés du 19 novembre 1997 et versés au dossier par les deux parties, que la dame Thiaba Sarr MBAYE s'est adressée au Directeur Général venu s'enquérir des motifs de la présence aux heures de travail dans les services administratifs, de personnes étrangères à la Banque, en ces termes : « *Je reçois qui que je veux dans mon bureau ; ici, c'est mon bureau. Je vous ai demandé de ne plus y entrer. Je leur ai demandé de venir recueillir nos déclarations ; elles partiront d'ici quand elles auront terminé* » ;

Considérant qu'en tenant de tels propos, la dame MBAYE a manqué de respect à son employeur et outrepassé l'exercice normal de son mandat de Délégué du personnel ;

Considérant qu'en justifiant ce comportement fautif par le contexte d'hostilité et de rancœur, le Ministre du Travail et de l'Emploi a commis une erreur manifeste d'appréciation ;

Qu'IL s'ensuit que la décision attaquée encourt annulation ;

PAR CES MOTIFS,

Annule la décision N° 00176/MTE/DTSS en date du 02 février 1998 qui confirme la décision N° 3179/IRTSS/DK du 17 décembre 1997 portant refus d'autorisation de licenciement de Madame Thiaba Sarr MBAYE, Déléguée du personnel.

Jurisp. : CS arrêt n°16 du 27 mars 2014, Société Matforce SA c/ État du Sénégal et Moussa FALL

Considérant que l'inventaire annuel dans une entreprise est un acte de gestion courante qui relève des pouvoirs du Chef d'entreprise à l'instar des actes de direction, d'organisation et d'utilisation du personnel ;

Considérant qu'en l'espèce, la participation de Moussa Fall à l'inventaire de l'entreprise pour une tâche d'opération de saisie au niveau du magasin et pour une courte période ne pouvait être considérée comme une modification substantielle de son contrat de travail telle que l'a retenue l'autorité administrative ;

Qu'ainsi, le refus de FALL de participer aux opérations d'inventaire étant un acte d'insubordination caractérisée constitutif d'une faute grave rendant impossible le maintien du lien contractuel, c'est à tort que l'autorité administrative a refusé d'autoriser son licenciement ;

Qu'il s'ensuit que sa décision encourt l'annulation ;

PAR CES MOTIFS,

Annule la décision n°02446 du 27 mai 2013 du Ministre chargé du travail confirmant la décision n°280 du 18 janvier 2013 de l'Inspecteur régional du travail et de la sécurité sociale de Dakar, refusant l'autorisation de licenciement de Moussa Fall.

Jurisp.: CS arrêt n°38 du 23 avril 2015, Agence de Sécurité du Sine Saloum (ASSAL) c/ État du Sénégal)

Considérant qu'il résulte des dispositions de l'article L115 du Code du travail que l'employeur doit payer régulièrement les salaires à date échue ;

Considérant qu'en l'espèce, il est établi que l'ASSAL accusait des retards et des non paiements de salaires récurrents que ne saurait justifier le redressement judiciaire dont elle faisait l'objet ;

Qu'ainsi, le Ministre, en relevant que le refus de travailler et les conséquences qui s'en sont suivies, constituent une réaction face à ces retards et non paiements de salaires commis par l'employeur en violation de l'article L.115 du Code du travail, a retenu à bon droit que ces faits reprochés aux délégués sont insuffisants pour justifier que leur licenciement soit autorisé ;

PAR CES MOTIFS,

Rejette le recours de l'Agence de Sécurité du Sine-saloum dite ASSAL introduit contre la décision du Ministre de la Fonction publique et du Travail du 6 mai 2013 confirmant celle de l'Inspecteur du travail et de la sécurité sociale de Ziguinchor du 28 décembre 2012 refusant l'autorisation de licenciement des délégués du personnel Aliou DANFA et quatre autres.

Jurisp.: Cour suprême arrêt n°10 du 05/05/09, Salif DIAGNE c/ État du Sénégal)

Considérant qu'il appert du dossier que Salif DIAGNE et Abdoulaye NDIAYE, employés à Suneor Oil, ont eu une altercation sur leur lieu de Travail ;

Considérant que la rixe entre deux travailleurs constitue une faute en ce qu'elle traduit non seulement une violation du contrat de travail dans sa composante, lien de subordination, mais également elle porte atteinte aux fondements de la discipline et de l'ordre dans l'entreprise ;

Considérant cependant qu'en l'espèce, il est constant que Salif DIAGNE, sollicité par son collègue pour des travaux, y a donné suite partiellement en lui demandant d'attendre le retour des autres équipes ;

Que NDIAYE est venu le relancer à trois reprises dans son bureau en lui tenant des propos désobligeants qui ont abouti à la rixe ;

Considérant que l'attitude d'Abdoulaye NDIAYE doit être analysée comme une provocation de nature à atténuer la faute commise par DIAGNE;

Considérant que l'autorité administrative en statuant comme elle l'a fait, sans tenir compte des circonstances de l'espèce, et sans analyser le degré de gravité de la faute, a commis une erreur manifeste d'appréciation ;

PAR CES MOTIFS,

Annule la décision du 13 mai 2008 du Ministre de la Fonction publique, du Travail, de l'Emploi et des Organisations Professionnelles ayant autorisé le licenciement de Salif DIAGNE.

Jurisp.: Cour suprême arrêt n°56 du 13/9/12, Omar Cissokho c/ État du Sénégal

Vu la requête enregistrée au Greffe central de la Cour suprême 30 septembre 2011, par laquelle Omar CISSOKHO, élisant domicile en l'étude Maître Sidy Kanouté, avocat à la cour, sollicite l'annulation de la décision confirmative n°000004/MTOP/DGTSS/DRTOP du 28 février 2011 du Ministre d'État, Ministre du Travail et des Organisations Professionnelles, la lettre de licenciement n° RLW/NFD/2950 B du 15 octobre 2010 et la lettre de mise à pied n° YRB/NFD, n° 2801 B du 11 août 2010, qui lui été servies par son employeur la Biscuiterie Wehbé ;

Sur la recevabilité du recours :

Considérant qu'il résulte des dispositions des articles 73 et 73-1 alinéa 2 de la loi organique sur la Cour suprême que le recours pour excès de pouvoir n'est recevable que contre une décision d'une autorité administrative et que le délai du recours pour excès de pouvoir qui est de deux mois, court de la date de la publication de la décision attaquée à moins qu'elle ne doive être notifiée auquel cas le délai court à compter de la date de notification ;

Considérant que, d'une part, le recours dirigé contre les lettres de mise à pied et de licenciement, n'émanant pas d'une autorité administrative, est irrecevable, d'autre part, le recours dirigé contre la décision attaquée, n'ayant pas été notifiée au requérant, est recevable ;

Sur le deuxième moyen, en sa seconde branche, et sur le quatrième moyen réunis, tirés de l'erreur manifeste d'appréciation, sans qu'il soit besoin de statuer sur les autres moyens :

Considérant que, par ces deux moyens, il est reproché à la décision attaquée un détournement de procédure pour avoir utilisé un différend collectif de travail né d'une erreur d'appréciation relative à l'exécution du contingent annuel d'heures supplémentaires, fondée sur deux versions de l'article 11 du décret n°2006-1262 du 15 novembre 2006, fixant le régime général des dérogations à la durée légale du travail, une absence de qualification de la faute retenue et un non-respect des droits de la défense ;

Considérant qu'il n'est pas discuté qu'il est reproché au requérant sa participation à une grève qui a pour origine une divergence sur l'application des dispositions de l'article 11 du décret n°2006-1262 du 15 novembre 2006, fixant le régime général des dérogations à la durée légale du travail;

Considérant, toutefois, que c'est dans le cadre de sa mission de défense de l'intérêt collectif des travailleurs que le délégué du personnel, a invoqué une absence de dialogue et de concertation pour justifier son attitude ;

Considérant qu'il n'est, nulle part, établi que cette posture excédait son mandat de délégué du personnel et a eu une répercussion négative sur la marche de l'entreprise ;

Considérant que la décision ne fait état des arguments présentés par le requérant, n'est pas motivé, procède par affirmation et révèle un non-respect des droits de la défense ;

Considérant que l'autorité administrative, dans ces circonstances, en retenant la faute sans en déterminer le degré de gravité pouvant justifier le licenciement de délégué du personnel, a commis une erreur manifeste d'appréciation ;

PAR CES MOTIFS,

Déclare irrecevable le recours dirigé contre la lettre de licenciement n° RLW/NFD/2950 B du 15 octobre 2010 et la lettre de mise à pied n° YRB/NFD, n° 2801 B du 11 août 2010 ;

Déclare recevable le recours de Omar Cissokho;

Annule la décision confirmative n°000004/MTOP/DGTSS/DRTOP du 28 février 2011 du Ministre d'État, Ministre du Travail et des Organisations Professionnelles.

CHAPITRE XII

LES DÉCISIONS DES PERSONNES PRIVÉES, INVESTIES D'UNE MISSION DE SERVICE PUBLIC (LES FÉDÉRATIONS SPORTIVES)

Léon DIGUIT, « *L'État n'est pas comme on a voulu le faire croire et comme on a cru quelque temps qu'il était, une puissance qui commande, une souveraineté. Il est une coopération de services publics organisés et contrôlés par des gouvernants.* »

Une personne publique peut confier par un contrat à une entreprise privée une mission de service public. Par exemple, la commune est chargée d'assurer la distribution de l'eau aux habitants de la commune. Elle peut confier cette distribution à une entreprise privée (par une délégation de service public, par exemple une concession de service public qui est le contrat par lequel une personne publique (le concédant) confie à une personne le plus souvent privée (le concessionnaire), la construction des ouvrages nécessaires à un service public et l'exploitation de celui-ci à charge pour le concessionnaire de se rémunérer sur les usagers qui utilisent le service public). Cela est admis depuis longtemps.

Mais, dès les années 30, le juge administratif a admis qu'une personne privée pouvait être chargée d'une mission de service public par un acte unilatéral : une loi, un décret ou plus généralement un acte réglementaire.

L'évolution dominante du droit administratif ébauchée dans l'entre-deux-guerres et pleinement affirmée après la Seconde Guerre mondiale, a été l'affirmation qu'une personne morale de droit privé pouvait être l'auteur d'actes administratifs unilatéraux, dès lors que cette personne morale de droit privé exerçait une mission de service public. Il s'agit là d'une autre manifestation de la crise du service public : à partir des années 30, le juge administratif admet que le service public ne soit pas nécessairement pris en charge par des personnes publiques.

Seul le législateur peut confier une mission de service public à une personne privée.

La jurisprudence avait en effet posé trois critères pour identifier un organisme privé chargé d'une mission de service public : l'exercice d'une mission d'intérêt général, le contrôle par une personne publique et la détention de prérogatives de puissance publique.

Une personne privée qui assure une mission sociale d'intérêt général sous le contrôle de l'Administration est chargée d'une mission de service public, même en l'absence de prérogatives de puissance publique. Ce qui fait que dans certains cas, ces personnes privées disposent d'un pouvoir réglementaire. Par exemple, certaines fédérations sportives ont ainsi la possibilité d'édicter les règles relatives au sport en question.

Jurisp.: **C.E 27 Avril 1994, A.S.C Dial DIOP Municipalité Club c/ État du Sénégal**

Sur la compétence du Conseil d'État statuant en matière d'excès de pouvoir

Considérant que devant le silence de la loi et des règlements généraux régissant la matière, il y a lieu pour apprécier la compétence du Conseil d'État statuant en matière d'excès de pouvoir, de se référer aux règles de la délégation de pouvoir, ou de compétence.

Considérant que le décret N°60- 299 du 1er Septembre 1960 dont l'article est repris par la loi n°85- 59 du 22 Mai 1985, prévoit que les organismes publics ou privés peuvent recevoir délégation de pouvoir pour animer, gérer ou promouvoir à l'échelon national une ou plusieurs disciplines sportives ;

Que la délégation ainsi prévue est concrétisée par arrêté du Ministre de la Jeunesse et des Sports N°12527 en date du 31 Août 1966.

Considérant que l'autorité administrative n'a pu déléguer que la compétence dont elle est investie et qu'il en résulte que les actes accomplis par les organismes délégataires dans les limites de la délégation sont formellement des actes administratifs et par suite, susceptibles de recours pour excès de pouvoir ;

Qu'il s'ensuit que le Conseil d'État est compétent en vertu de l'article 12 de la loi organique sur le Conseil d'État.

Au Fond

Sur le moyen d'office tiré de l'inexistence juridique de l'acte attaqué sans qu'il soit besoin d'examiner les moyens de la requête

Considérant que la décision attaquée ne porte ni les noms, ni les signatures des membres du Comité Directeur général qui ont participé à son élaboration ;

Que la gravité du vice dont elle est ainsi entaché est telle qu'elle doit être considérée comme dépourvue d'existence juridique ;

Qu'il échet, en conséquence de la déclarer nulle et non avenue ; en disqualifiant le recours pour excés de pouvoir en déclaration de nulllité.

PAR CES MOTIFS,

Se déclare compétent pour statuer sur le recours, le disquallifie en déclaration de nullité ;

Déclare nulle et non avenue la décision rendue le 05 septembre 1993 par le Comité Directeur de la Fédération sénegalaise de Football

Ordonne la restitution de l'amende consignée

Chapitre XIII
LES DÉCISIONS RENDUES PAR LE COMITÉ DE RÈGLEMENT DES DIFFÉRENDS DE L'ARMP (DEVENUE ARCOP)

Un Comité de Règlement des Différends est établi auprès de l'autorité chargée des marchés publics. Ce Comité siège, en fonction des faits dont il est saisi, soit sous la forme d'une Commission Litiges, soit en formation disciplinaire.

Le Comité de Règlement des Différends est chargé de :

- recevoir les dénonciations des irrégularités constatées par les parties intéressées ou celles connues de toute autre personne avant, pendant et après la passation ou l'exécution des marchés publics et délégations de service public ; si ces faits caractérisent des violations de la réglementation relative à la passation des marchés publics, le Président du Comité saisit, soit la Commission Litiges, soit le Comité en formation disciplinaire, selon le cas ; si ces faits caractérisent des violations de la réglementation relative à l'exécution des marchés publics, il saisit le Comité en formation disciplinaire; s'ils constituent une infraction pénale, il saisit les juridictions compétentes ;
- recevoir et enregistrer les recours exercés par les candidats et soumissionnaires aux marchés publics et délégations de service public relatifs à la procédure de passation des marchés publics et délégations de service public, ainsi qu'à leur exécution.

La Commission litiges est saisie des recours relatifs à la procédure de passation, mentionnés au deuxième alinéa de l'article 20 du présent décret, dans le délai prévu par les dispositions du Code des Marchés publics et ayant pour objet de contester :

- les décisions d'attribuer ou de ne pas attribuer le marché ou la convention de délégation ;

- les conditions de publication des avis ;

- les règles relatives à la participation des candidats et aux capacités et garanties exigées ;

- le mode de passation et la procédure de sélection retenus ;

- la conformité des documents d'appels d'offres à la réglementation;

- les spécifications techniques retenues ;

- les critères d'évaluation.

La Commission a pour mission :

- de tenter de concilier les parties concernées et de statuer sur les irrégularités et violations des réglementations communautaires et nationales qu'elle constate; d'ordonner toute mesure conservatoire, corrective, ou suspensive de l'exécution de la procédure de passation, l'attribution définitive du marché étant suspendue jusqu'au prononcé de la décision de la Commission ;

- de rendre des avis dans le cadre de la procédure de règlement amiable des litiges relatifs à l'exécution des marchés publics et délégations de service public.

Les décisions de la Commission sont exécutoires et ont force contraignante sur les parties; elles sont définitives, sauf en cas de recours devant une juridiction administrative ou judiciaire, ce recours n'ayant pas d'effet suspensif ; le Président du Conseil de Régulation peut également saisir la Commission à l'effet de statuer sur toute irrégularité de procédure dont l'ARMP aurait été saisie.

NB : L'Autorité de Régulation des Marchés publics (ARMP) a été dissoute et une nouvelle entité administrative indépendante, dénommée Autorité de Régulation de la Commande publique (ARCOP) a été créée.

L'ARCOP dont les missions et les pouvoirs sont fixés par décret, bénéficie de la personnalité morale et de l'autonomie administrative et financière. Elle est compétente dans le traitement du contentieux né de la préparation, de l'attribution et de l'exécution des marchés publics et des contrats de partenariat public-privé. L'ARCOP mène aussi des missions d'audit et d'enquête dans le cadre de la Commande publique. (Article 30 de la loi n° 2022-07 du 19 avril 2022 modifiant la loi n° 65-51 du 19 juillet 1965 portant Code des Obligations de l'Administration, modifiée)

Jurisp.: Cour suprême arrêt n °21du 30 juin 2009, La Société DONI- SARL c/G.I.E DEGGO LIGUEYE et le Comité de Règlement des Différends de l'A.R.M.P

Vu la requête reçue au Greffe de la Cour Suprême le 21 octobre 2008, par laquelle la Société DONI SARL, ayant pour Conseil Maître Guédel NDIAYE et Associés, sollicite l'annulation de la décision n°021/ARMP/CRMP/CRD du 13 août 2008 du Comité de Règlement des Différends de l'Autorité de Régulation des Marchés publics portant annulation du marché relatif à l'exploitation et à la gestion de la gare routière de Colobane ;

Considérant qu'en vertu des dispositions de l'article 38 de la Loi organique n°2008-35 du 08 août 2008 sur la Cour Suprême, le demandeur est tenu, sous peine de déchéance, de signifier sa requête accompagnée de la copie de la décision administrative attaquée à la partie adverse par exploit d'huissier dans le délai de deux mois suivant la saisine de la Cour;

Considérant qu'il résulte de l'examen des pièces du dossier que la Société DONI SARL n'a pas signifié sa requête à l'Autorité de Régulation des Marchés Publics (A.R.M.P.), partie adverse, dans les délai et forme prévus par la loi, mais plutôt au GIE DEGGO LIGUEYE ;

Qu'il échet de la déclarer déchue de son recours ;

PAR CES MOTIFS,

Déclare la Société DONI SARL déchue de son recours.

Jurisp. : Cour suprême arrêt n °47du 10/12/09 Société SEN TECHNOLOGY S.A.R.L. c/ Comité de Règlement des Différends de l'A.R.M.P.

Vu la requête reçue au greffe de la Cour suprême le 03 avril 2009, par laquelle la société SEN TECHNOLOGY S.A.R.L. sollicite l'annulation de la décision n°015/09/ARMP/CRD du 26 février 2009 du Comité de Règlement des Différends de l'Autorité de Régulation des Marchés Publics (A.R.M.P.);

Considérant que le 24 septembre 2008, le Ministère de l'Enseignement technique et de la Formation professionnelle (M.E.T.F.P.) a lancé un appel d'offre en quatre lots séparés pour la fourniture de matériels informatiques. Au terme de l'évaluation des offres, la commission a attribué les lots 1 et 4 du marché à la société Computer land ;

Considérant que par lettre du 28 janvier 2009, SEN TECHNOLOGY SARL a formé un recours gracieux devant le Directeur de l'Administration Générale et de l'Équipement (D.A.G.E.) du (M.E.T.F.P.) qui, suivant courrier du 05 février 2009, a rejeté le recours au motif que celui-ci a été formé hors du délai de cinq (5) jours prévu par l'article 86 du décret portant Code des marchés publics, l'attribution provisoire du marché ayant été publié dans le journal « le soleil » du mercredi 31 décembre 2008 ;

Considérant que saisi d'un recours contentieux contre ladite décision suivant lettre du 09 février 2009, le comité de règlement des différends de l'A.R.M.P. a déclaré la requête de SEN TECHNOLOGY SARL irrecevable, motif pris de ce que son recours gracieux a été introduit par lettre du 28 janvier 2009, reçue le 30 janvier 2009, soit dix-neuf (19)jours francs après la parution de l'avis d'attribution provisoire du marché ;

Considérant que la requérante a rejeté la forclusion en soutenant qu'elle ne pouvait être hors délai pour une irrégularité qu'elle ne pouvait découvrir dans les délais ;

Considérant qu'il résulte de l'article 86 du Code des marchés publics que tout candidat à une procédure d'attribution d'un marché est habilité à saisir la personne responsable dudit marché d'un recours gracieux dans un délai de cinq(5) jours ouvrables à compter de la publication de l'avis d'attribution du marché, de l'avis d'appel d'offres ou de la communication du dossier d'appel d'offres ; que la personne responsable du marché est tenue de répondre à cette réclamation dans un délai de cinq(5)jours ouvrables au-delà duquel le défaut de réponse sera constitutif d'un rejet implicite du recours gracieux ;

Considérant qu'il n'est pas contesté, d'une part, que l'attribution provisoire du marché en cause a été publié dans le journal « le soleil » du mercredi 31 décembre 2008 et, d'autre part, que le 30 janvier 2009 SEN TECHNOLOGY S.A.R.L. a saisi d'un recours gracieux l'autorité responsable dudit marché, en l'occurrence le D.A.G.E. du (M.E.T.F.P.), qui a répondu le 05 février 2009 ;

Considérant que le délai de saisine de la personne responsable du marché du recours gracieux ouvert par l'article 86 susvisé court à compter de la publication de l'avis d'attribution du marché et non à compter de la connaissance acquise d'une quelconque irrégularité par la partie intéressée;

Considérant que l'avis d'attribution provisoire du marché ayant été publié le 31 décembre 2008, SEN TECHNOLOGY S.A.R.L qui a exercé son recours gracieux le 30 janvier 2009 l'a manifestement fait hors délai;

Considérant qu'il résulte de l'article 87 du Code des marchés publics qu'en cas d'absence de suite favorable de son recours gracieux le requérant dispose de trois(3) jours ouvrables à compter de la réception de la réponse de l'autorité contractante ou de l'expiration du délai de cinq(5) jours mentionné à l'article précédent pour présenter un recours au comité de règlement des différends en matière de passation des marchés publics, qui conformément à l'article 88 du même code est tenu d'examiner la recevabilité de sa saisine ;

Considérant que le recours devant le comité de règlement des différends dont le délai d'exercice est tributaire du recours gracieux, lui-même atteint par la tardiveté, est bien irrecevable ;

PAR CES MOTIFS,

Rejette le recours de la société SEN TECHNOLOGY S.A.R.L.

Jurisp. : Cour suprême arrêt n °12 du 05 mai 2009, État du Sénégal c/ Autorité de Régulation des Marchés Publics (A.R.M.P.), Comité de Règlement des Différends de l'A.R.M.P. et l'Agence Autonome des Travaux Routiers (AATR)

Considérant que le requérant fait grief au comité de règlement des différends de s'être érigé en Juge de la légalité en écartant les dispositions de l'article 37, paragraphe 3 du Code des marchés publics, alors que celles-ci ne sont en rien contraires aux articles 13 et 14 de la directive n°05/2005/CM/UEMOA ;

Considérant que s'il est vrai que le comité ne peut annuler le décret portant Code des marchés publics, il reste qu'il peut écarter des dispositions contraires aux directives n°4 et 5 en vertu du principe de la primauté du droit communautaire sur la législation nationale ;

Considérant cependant que la directive n°05/2005/CM/UEMOA, et non la directive n°04/2005/CM/UEMOA comme soutenu par le comité de_règlement des différends de l'Autorité de Régulation des Marchés Publics, n'est en rien contraire aux dispositions de l'article 37, paragraphe 3 du décret susvisé portant Code des Marchés Publics ;

Qu'en effet, il résulte des dispositions des articles 13 et 14 de cette directive que la composition et le fonctionnement de la Commission d'ouverture des plis et d'évaluation des offres sont définis par les réglementations nationales des Etats-membres ;

Considérant que les articles 36 et 37 combinés du décret précité font du représentant du contrôle financier un membre de la commission des marchés des sociétés nationales et des sociétés anonymes à participation publique majoritaire, établissements publics, agences et autres organismes dotés de la personnalité morale ;

Considérant que ce sont les articles 3 et 4 de la directive n°05/2005/CM/UEMOA qui édictent le principe de la séparation des fonctions de contrôle et de régulation et définissent les fonctions et mécanismes de contrôle des marchés publics et des délégations de service public ;

Considérant que conformément à cette directive il est consacré une séparation des pouvoirs de régulation et de contrôle des marchés publics dès lors que l'Agence de Régulation des Marchés Publics (A.R.M.. P), autorité administrative indépendante ayant une autonomie financière est distincte de la Direction Centrale des Marchés Publics (D.C.M.P.), autorité administrative chargée du contrôle à priori de la passation des marchés, rattachée au Ministère de l'Économie et des Finances, sans préjudice au demeurant des dispositions législatives et réglementaires relatives au contrôle des dépenses (article 137 du décret portant Code des marchés publics) ;

Considérant qu'il résulte de la Loi n°90-07 du 26 juin 1990 relative à l'organisation et au contrôle des entreprises du secteur parapublic et au contrôle des personnes morales de droit privé bénéficiant du concours financier de la puissance publique que le contrôleur financier a une mission d'information permanente du Président de la République sur la gestion budgétaire et financière de l'État et des autres collectivités publiques ;

Qu'ainsi, il ne saurait être assimilé à l'autorité contractante définie aux termes de la directive comme, l'État, les Collectivités territoriales, les Etablissements publics, les Agences et Organismes, personnes morales de droit public bénéficiant du concours financier ou de la garantie de l'État, les sociétés d'État, les sociétés à participation financière publique majoritaire et les associations formées par une ou plusieurs de ces personnes morales de droit public ainsi que les personnes morales de droit privé agissant pour le compte de ces entités, signataires d'un marché public ;

Que le contrôleur financier ne saurait non plus être pris pour l'organe de contrôle à priori des procédures de passation des marchés publics que constitue la Direction centrale des marchés publics ;

Considérant qu'il s'y ajoute que la commission d'ouverture des plis et d'évaluation des offres n'est pas uniquement composée de représentants de l'autorité contractante puisque les alinéas 1 et 2 de l'article 37 prévoient un représentant du Gouverneur et un représentant du Conseil régional pour les marchés de l'État passés en dehors de Dakar et deux membres du Conseil municipal, rural ou régional, lorsqu'il s'agit des marchés publics des Collectivités locales ;

Considérant que la faculté pour cette commission de recourir à toute expertise est prévue par l'article 38 du Code des marchés publics ;

Considérant que le représentant du contrôle financier ne saurait être pris comme un des observateurs prévus par l'article 14 de la directive, mais plutôt comme membre ayant voix consultative aux termes des articles 37, 38 et 39 combinés du Code des marchés publics ;

Qu'il s'ensuit que la décision du comité de règlement des différends prise en violation de la loi doit être annulée ;

PAR CES MOTIFS,

Annule la décision n°14/ARMP/CRMP/CRD du 27 juin 2008 du Comité de règlement des différends de l'Autorité de Régulation des Marchés Publics.

<u>Jurisp. :</u> Cour suprême arrêt n°55du 24 octobre 2013, La Société Angélique International Limited en abrégé A.I.L c/ l'Autorité de Régulation des Marchés publics, l'Agence sénégalaise d'Électrification rurale dite ASER et État du Sénégal)

Vu la requête reçue au Greffe central de la Cour suprême le 22 avril 2013 par laquelle la Société Angélique International Limited dite AIL, ayant pour conseils Maîtres Alioune CISSE et Nafissatou Diouf MBODJI, avocats à la cour, sollicite l'annulation de la décision n°072/13/ARMP/CRD du 27 mars 2013 du Comité de Règlement des

Différends (CRD) de l'Autorité de Régulation des Marchés Publics (ARMP), statuant en commission litiges sur le recours de l'ASER suite à l'avis défavorable de la Direction Centrale des Marchés Publics sur la proposition d'attribution du marché de fourniture, de transport et de pose de matériels de réseaux électriques dans différentes régions du Sénégal et de la décision d'attribution provisoire des 13 et 14 avril 2013 de l'ASER;

Après en avoir délibéré conformément à la loi ;

Sur la déchéance :

Considérant que l'ASER a excipé de la déchéance de la requérante au motif que la signification ne lui a pas été faite mais plutôt à Antou GUEYE;

Considérant que la signification de la requête à l'ASER a été régulièrement faite à Antou GUEYE es qualité de Directeur général de l'ASER et en son siège ; que dès lors la déchéance n'est pas encourue ;

Sur la mise hors de cause de l'État du Sénégal ;

Considérant que l'Agent judiciaire de l'État sollicite sa mise hors de cause au motif que la Direction centrale des marchés publics pour laquelle il est censé être installé dans la cause n'a pris aucune des décisions attaquées;

Considérant que l'ARMP et l'ASER dont les décisions font l'objet du recours sont représentées légalement en justice par leurs directeurs respectifs; qu'il échet de mettre hors de cause, l'État du Sénégal ;

Sur le moyen tiré de la violation de la clause des données particulières relative à la capacité financière et sans qu'il soit besoin de statuer sur les autres moyens, en ce que le Comité de Règlement des

Différends dit CRD a ordonné l'attribution du marché à la société Lucky Exports alors que l'ARMP a constaté que l'offre du candidat repêché n'est pas conforme à l'exigence de capacité financière qu'il faut prouver en justifiant pour chacune des trois dernières années, un chiffre d'affaires annuel minimal de 90.000.000 de dollars US, l'ARMP jugeant en toute incompétence que cette exigence du cahier des charges est « *disproportionnée* » avant de l'écarter au profit de Lucky Exports au motif que l'accord de financement du 21 avril 2011 liant le Sénégal à EXIMBANK INDIA sera caduc le 30 avril 2013 si le marché n'est pas attribué à Lucky Exports;

Considérant qu'il résulte des dispositions combinées des articles 44 et 59 du code des marchés publics que tout candidat à un marché public doit justifier qu'il dispose des capacités juridiques, techniques et financières requises pour exécuter le marché en présentant tous les documents et attestations énumérées par le dossier d'appel à la concurrence et que la qualification du candidat qui a présenté l'offre évaluée la moins disante au regard des capacités juridiques, techniques et financières requises est examinée indépendamment du contenu de son offre, au vu des justifications qu'il a soumises ;

Considérant que les critères comme du reste les sous-critères doivent être justifiés par l'objet du marché, avoir la précision nécessaire de manière à ne laisser aucun pouvoir discrétionnaire à la commission des marchés, être portés à la connaissance des candidats et respecter les principes fondamentaux de transparence, d'égalité des candidats et de non-discrimination ;

Considérant que pour relever la société Lucky Exports du respect de la clause 5.1 des données particulières de l'appel d'offres (DPAO) au terme de laquelle au titre des critères de qualification d'ordre financier, le candidat doit, entre autres, fournir un chiffre d'affaires annuel de 2008, 2009 et 2010 égal au moins à 90.000.000 de dollars US, le CRD estime que ledit critère a été fixé de façon disproportionnée ;

Qu'en statuant ainsi, alors que, d'une part, ce critère de sélection des candidats était prévu dans les DPAO et que sa modification n'a pas été portée à la connaissance des candidats et, d'autre part, le montant minimum exigé au titre du chiffre d'affaires se distingue de la justification de la capacité financière par des documents légalement admis et l'expiration du délai imparti par l'accord de financement ne saurait justifier des atteintes aux règles de passation des marchés publics, le CRD a violé les principes de transparence et d'égalité des candidats sus évoqués;

PAR CES MOTIFS,

-Dit que la déchéance n'est pas encourue ;

-Met hors de cause l'État du Sénégal **;**

-Annule la décision n° 072/13/ARMP/CRD du 27 mars 2013 du Comité de Règlement des Différends de l'Autorité de Régulation des Marchés Publics.

<u>Jurisp.</u> : Cour suprême arrêt n °44 du 14 Juillet 2016, CCBM Industries - Espace Auto c/ A.R.M.P. / C.R.D.

Vu la requête reçue le 9 septembre 2015 au greffe central par laquelle la société CCBM Industries Espace Auto, élisant domicile en l'étude de Maître Baboucar CISSE, avocat à la Cour, sollicite l'annulation de la décision n°218/15/ARMP/CRD du 29 juillet 2015 du Comité de Règlement des Différends (CRD) de l'Autorité de Régulation des Marchés Publics (ARMP), statuant en commission litiges sur le recours en contestation de l'attribution provisoire des lots 1 et 2 du marché relatif à la fourniture de véhicules, lancé par le Centre expérimental de Recherches et d'études pour l'équipement (CEREEQ);

Après en avoir délibéré conformément à la loi

Considérant qu'à la suite de l'avis d'attribution provisoire du marché de fourniture de véhicules lancé par le Centre expérimental de recherches et d'études pour l'équipement (CEREEQ), la société CCBM ayant introduit le 15 juillet 2015 un recours gracieux qui a été rejeté le 20 juillet 2015, a, alors, saisi le 23 juillet 2015 le Comité de Règlement des Différends (CRD) de l'Autorité de Régulation des Marchés publics (ARMP) dont la décision fait l'objet du présent recours ;

Sur le moyen unique tiré de la violation de la loi notamment des dispositions des articles 89 et 90 du code des marchés publics en ce que le Comité de Règlement des Différends a pris comme point de départ du décompte du délai le jour de la réception de la réponse au recours gracieux soit le 20 juillet 2015 alors que c'est le lendemain, 21 juillet 2015, que devait débuter la computation du délai ;

Considérant qu'il résulte des dispositions de l'article 89 du Code des Marchés publics que tout candidat à une procédure d'attribution d'un marché peut, dans un délai de cinq jours francs et ouvrés à compter de la publication de l'avis d'attribution du marché saisir l'autorité contractante d'un recours gracieux, auquel celle-ci est tenue de répondre dans un délai de cinq jours ouvrables ;

Considérant que l'article 90 du même code prévoit qu'en l'absence d'une suite favorable à son recours, le requérant dispose de trois jours ouvrables à compter de la réception de la réponse de l'autorité contractante pour présenter un recours au Comité de Règlement des Différends ;

Considérant que le délai étant franc, son point de départ est le 21 juillet 2015 et son terme le 24 juillet 2015, compte non tenu des samedi et dimanche ou jours non ouvrables ;

Qu'ainsi, c'est à tort que le Comité de Règlement des Différends a déclaré irrecevable le recours de la société CCBM Industries introduit le 23 juillet 2015 ;

PAR CES MOTIFS,

Annule la décision n°218/15/ARMP/CRD du 29 juillet 2015 du Comité de règlement des Différends de l'autorité de Régulation des Marchés Publics.

<u>Jurisp.:</u> Cour suprême arrêt n °56 du 27 octobre 2016, Société SONERCO c/ A.R.M.P. et Ministère des Forces Armées

Vu la requête reçue le 2 février 2015 au greffe central par laquelle la Société Sonerco, élisant domicile en l'étude de Maître Baboucar CISSE, avocat à la cour, sollicite l'annulation de la décision n°357/14 /ARMP/CRD du 24 décembre 2014 du Comité de Règlement des Différends de l'Autorité de Régulation des Marchés publics (ARMP), portant sur l'attribution provisoire du marché lancé par la Direction de l'intendance des armées relatif à la fourniture et à la pose du matériel destiné à la centralisation et à la modernisation de la cuisine de Dakar-Bango ;

Après en avoir délibéré conformément à la loi ;

Considérant que le ministère des Forces armées a lancé un appel d'offres restreint en procédure d'urgence pour la fourniture et la pose du matériel destiné à la centralisation et à la modernisation de la cuisine de Dakar-Bango ; qu'à la suite de l'ouverture des plis et à l'évaluation des offres, le candidat Sonerco, informé du rejet de son offre, a saisi l'autorité contractante d'un recours gracieux, puis le Comité de Règlement des Différends (CRD) de l'Autorité de Régulation des Marchés publics (ARMP) qui, par décision n°288 du 22 octobre 2014, a annulé l'attribution provisoire et ordonné la reprise de l'évaluation ; qu'à l'issue de cette seconde évaluation, la société Sonerco encore évincée, a saisi à nouveau le CRD qui, par la décision attaquée, a rejeté son recours comme non justifié et a ordonné la continuation de la procédure de passation du marché après obtention de l'avis de non objection de la Direction centrale des Marchés publics (DCMP) ;

Considérant que l'Agent judiciaire de l'État sollicite sa mise hors de cause au motif que la décision attaquée a été rendue par l'ARMP qui est représentée en justice par son directeur général, en vertu des dispositions de l'article 25-10 du décret n°2007-546 du 25 avril 2007 portant organisation et fonctionnement de l'ARMP;

Considérant cependant que l'Agent judiciaire de l'État a reçu signification de la requête non pas pour le compte de l'ARMP, mais plutôt pour le compte de l'État du Sénégal, partie intéressée dans la cause puisque l'autorité contractante, en l'occurrence le Ministère des Forces armées, est un service central de l'État, dépourvu d'une personnalité juridique propre ;

Que dès lors, il n'y a pas lieu de le mettre hors de cause;

Sur le premier moyen pris en sa première branche tiré de la violation des articles 68, 69, 70 et 59 du code des marchés publics (CMP) en ce que d'abord, la société AS EQUIPEMENT ne remplit pas les critères de conformité technique et de qualification mentionnés dans le dossier d'appel d'offres (DAO), ensuite, le CRD n'a pas comparé, aux fins d'évaluation, les spécifications techniques mentionnées dans le DAO à celles proposées par AS EQUIPEMENT dans son offre pour apprécier sa conformité et, enfin, l'attributaire provisoire n'est pas qualifié puisqu'il n'a pas justifié de référence de fournisseur prouvant qu'il a réalisé un marché similaire, les documents produits n'ayant aucun lien avec l'exécution d'un tel marché ;

Considérant que l'ARMP a soutenu que face à l'impossibilité pour les candidats de satisfaire le critère relatif à la réalisation d'un marché similaire, la commission des marchés du ministère des Forces Armées a justement accepté le principe des références produites par les partenaires des candidats; qu'en outre, la commission, se conformant à la décision du CRD du 22 octobre 2014, a procédé à la vérification de l'authenticité des preuves fournies par les candidats auprès des fabricants et à la reprise de l'évaluation à l'issue de laquelle, elle a retenu que la SONERCO qui n'a déposé qu'une attestation de formation de son personnel pour le service après-vente délivrée par France Kitchen, n'a donc pas rempli ce critère d'autant plus que, le fabricant CHARVET a confirmé n'avoir ni rédigé ni signé de document au profit de France Kitchen représenté par SONERCO;

Considérant que, d'une part, la société SONERCO n'a pas indiqué en quoi l'offre de la société AS EQUIPEMENT ne respecte pas les spécifications du DAO, notamment au regard des critères définis par l'article 59 du CMP et, d'autre part, le CRD, qui a relevé que la société AS Equipements « *a fourni dans son offre des prospectus, dessins et photos de matériels de cuisine avec le logo CHARVET* » et au profit de qui « *la société CHARVET reconnait avoir donné mandat à son directeur commercial de délivrer un agrément à son nom pour le compte de la Grande Cuisine filiale de AS EQUIPEMENT* », a justement retenu que cette société a satisfait au critère de la qualification, par application du principe des références, alors surtout que SONERCO n'a, de son côté, produit qu'une attestation de formation de son personnel ;

Qu'il s'ensuit que les griefs ne sont pas fondés ;

Sur le premier moyen en sa seconde branche et le second moyen réunis, tirés de la violation des articles 140 du code des marchés publics, 24 du nouveau code des obligations de l'administration, du décret n°2005-576 du 22 juin 2005 portant code de transparence et d'éthique en matière de marchés publics et du défaut de base légale en ce que l'autorité contractante a préféré contourner la DCMP et notifier directement l'attribution provisoire du marché aux candidats et qu'après vérification, le CRD a déclaré fondés les griefs qu'il a formulés ; que cependant, malgré ce constat, le CRD n'a pas tiré les conséquences de cette abstention puisqu'il aurait dû enjoindre la commission des marchés de saisir la DCMP pour avis de non objection avant d'ordonner la continuation de la procédure **;**

Considérant que l'ARMP a fait valoir que le CRD peut valablement demander que le dossier soit retourné pour être soumis au contrôle a priori de la DCMP qui donnera son avis sur la procédure de passation avec toutes les conséquences qui s'y attachent ;

Considérant qu'il résulte de l'article 140 du CMP que la Direction chargée du contrôle des marchés publics assure le contrôle a priori des procédures de passation de marchés ;

Qu'à ce titre, elle émet un avis, entre autres, sur le rapport d'analyse comparative des offres ou propositions et sur le procès-verbal d'attribution provisoire du marché, établis par la commission des marchés, et relatifs aux marchés dont la valeur estimée est égale ou supérieure aux seuils fixés par arrêté du Premier Ministre ;

Considérant que dans la décision attaquée, le CRD a relevé qu' « il résulte de l'instruction que la commission des marchés n'a pas saisi ledit organe alors que le seuil de revue est atteint » et que « *les craintes du requérant sur ce point sont fondées* », avant de dire que le recours de Sonerco n'est pas justifié et d'ordonner la continuation de la procédure, après l'obtention de l'avis de non objection de la DCMP ;

Que le fait pour la commission des marchés du ministère des Forcées armées de s'abstenir de saisir la DCMP constitue un vice de procédure en ce qu'il empêche cette direction d'exercer le contrôle a priori qu'elle est chargée d'assurer; que dès lors, en ordonnant la continuation de la procédure après avoir constaté la violation de l'article 140 du code des marchés publics, le CRD a méconnu les dispositions du texte susvisé ;

Qu'il échet d'annuler la décision attaquée ;

PAR CES MOTIFS,

Annule la décision n° 357/14 /ARMP/CRD du 24 décembre 2014 du Comité de Règlement des Différends de l'Autorité de Régulation des Marchés publics (ARMP).

Chapitre XIV

LES CONVENTIONS CONCLUES DANS LE CADRE DE LA DÉCENTRALISATION

Georges BURDEAU, Traité de science politique (1974) :

« *La décentralisation est surtout une forme de l'aménagement du pouvoir qui permet de l'adapter aux conditions de formation des systèmes juridiques* ».

L'article 246 du Code général des Collectivités territoriales, permet au représentant de l'État de diriger un recours direct contre les contrats dans le cadre du contrôle qu'il exerce sur les actes des collectivités locales[4].

L'article 246 dispose que « *le représentant de l'État défère à la Cour Suprême les actes mentionnés aux articles 243 et 244 du présent code qu'il estime entachés d'illégalité, dans les deux mois suivant leur transmission.*

Cette juridiction doit se prononcer dans un délai maximum d'un mois.

Ces actes déférés au juge ne sont pas susceptibles de recours hiérarchique.

Sur demande du président du conseil départemental ou du maire, le représentant de l'État l'informe de son intention de ne pas déférer au juge administratif un acte qui lui a été transmis en application de l'article 243 du présent code.

Lorsque le représentant de l'État défère un acte au juge administratif, il en informe par écrit sans délai le président du conseil départemental ou le maire et lui communique toutes précisions sur les illégalités invoquées à l'encontre de l'acte incriminé ».

---

[4] Voir la loi 2013-10 du28 décembre 2013 relative au Code général des Collectivités locales adopté le 28 décembre 2013

Le contrôle de légalité qui s'exerce sur les actes unilatéraux est le même que celui qui s'exerce sur les contrats, sous réserve de quelques particularités pour ces derniers.

Le contrôle exercé sur les actes contractuels suscite deux remarques.

D'abord, le contrôle de légalité par la voie du déféré, qui est un recours pour excès de pouvoir spécial contre les contrats, parait assez singulier au regard du droit administratif classique.

Ce dernier se caractérise par l'irrecevabilité du recours pour excès de pouvoir contre les contrats administratifs, sous réserve de quelques exceptions telles que de la théorie des actes détachables.

A ce propos,le Conseil d'État sénégalais a admis dans l'arrêt du 29 juillet 1998 Gouverneur de Tambacounda contre Conseil régional de Tambacounda la recevabilité du déféré contre un contrat et a estimé que le contrat conclu par le Président du conseil régional sans l'autorisation dudit conseil était entaché d'illégalité.

Ensuite, il convient de distinguer entre les contrats soumis au régime du déféré et les contrats soumis au régime de l'approbation préalable.

Les contrats énumérés aux articles 243 et 244 sont soumis au régime du déféré, car ils font partie des actes que le représentant de l'État défère à la Cour suprême lorsqu'il les présume entachés d'illégalité.

En revanche, les actes contractuels de l'article 245, qui relèvent du contrôle d'approbation, ne sont pas soumis au régime du déféré. Ces actes sont transmis au représentant de l'État pour approbation.

Lorsque le représentant de l'État refuse de les approuver, l'exécutif de la collectivité locale peut saisir la Cour suprême pour excès de pouvoir contre ce refus d'approbation.

A titre illustratif, le 12 Août 2010, dans l'affaire Alioune DIACK contre État du Sénégal, la Cour suprême a annulé la décision du Sous-préfet de Mbane refusant d'approuver la délibération du Conseil rural de Mbane.

La Cour a aussi rappelé que l'annulation par elle de la décision de refus d'approbation du représentant de l'État équivaut à une approbation dès notification de l'arrêt à la collectivité territoriale.

Ainsi, le Professeur Ismaïla Madior FALL a relevé dans son article « *le contrôle de légalité des actes des collectivités locales* », que dans la première catégorie de contrats, le représentant de l'État se trouve dans une situation « *offensive* » parce que c'est lui qui prend l'initiative de déférer les contrats mentionnés aux articles 243 et 244, alors que dans le second cas, il est sur la « *défensive* », car il appartient aux exécutifs locaux de déférer son refus d'approbation.

C'est à juste raison que le Conseil d'État sénégalais a déclaré irrecevable la requête d'un déféré introduit par le Sous-préfet de Baba Garage et visant l'annulation de l'acte par lequel le Conseil rural de Dinguiraye a décidé la suspension de l'exploitation d'un terrain litigieux.

En effet, la Haute juridiction a considéré que la délibération attaquée, relevant des affaires domaniales, fait partie des actes soumis à l'approbation préalable du représentant de l'État.

Jurisp. : C.E 29 Juillet 1998, Gouverneur de Tambacounda c/ Conseil Régional de Tambacounda

Considérant que le requérant soutient que le protocole d'accord conclu entre le Président du Conseil Régional de Tambacounda et le Président de l'Association Régionale des parents d'élèves pour le gardiennage des services et établissements scolaires secondaires de la région n'a pas été autorisée par l'organe délibérant dudit conseil ;

Qu'en l'absence de la délibération du Conseil Régional prescrite par l'article 286 du Code des Collectivités locales, la convention est entachée d'une illégalité qui entraîne sa nullité ;

Considérant que le contrat a été conclu sans l'autorisation préalable du Conseil Régional ; Il en résulte que le Président du Conseil régional a violé les dispositions de l'article 286 de la loi 96-06 du 22 Mars 1996 portant Code des Collectivités locales ;

Qu'il s'ensuit que le moyen est fondé.

PAR CES MOTIFS ;

Annulle le protocole d'accord conclu entre le Président du Conseil Régional de Tambacounda et le Président de l'Association Régionale des parents d'élèves pour le gardiennage des services et établissements scolaires secondaires de la région.

Jurisp. : Cour suprême arrêt n°24 du 12 aout 2010, Aliou DIACK c/ État du SÉNÉGAL

Considérant que l'article 337 de la loi n° 96-06 du 22 mars 1996 portant Code des Collectivités locales permet au représentant de l'État, de déférer à la Cour suprême, les actes mentionnés aux articles 334 et 335 du même code qu'il estime entachés d'illégalité, dans les deux mois suivant leur transmission ;

Considérant que ces actes sont exécutoires de plein droit dès qu'il est procédé à leur publication ou à leur notification aux intéressés après transmission au représentant de l'État, sous réserve de la demande de seconde lecture qui suspend pendant un délai de quinze jours le caractère exécutoire de l'acte et le délai de procédure contentieuse ;

Considérant que la délibération attaquée qui a été prise en matière domaniale, entre dans le champ d'application de l'article 336 dont les dispositions sont dérogatoires à celles des articles 334 et 335 susvisés, de tels actes étant soumis à l'approbation préalable du représentant de l'État, lequel dispose d'un délai d'un mois, à l'expiration duquel l'approbation est réputée tacite ;

Considérant que le représentant de l'État, qui a reçu la délibération le 2 février 2010, a pris une décision de refus d'approbation le 24 février 2010, soit dans le délai qui lui était imparti ;

Qu'ainsi, le moyen tiré de la violation de l'article 337 est inopérant ;

PAR CES MOTIFS,

Annule la décision du 24 février 2010 du Sous-préfet de Mbane refusant d'approuver la délibération du 23 janvier 2010 du Conseil rural de Mbane.

Chapitre XV

LES ACTES DÉTACHABLES DU CONTRAT

La jurisprudence française a admis le recours pour excès de pouvoir contre les actes détachables du contrat (Conseil d'État, 4 août 1905, Martin GAJA n°16).

Cette solution a été reprise par le Code des obligations de l'Administration (COA) en son article 140. Mais le code donne, une définition plus restrictive de la notion d'actes détachables en procédant à une énumération.

Il s'agit de :

- l'autorisation de contracter ;
- la décision de contracter ou de ne pas contracter ;
- l'opération d'adjudication ;
- l'approbation du contrat ;
- l'acte de conclusion du contrat ou le refus de conclure.

Le juge sénégalais en a fait application (CE 29 octobre 1997 Société SUD COMMUNICATION Bull. n° 74 p. 145 ; CE 27 avril 2000 El Hadj Dior et Jack HENDERSON Bull. n°2, p.16 : acte non détachable car pris dans le cade de l'exécution de la convention passée par les parties).

À propos de l'acte détachable deux remarques peuvent être faites :

- la jurisprudence le situe plus souvent dans le cadre de l'exécution et de la fin des contrats administratifs ;

- le recours pour excès de pouvoir contre les actes détachables est plus souvent ouvert au profit des tiers qui ne disposent pas de moyens devant le juge du contrat, contrairement aux parties au contrat (Conseil d'État, 24 avril 1964, Société anonyme de livraison industrielle et commerciale SALIC. Rec. 239 AJDA 1964.308 et 293 ; D 1964. 665 (refus de résilier).

Jurisp. : C.E. arrêt n° 0032 du 29 Octobre 1997, Société Sud Communication c/Ministre de la Communication

LE CONSEIL D'ÉTAT

APRÈS en avoir délibéré conformément à la loi

Sur la requête aux fins de sursis

Considérant que relativement à la requête aux fins de sursis à l'exécution de l'arrêté attaqué Sud Communication par l'intermédiaire de son Conseil, a déclaré se désister qu'il y a lieu de lui donner acte de son désistement;

Sur le recours pour excès de pouvoir

Considérant que par requête en date du 12 août 1997, la Société Sud Communication par l'intermédiaire de son Conseil Maître Ousmane SEYE, Avocat à la cour a saisi le Conseil d'État en recours pour excès de pouvoir contre l'arrêté N° 1729 en date du 07 août 1997 par lequel le Ministre de la Communication a procédé, pour défaut de paiement de la redevance convenue, à la suspension pour une période de trois mois de l'autorisation de diffuser des programmes radio accordée à la Société requérante;

Considérant qu'a l'appui de sa requête, Sud Communication soutient qu'il y a méconnaissance des dispositions de l'article 10 de la Convention signée le 30 décembre 1993 avec la Société nationale de Radiodiffusion télévision sénégalaise et de l'article 30 du Cahier des charges ; que l'acte attaqué procède d'un vice de procédure et est entaché d'un détournement de procédure ;

Considérant qu'il résulte de la convention signée le 30 décembre 1993 que la Société Nationale de Radiodiffusion télévision sénégalaise est liée à la Société Sud Communication par un contrat de concession de service public portant autorisation de diffusion des programmes radio ;

Considérant que la concession de service public qui consiste pour une personne publique de charger une personne privée de faire fonctionner le service pour une durée déterminée en assumant les charges moyennant le droit de se rémunérer sur les usagers est un mode de gestion du service public prévu par un contrat administratif composé d'une part, l'un cahier des charges prévoyant les droits et obligations des co-contractants et notamment les règles de fonctionnement du service et d'autre part, d'une convention consacrant l'accord de volonté ;

Considérant qu'il résulte de l'article 78 du Code des Obligations de l'Administration que les sanctions applicables au co-contractant qui n'exécute pas ses obligations sont destinées à assurer la continuité du service public auquel l'exécution du contrat est nécessaire ;

Que l'article 79 du même Code précise que l'application des sanctions résulte d'une décision unilatérale de l'administration et que sur demande du co-contractant le juge en apprécie la légalité ;

Considérant que l'article 75 du Code des Obligations de l'Administration prévoit que les mesures prises par l'Administration dans le cadre de l'exécution du contrat et qui seraient contraires à ses engagements contractuels peuvent être annulées par le Juge du contrat sous réserve de l'application des articles 109 à 112 relatifs au pouvoir de l'administration de modifier unilatéralement certaines stipulations du contrat ;

Considérant qu'il résulte de l'article 139 du Code sus-indiqué que les tribunaux régionaux sont compétents pour connaitre du contentieux des contrats administratifs ;

Que l'article 140 du même Code vient préciser que seuls les actes détachables du contrat peuvent faire l'objet d'un recours pour excès de pouvoir ;

Considérant que l'acte attaqué ne saurait être considéré comme détachable puisqu'il a été pris dans le cadre de l'exécution du contrat et a en outre pour fondement exclusif l'inexécution de la convention signée entre les parties qu'il suit de la que le recours pour excès de pouvoir doit être déclaré irrecevable ;

PAR CES MOTIFS,

Sur la requête aux fins de sursis à exécution **DONNE** acte au requérant de son désistement Sur le recours pour excès de pouvoir

EN LA FORME

Déclare irrecevable le pour excès de pouvoir formé le 12 août 1997 par la Société Sud-Communication contre l'arrêté n°1729 en date du 07 août 1997 portant suspension de l'autorisation de diffusion de programme radio.

Jurisp. : CE, arrêt n° 0008, du 27-04-2000, El Hadji DIOP et Jack HENDERSON c/ État du Sénégal

LE CONSEIL D'ÉTAT

Après en avoir délibéré conformément à la loi ;

SUR LE MOYEN TIRE D'OFFICE DE L'EXCEPTION DE RECOURS PARALLÈLE SANS QU'IL SOIT BESOIN D'EXAMINER LES MOYENS DE LA REQUÊTE

Considérant que le contrat conclu entre les requérants et l'État du Sénégal est un contrat administratif, comportant des clauses exorbitantes du droit commun ;

Considérant qu'il est stipulé au paragraphe « **c** » du contrat relatif à la mise en valeur que le « *preneur devra restaurer l'immeuble attribué sous le contrôle du bureau d'architecture des monuments historiques et conformément au cahier des charges élaboré pour la mise en valeur de l'île de Gorée, dans un délai maximum de 36 mois* »;

Considérant qu'il résulte des dispositions de l'article 139 du Code des Obligations de l'Administration « *que les Tribunaux régionaux sont compétents pour connaître du contentieux des actes administratif* » ; que l'article 140 du même code précise cependant « *que seuls les actes détachables du contrat peuvent faire l'objet "d'un recours pour excès de pouvoir* » ;

Considérant que l'acte attaqué ne saurait être considéré comme détachable du contrat puisqu'il a été pris dans le cadre de son exécution, et qu'il trouve son fondement exclusif dans l'inexécution de la convention passée par les parties ; QU'il s'en suit dès lors que le recours pour excès de pouvoir doit être déclaré irrecevable pour exception de recours parallèle.

PAR CES MOTIFS,

Declare le recours pour excès de pouvoir irrecevable pour exception de recours parallèle.

Jurisp : C.E, arrêt n° 24 du 22 aout 2006, Etablissements Amadou Diouma DIOUF c/ État du Sénégal, Ministre des Forces Armées

Considérant que le requérant soutient que la décision l'éliminant de la procédure d'appel d'offres, acte détachable au sens des dispositions de l'article 140 du COA, doit être censuré motifs pris de ce qu'elle méconnaît les dispositions des articles 13, 19, 20, 23, 50 in fine et 85 du Code des

Marchés publics et celles de l'article 48 du Code des Obligations de l'Administration ;

Mais Considérant que l'acte détachable est un acte qui, bien que pris dans le cadre des opérations contractuelles, est suffisamment individualisable pour que sa validité puisse être appréciée indépendamment des clauses contractuelles ;

Que le contrôle de la régularité dudit acte s'apprécie donc au regard des conditions générales de la légalité des actes administratifs ;

Considérant que les moyens invoqués à l'appui de la requête concernent le respect des conditions de passation du contrat et visent la réintégration de l'offre du requérant à l'appel d'offres litigieux ;

Qu'il s'ensuit que le recours doit être déclaré irrecevable, les moyens soulevés n'étant pas des moyens de légalité objective ;

PAR CES MOTIFS,

Ordonne la jonction des deux procédures inscrites sous les numéros 29/RG/2005 et 30/RG/2005 ;

Déclare irrecevable le recours présenté par Amadou Diouma DIOUF contre la décision n° 2272/MFA/DAAEB du 17 mai 2005 du Ministre des Forces Armées l'éliminant de l'appel d'offres portant fournitures et équipements destinés à la Marine nationale.

Chapitre XVI

LES ORDONNANCES PRISES PAR LES CHEFS DE JURIDICTION

Pierre ESPLUGAS, Ordonnances (2010) : « *Les ordonnances posent des problèmes de différentes natures : elles ont pu être contestées en tant que telles, une controverse a ensuite concerné l'autorité compétente pour signer les ordonnances et enfin la nature juridique de ces normes juridiques est variable* ».

Les ordonnances sont des actes qui fixent des règles de droit et qui se situent à un degré inférieur à ceux de la Constitution et des lois. Elles exécutent les dispositions légales et les complètent.

Les chefs de juridictions peuvent prendre des ordonnances susceptibles d'être attaquées en recours pour excès de pouvoir.

C'est le cas de l'ordonnance du Président de la Cour des comptes, portant répartition des primes du fonds d'intervention dont le Greffier en Chef de ladite Cour a sollicité l'annulation devant la Cour suprême. (Cour suprême arrêt °64 du 26 décembre 2013, Ahmadou Moustapha MBOUP c/État du Sénégal)

Quid des ordonnances de roulement ?

L'ordonnance de roulement est un acte qui permet d'affecter les magistrats dans les services et de leur attribuer une activité juridictionnelle. Il est en tout cas primordial pour connaître les attributions dévolues à chaque magistrat ou identifier son service particulier et pour garantir le principe du juge naturel, puisque nul magistrat ne pourra être déchargé d'une de ses activités juridictionnelles sans une modification préalable de l'ordonnance de roulement.

Une ordonnance de roulement édictée par un président de juridiction peut-elle faire l'objet d'une contestation et devant quel juge ?

L'action introduite par un magistrat judiciaire s'estimant victime d'une sanction déguisée liée à la modification d'une ordonnance de roulement de la juridiction en est une parfaite illustration.

M. X, magistrat honoraire renouvelé à compter du 6 août 2012 pour un mandat de 3 ans en qualité de président de formation de jugement du tribunal du contentieux de l'incapacité de Lyon par un arrêté de la garde des Sceaux du 19 juillet 2012, a été, par une ordonnance du 7 août 2012, désigné par le président de ce tribunal pour présider les audiences tenues par ce tribunal à Aix-les-Bains pour la période 2012-2015. À la suite d'une altercation entre M. X et la secrétaire faisant office de greffière lors d'une audience, le président du tribunal a décidé, par deux ordonnances des 27 et 28 novembre 2012, de désigner un autre magistrat puis lui-même pour présider les audiences prévues les 28 novembre et 5 décembre 2012 à Aix-les-Bains. En outre, après avoir adressé le 22 janvier 2013 une lettre à M. X comportant différents griefs, le président du tribunal l'a informé, à l'occasion d'un entretien téléphonique le 4 février 2013, de sa décision de ne plus lui confier la présidence d'une audience avant le mois de septembre 2013.

Le requérant, magistrat avait saisi le tribunal administratif de Grenoble d'un recours pour excès de pouvoir sans succès, le tribunal s'était déclaré incompétent pour connaitre de la demande. La cour d'appel administratif de Lyon dans un arrêt du 21 avril 2016 a conclu à la même solution. Le requérant a saisi le Conseil d'État qui, sur la question de fond saisit le Tribunal des Conflits pour déterminer le juge compétent.

Le juge du Tribunal des Conflits a estimé que la contestation de l'ordonnance de roulement ne relève pas de la compétence de la juridiction administrative.

Ainsi, la juridiction judiciaire est compétente pour connaître de la décision prise par le président d'une juridiction judiciaire de modifier une ordonnance de roulement qui constitue une mesure relevant du fonctionnement du service public de la justice dont l'examen conduit à porter une appréciation sur la marche même des services judiciaires.(TC., 12 févr. 2018, no C4115, M. X c/ Ministre de la Justice, Lebon, M. Maunand, prés., Mme Duval-Arnould, rapp., Mme Cortot-Boucher, rapp. publ.)

<u>Jurisp</u> : Cour suprême arrêt °64 du 26 décembre 2013, Ahmadou Moustapha MBOUP c/État du Sénégal

Vu la requête reçue au Greffe central de la Cour suprême, le 20 novembre 2012, par laquelle Ahmadou Moustapha MBOUP, Greffier en Chef de la Cour des comptes, agissant en personne, sollicite de la Cour suprême l'annulation de l'ordonnance n°007/12 du 4 juin 2012 du Président de la Cour des comptes, portant répartition des primes du fonds d'intervention;

Après en avoir délibéré conformément à la loi ;

Considérant que par ordonnance n°007/12 du 4 juin 2012 modifiant l'ordonnance n°6/004 du 15 février 2006 abrogeant et remplaçant l'ordonnance n°0042/04 du 15 septembre 2004 modifiée, le Président de la Cour des comptes a procédé à la répartition de la part du fonds d'intervention affectée aux primes des travailleurs de la Cour des comptes à compter du 1er janvier 2012 ;

Que le Greffier en chef de la Cour à qui a été affecté un coefficient de 3,50, s'estimant lésé dans la répartition, a adressé le 12 juillet 2012 un recours gracieux au Président de la Cour des comptes, lequel étant resté sans réponse, il a saisi la Cour suprême d'une demande d'annulation de ladite ordonnance, en développant à l'appui deux moyens, le premier pris du caractère illégal de l'ordonnance articulé en quatre branches et le second tiré du grief qui lui a été fait ;

Sur la recevabilité du recours :

Considérant que le Greffier en chef soutient qu'il est un chef de service de la Cour nommé par décret et qui, en conséquence, y occupe un rang et y assume des responsabilités administratives et juridictionnelles ; qu'il a été classé en dessous des contractuels à qui un coefficient supérieur a été attribué sans fondement juridique; que cette attitude a eu pour effet de diminuer sa part et de lui causer un grief d'ordre pécuniaire qui fait que l'ordonnance mérite d'être annulée ;

Considérant que ce grief allégué par le Greffier en chef et qu'il présente comme second moyen d'annulation de l'ordonnance attaquée est en fait une condition de recevabilité du recours puisqu'il tend à établir son intérêt à agir;

Considérant que l'Agent judiciaire de l'État qui s'est approprié le mémoire en défense déposé par le Président de la Cour des comptes, a conclu à l'irrecevabilité du recours pour absence de grief fait au Greffier en chef, puisque l'ordonnance attaquée a été prise pour augmenter le nombre d'agents bénéficiaires de primes et d'un point les coefficients affectés aux Magistrats de la Cour ;

Considérant qu'il y a lieu de relever justement que si comme le soutient l'Agent judiciaire de l'État l'ordonnance attaquée a eu pour effet d'augmenter le nombre d'agents bénéficiaires de primes et de relever le coefficient accordé à certains d'entre eux, la conséquence ne peut être que la réduction du montant auquel s'attendait le Greffier en chef, ce qui constitue un manque à gagner qui établit son intérêt à agir en annulation de l'ordonnance de répartition des primes ;

Qu'ainsi, son recours est recevable ;

Sans qu'il soit besoin de statuer sur les autres branches,

Sur les troisième et quatrième branche du premier moyen, **en ce que,**

- d'une part, l'ordonnance dont la date d'effet est remontée rétroactivement au 1er janvier 2012 viole le principe général de Droit qui veut qu'un acte administratif ne puisse produire d'effets à une date antérieure à celle de son édition,

- et, d'autre part, l'auteur de l'acte a manifestement poursuivi une opération dans un but totalement étranger à l'intérêt public et dans un intérêt personnel, puisque le Ministre des Finances, ayant augmenté de 265.000.000 F le fonds d'intervention de la Cour pour l'année budgétaire 2012, le Président de la Cour des comptes n'a pris l'ordonnance attaquée, que pour faire bénéficier de cette augmentation le seul groupe auquel il appartient en en relevant les coefficients et en déterminant le paiement de trimestres antérieurs à la prise de l'ordonnance, violant ainsi les dispositions de la comptabilité publique en matière de paiement ;

Considérant que, l'Agent judiciaire de l'État soutient que la rétroactivité de l'ordonnance est justifiée par le fait que la décision du 20 mars 2012 du Ministre de l'Économie et des Finances concerne l'année budgétaire 2012, qui commence le 1er janvier 2012, l'ordonnance n'ayant d'autre but que de matérialiser cette décision visant à améliorer notamment la motivation des personnels Magistrats et d'appliquer la décision des Chambres réunies de la Cour du 10 avril 2012 ;

Considérant qu'une décision administrative est applicable, au plus tôt si elle est réglementaire, à compter du jour où sa publication la rend obligatoire, et si elle est individuelle, à compter du jour où elle a été notifiée à l'intéressé, toute décision qui prévoit une date d'application antérieure étant illégale dans la mesure où elle est rétroactive ;

Considérant que, cependant, le principe de non rétroactivité en dépit de sa rigueur connait des aménagements et même des exceptions comme lorsque, la rétroactivité de l'acte peut être exigée par la situation qu'elle avait pour objet de régir ;

Considérant néanmoins qu'il ne semble pas au vu des faits constants ayant précédé la prise de l'acte attaqué que la rétroactivité de l'ordonnance pouvait être exigée par la situation qu'elle avait pour objet de régir comme le soutient la partie adverse ;

Qu'en effet, en l'espèce, le Ministre des Finances avait rallongé de 265.000.000 F le fonds d'intervention de la Cour des comptes, par arrêté du 20 mars 2012 puis les Chambres réunies de la Cour, par un avis du 10 avril 2012, avaient également retenu que les Assistants de vérification issus du recrutement spécial devaient, à l'occasion de la répartition du fonds d'intervention de la Cour, bénéficier des mêmes coefficients que les Commissaires de vérification des comptes et de contrôle des entreprises publiques ;

Considérant que l'auteur de l'ordonnance soutient que c'est pour appliquer ces deux mesures qu'il a fait rétroagir ladite ordonnance datée du mois de juin 2012 au 1er janvier 2012 ;

Considérant que, certes, la dotation au titre du fonds couvre l'année budgétaire 2012 mais que le fonds est réparti trimestriellement entre les bénéficiaires et les décisions que le Président de la Cour des comptes voulait appliquer sont toutes intervenues après le 1er trimestre 2012 et concernaient deux catégories de personnel qui allaient bénéficier de coefficients supérieurs à ceux qui leur avaient été affectés auparavant ;

Considérant qu'ainsi, la rétroactivité de l'ordonnance n'était nullement nécessaire pour régler la répartition des primes du fonds d'intervention, puisque deux seules catégories d'agents allaient en bénéficier au détriment d'autres ;

Qu'en conséquence, en vertu de la règle de la non rétroactivité des actes administratifs érigée en principe général de droit, l'ordonnance attaquée ne devait produire effet que pour l'avenir et non rétroagir au 1er janvier 2012 ;

Considérant, en outre, que le cas le plus évident de détournement de pouvoir est la poursuite par l'auteur de l'acte d'un but étranger à l'intérêt général ;

Considérant qu'en l'espèce, il résulte des pièces du dossier que la rallonge accordée par le Ministre des Finances a bénéficié au seul groupe des emplois supérieurs de la Cour dont les coefficients ont été relevés et qui ont bénéficié de paiements de trimestres antérieurs prenant en compte l'augmentation du fonds ;

Considérant que le Président de la Cour des comptes, auteur de l'acte fait partie de ce groupe et a donc tiré un intérêt personnel de sa décision de faire rétroagir l'ordonnance de répartition des primes ;

Qu'ainsi, sa décision encourt l'annulation ;

PAR CES MOTIFS,

Déclare recevable le recours formé par Ahmadou Moustapha MBOUP ;
Annule l'ordonnance n°007/12 du 4 juin 2012 du Président de la Cour des comptes.

Jurisp. : T. confl., 12 févr. 2018, no C4115, M. X c/ Ministre de la Justice, Lebon, M. Maunand, prés., Mme Duval-Arnould, rapp., Mme Cortot-Boucher, rapp. publ.

Vu, enregistrée à son secrétariat le 4 décembre 2017, l'expédition de la décision du 4 décembre 2017 par laquelle le Conseil d'État, statuant au contentieux, saisi de la requête de M. B… tendant à l'annulation de l'arrêt du 21 avril 2016 par lequel la cour administrative d'appel de Lyon a rejeté sa requête tendant à l'annulation du jugement du 10 novembre 2015 ainsi qu'à l'annulation pour excès de pouvoir des ordonnances des 27 et 28 novembre 2012 par lesquelles le président du tribunal du contentieux de l'incapacité de la région Rhône-Alpes lui a retiré la mission de présider les audiences foraines à Aix-les-Bains, ainsi que la décision qui lui a été signifiée oralement le 4 février 2013, de ne plus lui confier d'audience avant le mois de septembre 2013, à ce qu'il soit fait injonction de le réaffecter dans sa fonction de président de la formation de jugement siégeant à Aix-les-Bains, enfin, à ce que l'État soit condamné à lui verser une indemnité de 10 631,89 euros en réparation du préjudice subi, a renvoyé au Tribunal, par application de l'article 35 du décret du 27 février 2015, le soin de décider sur la question de la compétence ;

Vu, enregistré le 9 février 2018, le mémoire présenté pour M. B tendant à ce que la juridiction administrative soit déclarée compétente pour statuer sur son recours par le motif que, sous couvert d'une décision motivée par l'intérêt du service, il a fait l'objet d'une sanction déguisée, et que le juge administratif a retenu sa compétence pour connaître des nomination ou refus de nomination des officiers publics ou ministériels et du recours formé par un membre de parquet à l'encontre d'une mesure de mutation d'office décidée dans l'intérêt du service ;

Vu les pièces desquelles il résulte que la saisine du Tribunal des conflits a été communiquée au ministre de la Justice qui n'a pas produit de mémoire ;

Vu les autres pièces du dossier ;

Vu la loi des 16-24 août 1790 et le décret du 16 fructidor an III ; Vu la loi du 24 mai 1872 ;

Vu le décret n° 2015-233 du 27 février 2015 ;

Après avoir entendu en séance publique :

- le rapport de Mme Domitille Duval-Arnould, membre du Tribunal,

- les conclusions de Mme Emmanuelle Cortot-Boucher, rapporteur public ;

Considérant que M. B..., magistrat honoraire renouvelé à compter du 6 août 2012 pour un mandat de trois ans en qualité de président de formation de jugement du tribunal du contentieux de l'incapacité de Lyon par un arrêté de la garde des Sceaux, ministre de la Justice, en date du 19 juillet 2012, a été, par une ordonnance du 7 août 2012, désigné par le président de ce tribunal pour présider les audiences tenues par ce tribunal à Aix-les-Bains (Savoie) pour la période 2012-2015 ; que, à la suite d'une altercation entre M. B... et la secrétaire faisant office de greffière lors de l'audience tenue le 14 novembre 2012 à Aix-les-Bains, le président du tribunal a décidé, par deux ordonnances des 27 et 28 novembre 2012, de désigner un autre magistrat puis lui-même pour présider les audiences prévues les 28 novembre et 5 décembre 2012 à Aix-les-Bains ; qu'en outre, après avoir adressé le 22 janvier 2013 une lettre à M. B... comportant différents griefs, le président du tribunal l'a informé, à l'occasion d'un entretien téléphonique le 4 février 2013, de sa décision de ne plus lui confier la présidence d'une audience avant le mois de septembre 2013 ; que M. B… a formé un recours pour excès de pouvoir contre ces trois décisions, qu'il a assorti de conclusions indemnitaires ; que, par jugement du 10 novembre 2015, le tribunal administratif de Grenoble a rejeté ses demandes comme ne relevant pas de la compétence de la juridiction administrative ; que M. B… s'est pourvu en cassation contre l'arrêt du 21 avril 2016 par lequel la Cour administrative d'appel de Lyon a rejeté sa demande d'annulation du jugement ; qu'après avoir rejeté les conclusions du pourvoi de M. B… contre cet arrêt en tant qu'il statuait sur les ordonnances des 27 et 28 novembre 2012 et retenu que la décision notifiée oralement le 4 février 2013 était motivée par la volonté de sanctionner l'intéressé et que, par suite, la cour s'était méprise sur la nature de la décision attaquée, le Conseil d'État a sursis à statuer sur les autres conclusions du pourvoi et, par application de l'article 35 du décret du 27 février 2015, renvoyé au Tribunal le soin de décider sur la compétence quant à cette partie de l'action introduite par M. B…;

Considérant que la décision prise par le président d'une juridiction judiciaire de modifier une ordonnance de roulement constitue une mesure relevant du fonctionnement du service public de la justice et dont l'examen conduit à porter une appréciation sur la marche même des services judiciaires ; que la juridiction judiciaire peut seule procéder à cet examen ; qu'il s'ensuit qu'un recours contre une telle décision, fondé sur le fait qu'elle constituerait une sanction déguisée, relève de sa compétence; que la juridiction judiciaire est donc compétente pour connaître de l'action introduite par M. B…;

D E C I D E :

Article 1er : La juridiction judiciaire est compétente pour connaître de l'action introduite par M. B….

Article 2 : La présente décision sera notifiée à M. B… et au Garde des Sceaux, ministre de la Justice.

Chapitre XVII

LES ORDONNANCES PRISES SUR LE FONDEMENT DE L'ARTICLE 77 DE LA CONSTITUTION QUI NE SONT PAS RATIFIÉES PAR L'ASSEMBLÉE NATIONALE

> Francis HAMON et Michel TROPER, Droit constitutionnel (2013) : « *Tant qu'une ordonnance n'a pas été ratifiée par le Parlement, elle doit être considérée comme étant un acte administratif* ».

Les ordonnances sont des actes pris par le pouvoir exécutif sur délégation législative portant sur des matières déterminées et devant s'appliquer pendant une durée déterminée.

L'article 77 de la Constitution sénégalaise dispose que « *l'Assemblée nationale peut habiliter par une loi le Président de la République à prendre des mesures qui sont normalement du domaine de la loi.*

Dans les limites de temps et de compétence fixées par la loi d'habilitation, le Président de la République prend des ordonnances qui entrent en vigueur dès leur publication mais deviennent caduques si le projet de loi de ratification n'est pas déposé sur le bureau de l'Assemblée nationale avant la date fixée par la loi d'habilitation. L'Assemblée nationale peut les amender à l'occasion du vote de la loi de ratification. »

Cette disposition de la Constitution permet au Gouvernement de prendre par ordonnance, dans un délai limité, des mesures dans des matières relevant du domaine de la loi, que la Constitution (article 67) réserve en principe au Parlement. Après avoir reçu l'autorisation de ce dernier (loi d'habilitation), le Gouvernement prend une ordonnance, puis dépose un projet de loi pour obtenir sa ratification. Cette ratification par le Parlement donne à l'ordonnance le statut d'une véritable loi, qui ne peut donc plus être attaquée devant le juge administratif.

Tant qu'elles ne sont pas ratifiées par l'Assemblée nationale, elles constituent des actes réglementaires susceptibles d'être attaqués devant le juge de l'excès de pouvoir, qui a le pouvoir de l'annuler.

En France, depuis le début de la Ve République, le Conseil d'État puis la Cour de Cassation et le Conseil constitutionnel jugeaient que les ordonnances constituaient, avant leur ratification par le Parlement, des actes administratifs que le Conseil d'État pouvait contrôler, y compris au regard de la Constitution, comme il le fait pour tous les actes réglementaires émanant du Gouvernement.

Chapitre XVIII

LES MESURES EXCEPTIONNELLES DU PRÉSIDENT DE LA RÉPUBLIQUE PRISES SUR LE FONDEMENT DE L'ARTICLE 52 DE LA CONSTITUTION QUI NE SONT PAS RATIFIÉES PAR L'ASSEMBLÉE NATIONALE

Les mesures exceptionnelles du Président de la République sont des mesures qu'il est amené à prendre lorsqu'il y a des menaces sur l'intégrité du territoire ou sur le bon fonctionnement des services publics.

Ces mesures peuvent intervenir dans le domaine législatif.

Comme pour les ordonnances, tant que ces mesures ne sont pas ratifiées par l'Assemblée nationale elles constituent des actes réglementaires susceptibles d'être attaqués en recours pour excès de pouvoir devant la Cour suprême.

(Voir l'article 52 de la Constitution, reproduit ci-après)

« *Lorsque les institutions de la République, l'indépendance de la Nation, l'intégrité du territoire national ou l'exécution des engagements internationaux sont menacées d'une manière grave et immédiate, et que le fonctionnement régulier des pouvoirs publics ou des institutions est interrompu, le Président de la République dispose de pouvoirs exceptionnels.*

Il peut, après en avoir informé la Nation par un message, prendre toute mesure tendant à rétablir le fonctionnement régulier des pouvoirs publics et des institutions et à assurer la sauvegarde de la Nation.

Il ne peut, en vertu des pouvoirs exceptionnels, procéder à une révision constitutionnelle. L'Assemblée nationale se réunit de plein droit. Elle est saisie pour ratification, dans les quinze jours de leur promulgation, des mesures de nature législative mises en vigueur par le Président.

L'Assemblée peut les amender ou les rejeter à l'occasion du vote de la loi de ratification. Ces mesures deviennent caduques si le projet de loi de ratification n'est pas déposé sur le bureau de l'Assemblée nationale dans ledit délai.

Elle ne peut être dissoute pendant l'exercice des pouvoirs exceptionnels. Lorsque ceux-ci sont exercés après la dissolution de l'Assemblée nationale, la date des scrutins fixée par le décret de dissolution ne peut être reportée, sauf cas de force majeure constaté par le Conseil constitutionnel. »

Chapitre XIX

SOMMATION D'ARRÊT DE TRAVAUX ET DE DÉMOLITION DE LA DSCOS

La Direction de la Surveillance et du Contrôle de l'Occupation du Sol (DSCOS) a été créée par décret n° 2004-84 du 23 janvier 2004 portant organisation du Ministère de l'Urbanisme et de l'Aménagement du Territoire. Dans le rapport de présentation dudit décret, il est indiqué que cette nouvelle direction se veut un outil efficace de prévention et de lutte contre les occupations et constructions irrégulières.

La DSCOS a pour mission générale, la prévention et la lutte contre les occupations, les constructions et les lotissements irréguliers ainsi que la gestion du contentieux y afférent, conformément aux lois et règlements en vigueur. Elle est compétente sur l'ensemble du territoire national. Elle est appelée à exercer ses missions dans le ressort de toutes les cours d'appel.

Dans le cadre de l'exécution de sa mission, la DSCOS reçoit les plaintes et dénonciations et mène des enquêtes conformément aux lois et règlements en vigueur, en particulier dans le cadre de l'application des dispositions du Code de l'Urbanisme, du Code de la Construction, du Code du Domaine de l'État, du Code de l'Environnement, du Code minier, du Code forestier et de la loi sur le Domaine national.

Pour sa saisine, la Direction de la Surveillance et du Contrôle de l'Occupation du Sol (DSCOS) peut-être mise en mouvement sur ordre de Monsieur le Président de la République, du Ministre des Forces armées ou sur demande des autres ministères et administrations adressée au Directeur de la DSCOS.

Dans leur cadre de l'exercice de leur mission, les agents de la DSCOS agissent principalement en qualité d'officiers de police judiciaire chargés de recevoir les plaintes et dénonciations, de mener des enquêtes, de procéder à des arrestations en cas d'infractions à la loi. À ce titre, ils sont placés sous la direction du Procureur de la République du ressort et leurs procès-verbaux ne valent qu'à titre de simples renseignements.

Ainsi, en cas de transmission des procès-verbaux d'enquête au Procureur de la République, ils sont dessaisis de l'affaire sauf en cas de délégation judiciaire ou exécution des décisions de justice devenues définitives.

Les agents de la DSCOS peuvent aussi agir en tant qu'autorités administratives dans le cadre de la mise en œuvre des sanctions prévues par le Code de l'Urbanisme. Dans ce cas, la DSCOS est défendue par l'AJE lorsqu'un recours juridictionnel est intenté contre ses actes juridiques ou matériels.

En vertu de l'article L.85 alinéa 5 du Code de l'Urbanisme, le service chargé de la surveillance et du contrôle de l'occupation du sol peut procéder, après formalités d'usage, à la démolition des constructions édifiées en contravention des dispositions applicables au présent code.

L'article 86 du même code ajoute que l'autorité chargée du contrôle peut procéder d'office, après sommation, à la démolition et à la remise en état des lieux aux frais de l'intéressé, après avoir fait établir la description contradictoire des biens à détruire lorsque la construction est édifiée sur un terrain occupé sans droit ni titre.

Les articles R.375 et R.378 du Code de l'Urbanisme reprennent pratiquement les mêmes dispositions. En application de ces textes, la DSDCOS peut prendre des mesures (sommation d'arrêt des travaux, interdiction d'accès au terrain, etc.) faisant griefs et susceptibles d'être attaquées devant le juge de l'excès de pouvoir.

Il convient aussi de souligner que les actes de la DSCOS peuvent faire l'objet de référés administratifs (référé suspension, référé liberté et référé mesures utiles ou conservatoire), procédure prévue par les articles 83 et suivants de la loi organique sur la Cour suprême.

Dans l'affaire la société Keur Maty SUARL (*ordonnance n°14 du 07 juillet 2020, affaire la société Keur Maty SUARL c/ État du Sénégal*), la requérante avait aussi saisi le juge des référés administratifs pour obtenir la suspension de la décision attaquée, et faisant droit à sa requête, le juge a ordonné la suspension de l'acte attaqué aux motifs que le requérant justifie l'urgence et soulève également des moyens propres à créer un doute sérieux quant à la légalité de la décision attaquée.

Dans autre affaire plus récente (*ordonnance n°21 du 12 novembre 2020, les Héritiers de feu Alassane NDOYE contre la DSCOS et l'État du Sénégal*), les requérants avaient saisi le juge des référés administratifs sur le fondement des articles 86 et 87 (référé mesures utiles) de la loi organique sur la Cour suprême aux fins d'ordonner au Directeur de la DSCOS de justifier sa décision de détruire le mur de clôture érigé depuis 2015 par la famille NDOYE sur le lot n°3 du TF 4393/DG devenu TF n°1582/NGA, de justifier l'affectation des éléments de la force publique sur les lieux pour escorter les maçons en œuvre pour le compte d'une partie privée qui ne dispose de surcroit d'aucun titre, etc.

Le juge a rejeté la requête suivant ordonnance n°21 du 12 novembre 2020 motifs pris de ce que les Héritiers de feu Alassane NDOYE n'ont pas produit au dossier un acte justifiant l'existence d'un droit réel à leur profit.

Seconde partie
LES ACTES INSUSCEPTIBLES DE RECOURS POUR EXCÈS DE POUVOIR

Edouard LAFERRIERE, Traité de la juridiction administrative et des recours contentieux (1888) : « *Le recours pour excès de pouvoir est, comme chacun sait, un recours essentiellement objectif ; un « procès fait à un acte* ».

Bien que les règles soient claires et la jurisprudence abondante, un nombre important de recours voués à l'échec sont néanmoins déposés chaque année. Le fait même que la jurisprudence soit abondante traduit bien l'inflation des recours inutiles en cette matière.

Les actes insusceptibles de recours peuvent avoir les caractères d'un acte administratif, mais bénéficient d'une immunité juridictionnelle ; c'est le cas, notamment, des actes de gouvernement. Dans d'autres cas, le juge estime que l'acte ne satisfait pas à toutes les conditions permettant la qualification d'acte administratif.

C'est le cas, notamment, des actes suivants :

- les actes des personnes privées, non investies d'une mission de Service public ;
- les actes des autorités étrangères ou internationales ;
- les actes concernant les relations internationales du Sénégal ;
- les actes parlementaires ;
- les actes de gouvernement;
- les contrats ;
- les lettres de notification ;
- les actes juridictionnels (réquisitoire introductif) ;
- les actes préparatoires ;
- la circulaire non réglementaire ;
- les mesures d'ordre intérieur ;
- la note de service ;
- le procès-verbal de réunion ;
- la lettre de convocation d'une assemblée générale
- certains actes réglementaires pris par le Ministre de l'Intérieur, et les préfets et les sous-préfets en matière électorale ;
- les décisions du Médiateur de la République.

Chapitre I

LES ACTES DES PERSONNES PRIVÉES, NON INVESTIES D'UNE MISSION DE SERVICE PUBLIC

La personne privée ne peut prendre des actes administratifs susceptibles de recours pour excès de pouvoir que si elle bénéficie d'une délégation de pouvoir délivrée par l'autorité administrative. (**Voir le chapitre XII de la première partie)**

Nathalie VINCI, Le contrôle des délégations de service public 2012) :

« Pour assurer la gestion de certains de leurs services publics et répondre aux besoins des usagers, les collectivités territoriales confient bien souvent cette gestion à des personnes extérieures par la voie contractuelle, et ce à l'issue d'une procédure de délégation de service public ».

Jurisp. : Cour suprême arrêt n°26 du 16 mai 2013 Association Sportive Culturelle dite ASC PINTHIE c/Organisme Départemental de Coordination des Activités de Vacances de Dakar (ODCAV)

Considérant qu'à la suite de violences enregistrées à la fin d'un match de football opposant deux équipes du championnat national populaire, le comité directeur de l'Organisme départemental de coordination des activités de vacances (ODCAV) de Dakar, statuant en appel, en sa séance du 9 novembre 2011, a suspendu l'Association sportive et culturelle dite ASC PINTHIE pour 2 ans dont un an ferme et l'a condamnée à payer 500.000 F d'amende ;

Considérant que selon les dispositions de l'article 73 de la loi organique sur la Cour suprême, le recours en annulation n'est recevable que contre une décision explicite ou implicite d'une autorité administrative ;

Considérant que l'ODCAV de Dakar dont la décision est attaquée est une structure de l'Organisme national de Coordination des Activités de Vacances (ONCAV), qu'elle est une association à but d'éducation populaire et sportive régie notamment par les dispositions de l'article 821 du COCC qui en fait un organisme privé ;

Considérant qu'il ne peut prendre des actes administratifs susceptibles de recours pour excès de pouvoir que s'il bénéficie d'une délégation de pouvoir délivrée par l'autorité administrative, ce qui n'est pas le cas en l'espèce ;

Qu'ainsi, il y a lieu de déclarer irrecevable le recours en annulation de l'ASC PINTHIE formé contre la décision de l'ODCAV ;

PAR CES MOTIFS,

Déclare irrecevable le recours en annulation de l'ASC PINTHIE formé contre le procès-verbal du Comité Directeur de l'ODCAV.

Jurisp.: Cour suprême arrêt n°30 du 29/5/13, Moussa Diao DIENG c/ L'Organisme Régional de Coordination des Activités de Vacances (ORCAV) de Diourbel

Considérant que le 29 septembre 2012, l'Organisme Régional de Coordination des Activités de Vacances (ORCAV) de Diourbel a tenu une Assemblée générale ordinaire à l'issue de laquelle, après vérification du mandat des délégués, un Comité directeur a été installé et un nouveau bureau élu ; que Moussa Diao DIENG, qui estime que l'Assemblée s'est réunie sur convocation du Président de l'Organisme national de Coordination des Activités de Vacances (ONCAV), alors qu'il n'en avait pas le pouvoir, conteste la validité des décisions qui en sont issues;

Considérant que selon les dispositions de l'article 73 de la loi organique sur la Cour suprême, le recours en annulation n'est recevable que contre une décision explicite ou implicite d'une autorité administrative ;

Considérant que l'Organisme régional de Coordination des Activités de Vacances (ORCAV) dont les décisions sont attaquées en annulation est une association à but d'éducation populaire et sportive régie notamment par les dispositions de l'article 821 du COCC qui en font un organisme privé ;

Considérant qu'il ne peut prendre des actes administratifs susceptibles de recours pour excès de pouvoir que s'il bénéficie d'une délégation de pouvoir délivrée par l'autorité administrative, ce qui n'est pas le cas en l'espèce;

Qu'ainsi, il y a lieu de déclarer irrecevable le recours en annulation de Moussa Diao DIENG introduit contre les décisions prises par l'assemblée générale ordinaire de l'ORCAV de Diourbel ;

PAR CES MOTIFS,

Déclare irrecevable le recours en annulation de Moussa Diao DIENG.

<u>Jurisp.</u> : Cour suprême arrêt n°33 du 13/6/13 Saliou NDIAYE c/L'Organisme national de Coordination des Activités de Vacances (ONCAV)

Considérant que le 11 juillet 2012, l'Organisme Départemental de Coordination des Activités de Vacances (ODCAV) de Diourbel a tenu son assemblée générale, à l'issue de laquelle un comité directeur et un bureau exécutif ont été élus pour 04 ans ; Que cependant par décision du 11 octobre 2012, le Président de l'Organisme national de Coordination des Activités de Vacances (ONCAV) a prononcé la dissolution de l'ODCAV en raison du « *refus de certains membres et structures de l'ODCAV de Diourbel de respecter les dispositions règlementaires qui régissent le mouvement et auxquelles doivent se soumettre toutes les structures affiliées* » ;

Par la suite des délibérations ont été prises par l'assemblée générale tenue le 14 octobre 2012 par l'ODCAV nouvellement installé ;

Que ce sont ces décisions que Saliou NDIAYE attaque en annulation;

Considérant qu'en vertu des dispositions de l'article 73 de la loi organique sur la Cour suprême, le recours en annulation n'est recevable que contre une décision implicite ou explicite d'une autorité administrative ;

Considérant que l'ONCAV et l'ODCAV dont les décisions sont attaquées en annulation sont des associations à but d'éducation populaire et sportive régies notamment par les dispositions de l'article 821 du Code des obligations civiles et commerciales (COCC) qui en font des organismes privés ;

Considérant qu'ils ne peuvent prendre des actes administratifs susceptibles de recours pour excès de pouvoir que s'ils bénéficient d'une délégation de pouvoir délivrée par l'autorité administrative, ce qui n'est pas le cas en l'espèce ;

Qu'ainsi, il y a lieu de déclarer irrecevable le recours en annulation de Saliou Ndiaye introduit contre la décision prise par le Président de l'ONCAV et les décisions de l'assemblée générale de l'ODCAV de Diourbel nouvellement installé ;

PAR CES MOTIFS,

Déclare irrecevable le recours en annulation de Saliou NDIAYE, Président de l'ODCAV de Diourbel.

Jurisp. : Cour suprême arrêt n°36 du 12/7/13, Association Sportive et Culturelle Youssou TOURE c/ Le Président de l'Organisme Régional de Coordination des Activités de Vacances de Diourbel

Considérant que par la décision attaquée le Président de l'Organisme Régional de Coordination des Activités de Vacances (ORCAV) de Diourbel a procédé au remplacement de l'Association Sportive et Culturelle (ASC) Youssou TOURE par l'ASC Teen Bi pour représenter la région de Diourbel en catégorie juniors/séniors aux phases nationales sportives ;

Considérant qu'en vertu des dispositions de l'article 73 de la loi organique sur la Cour suprême, le recours en annulation n'est recevable que contre une décision implicite ou explicite d'une autorité administrative ;

Considérant que dont la décision est attaquée en annulation est une association à but d'éducation populaire et sportive régie notamment par les dispositions de l'article 821 du Code des obligations civiles et commerciales (COCC) qui en font un organisme privé ;

Considérant ainsi qu'elle ne peut prendre des actes administratifs susceptibles de recours pour excès de pouvoir que si elle bénéficie d'une délégation de pouvoir délivrée par l'autorité administrative, ce qui n'est pas le cas en l'espèce ;

Qu'il y a lieu dès lors de déclarer irrecevable le recours en annulation de l'Association Sportive et Culturelle (ASC) Youssou TOURE introduit contre la décision du Président de l'ORCAV de Diourbel ;

PAR CES MOTIFS :

Déclare irrecevable le recours de l'ASC Youssou TOURE.

<u>Jurisp.</u> : Cour suprême arrêt n°37 du 12/7/13, Mamadou Dioum c/ l'Organisme national de Coordination des Activités de Vacances

Considérant que suivant procès-verbal du 26 septembre 2012, le comité directeur de l'Organisme national de Coordination des Activités de Vacances (ONCAV) a suspendu plusieurs personnes, dont le requérant, de leur qualité de membres de l'Organisme Départemental de Coordination des Activités de Vacances (ODCAV) de Diourbel, pour refus de déférer à la convocation de sa commission chargée des auditions;

Considérant qu'en vertu des dispositions de l'article 73 de la loi organique sur la Cour suprême, le recours en annulation n'est recevable que contre une décision implicite ou explicite d'une autorité administrative ;

Considérant que l'ONCAV dont la décision est attaquée en annulation est une association à but d'éducation populaire et sportive régie notamment par les dispositions de l'article 821 du Code des obligations civiles et commerciales (COCC) qui en font un organisme privé ;

Considérant ainsi qu'elle ne peut prendre des actes administratifs susceptibles de recours pour excès de pouvoir que si elle bénéficie d'une délégation de pouvoir délivrée par l'autorité administrative, ce qui n'est pas le cas en l'espèce ;

Qu'il y a lieu dès lors de déclarer irrecevable le recours en annulation de Mamadou Dioum introduit contre la décision du comité directeur de l'ONCAV ;

PAR CES MOTIFS,

Déclare irrecevable le recours en annulation de Mamadou DIOUM.

<u>Jurisp.</u> : Cour suprême arrêt n°41 du 25 aout 2013, Pape Ibra Mbengue c/ Organisme national de Coordination des Activités de Vacances (ONCAV)

Considérant qu'à la date du 27 septembre 2012, l'organisme national de coordination des activités de vacances (ONCAV) a convoqué l'Assemblée générale ordinaire de l'organisme départemental de coordination des activités de vacances (ODCAV) de Bambey, installé un comité Directeur et procédé à l'élection d'un nouveau bureau ; que ce sont ces décisions qui sont attaquées en annulation par Pape Ibra Mbengue, membre de l'ODCAV de Bambey ;

Considérant qu'en vertu des dispositions de l'article 73 de la loi organique sur la Cour suprême, le recours en annulation n'est recevable que contre une décision implicite ou explicite d'une autorité administrative ;

Considérant que l'ODCAV, dont les décisions sont attaquées en annulation de même que l'ONCAV qui en est l'initiatrice, sont des associations à but d'éducation populaire et sportive, régies notamment par les dispositions de l'article 821 du code des obligations civiles et commerciales (COCC) qui en font des Organismes privés ;

Considérant ainsi, qu'elles ne peuvent prendre des actes administratifs susceptibles de recours pour excès de pouvoir que si elles bénéficient d'une délégation de pouvoir délivrée par l'autorité administrative, ce qui n'est pas le cas en l'espèce ;

Qu'il y a lieu, dès lors, de déclarer irrecevable le recours en annulation de Pape Ibra Mbengue introduit contre les décisions issues de l'Assemblée générale ordinaire de l'ODCAV de Bambey convoquée par l'ONCAV ;

PAR CES MOTIFS,

Déclare irrecevable le recours de Pape Ibra Mbengue.

Chapitre II

LES ACTES DES AUTORITÉS ÉTRANGÈRES OU INTERNATIONALES

Boutros Boutros-GHALI : « *Le droit international est, pour les Etats, non seulement, un ensemble normatif, mais aussi un langage commun* ».

L'acte administratif attaqué doit être un acte d'une autorité nationale c'est-à-dire sénégalaise et non un acte d'une autorité étrangère (cf. CS 26 mai 1961, Alioune Ndiaye, GDJAS, p. 48).

Cette solution qui est constante, ne se fonde pas sur la théorie des actes de gouvernement. Elle tient au fait que le juge est « *un juge d'ordre interne qui n'a de compétence qu'à l'égard des actes, faits et situations régis par l'ordre juridique souverain dont il est l'organe* ». (Voir sur ce point, E. PICARD, Rép. Dalloz contentieux adm. Vé. Acte international, N°38).

C'est une question de souveraineté.

<u>Jurisp :</u> Cour suprême CS 26 avril 1961 Alioune NDIAYE, c/État du Sénégal, GDJAS, p. 4.

Attendu que bien que le requérant n'ait pas rappelé que l'acte qu'il entend critiquer est bien la décision n°1404/4 du 9 avril 1960, il ressort nettement de l'ensemble du dossier transmis par NDIAYE Alioune qu'il s'agit d'un recours pour excès de pouvoir dirigé contre ladite décision ;

Attendu que NDIAYE Alioune est employé civil des services militaires, que ces services groupent trois catégories de personnel :

1°) ceux qui sont assimilés à des fonctionnaires ; 2°) les décisionnaires; 3°) les contractuels.

Que NDIAYE Alioune est de la première catégorie ; Que cette distinction a pour but et pour effet d'aligner les employés civils des services militaires sur une et État, leurs homologues des services publics civils ; qu'elle évite ainsi à l'intérieur du même territoire des disparités dans les conditions de travail et de rémunérations faites à des agents présentant sensiblement les mêmes qualifications professionnelles ; qu'elle est encore en vigueur et se trouve conforme aux stipulations des accords franco-maliens du 4 avril 1960 que le Sénégal a déclaré prendre à son compte ; qu'il est dit dans l'accord de coopération en matière de défense (annexe III sur les bases de l'infrastructure, article 8) : « les Forces Armées Françaises ont, au Mali, la liberté d'emploi, de recrutement, et de licenciements de la main-d'œuvre civile qui est nécessaire conformément à la législation du travail en vigueur au Mali » ; que la similitude de condition entre les employés de condition entre les employés civils des services militaires français, et les employés des services Attendu que bien que le requérant n'ait pas rappelé que l'acte qu'il entend critiquer est bien la décision n°1404/4 du 9 avril 1960, il ressort nettement de l'ensemble du dossier transmis par NDIAYE Alioune qu'il s'agit d'un recours pour excès de pouvoir dirigé contre ladite décision ;

Attendu que NDIAYE Alioune est employé civil des services militaires, que ces services groupent trois catégories de personnel :

1°) ceux qui sont assimilés à des fonctionnaires ; 2°) les décisionnaires;

3°) les contractuels.

Que NDIAYE Alioune est de la première catégorie ; Que cette distinction a pour but et pour effet d'aligner les employés civils des services militaires sur une et État, leurs homologues des services publics civils ; qu'elle évite ainsi à l'intérieur du même territoire des disparités dans les conditions de travail et de rémunérations faites à des agents présentant sensiblement les mêmes qualifications professionnelles ; qu'elle est encore en vigueur et se trouve conforme aux stipulations des accords franco-maliens du 4 avril 1960 que le Sénégal a déclaré prendre à son compte ; qu'il est dit dans l'accord de coopération en matière de défense (annexe III sur les bases de l'infrastructure, article 8) : *« les Forces Armées Françaises ont, au Mali, la liberté d'emploi, de recrutement, et de licenciements de la main-d'œuvre civile qui est nécessaire conformément à la législation du travail en vigueur au Mali* » ; que la similitude de condition entre les employés de condition entre les employés civils des services militaires français, et les employés des services publics sénégalais, n'empêche pas que les premiers soient recrutés par l'autorité française dont ils dépendent encore exclusivement, quelle que leur catégorie;

Attendu que le Général Commandant Supérieur de la zone d'Outre-Mer n°1 est une autorité française (donc étrangère), agissant comme telle dans ses rapports avec les employés civils de l'armée française dont fait partie NDIAYE Alioune ; qu'il s'ensuit que la décision par laquelle cette autorité a révoqué l'adjoint administratif NDIAYE Alioune avec suspension des droits à pension ne constitue pas un acte administratif de l'autorité sénégalaise susceptible d'être attaqué devant la Cour suprême statuant par application des articles 2 et 83 de l'ordonnance du 3 septembre 1960 ; qu'en effet quand cette ordonnance stipule que la Cour suprême se prononce sur les recours en annulation pour excès de pouvoir formés contre les décisions émanant des autorités administratives, c'est nécessairement à la condition qu'il s'agisse d'autorités sénégalaises ;

PAR CES MOTIFS ;

Sans qu'il y ait lieux d'examiner les moyens de la requête ; Rejette le recours.

Chapitre III

LES ACTES PARLEMENTAIRES

Il s'agit des actes pris par les bureaux ou les présidents des assemblées parlementaires dans le cadre de la gestion interne de leur assemblée respective.

Ces actes ne doivent être confondus ni avec les actes législatifs ni avec les actes de gouvernement. Ils ne constituent pas des actes législatifs puisqu'ils ne peuvent être rattachés à la conduite de la procédure d'adoption des lois.

Ils ne constituent pas non des actes de gouvernement car ils sont purement internes aux assemblées alors que la catégorie évoquée tend plutôt à recenser les actes qui mettent en cause les relations entre pouvoirs constitutionnels.

Le refus de contrôler les actes parlementaires est ancien. On peut le faire remonter à l'arrêt Carrey de BELLAMARE, rendu par le Conseil d'État le 15 novembre 1872.

Le Conseil considère que ces actes se situent en dehors du « domaine de l'appréciation des tribunaux ». On peut ainsi mentionner, parmi eux, les décisions de réglementation de l'accès du public aux salles des débats (*CE, 24 novembre 1882, MERLY*).

Le Conseil d'État juge qu'un rapport d'enquête parlementaire n'est pas un acte administratif (*CE 30 mars 2001, Association du Vajra Triomphant*).

L'élection de deux membres de l'Assemblée à siéger au Parlement européen n'est pas non plus susceptible de recours (*CE 22 mai 2012, DUPRE*).

Le contentieux des pensions est également exclu de prétoire (*CE 27 mars 1996, Antagnac*). On doit aussi mentionner que le Conseil constitutionnel est compétent pour contrôler les règlements des assemblées parlementaires.

Les actes parlementaires échappaient à tout contrôle juridictionnel, aujourd'hui, il y a une évolution considérable de la jurisprudence française dans ce domaine. (V.*C.E. Ass. 5 Mars 1999, Président de l'Assemblée nationale, GAJA- 12e édition- P.340- V. aussi concl. Mme BERGEAL- RFDA- 1999- 333*) ;

Chapitre IV
LES ACTES DE GOUVERNEMENT

> Edouard LAFERRIERE, Traité de la juridiction administrative et des recours contentieux (1888) : « *La distinction entre les actes administratifs et les actes de gouvernement doit être déduite des principes généraux du droit public et de la nature même des choses. Ces deux espèces d'actes correspondent, en effet, à des attributions différentes du pouvoir exécutif : administrer et gouverner* ».

Les actes de gouvernement sont difficiles à définir. La doctrine semble avoir abandonné la tentative de les caractériser autrement qu'empiriquement, c'est-à-dire en proposant et en actualisant la liste des actes qui semblent entrer dans cette catégorie. On trouve la première trace de ces actes dans l'arrêt LAFIITTE du Conseil d'État du 1er mai 1822, ou encore dans l'arrêt Duc D'AUMALE du 9 mai 1867. Dans ces deux arrêts, le Conseil se déclare incompétent pour connaître d'actes qui ont été pris en suivant un « *mobile politique* ». Le critère du mobile politique n'aurait su prospérer avec le développement de l'État de droit. C'est la raison pour laquelle, le Conseil d'État est revenu sur cette jurisprudence par un arrêt Prince Napoléon du 19 février 1875.

Le prince Napoléon-Joseph BONAPARTE[5], cousin de l'empereur Napoléon III, avait été nommé général par ce dernier. Le Ministre de la

[5]Le prince Napoléon-Joseph BONAPARTE, nommé général de division en 1853 par son cousin Napoléon III, se plaint que l'annuaire militaire de 1873, trois ans après la chute du Second Empire, ne mentionne plus son nom sur la liste des généraux. Le Ministre de la Guerre, le Général BARAIL, lui répond que sa nomination « *se rattache aux conditions particulières d'un régime politique aujourd'hui disparu et dont elle subit nécessairement la caducité* ». Cette décision est déférée au Conseil d'État. L'administration oppose le caractère politique de la mesure attaquée. Mais

guerre, sous la IIIème République, et donc après la chute de l'Empire, décida de retirer au prince Napoléon son grade de général, au motif que la fin de l'Empire, entraînait la fin des privilèges accordés sous ce régime et contraires aux valeurs et nécessités de la République.

Le prince demanda alors au Conseil d'État d'annuler cette décision, au motif qu'elle aurait porté atteinte aux droits qu'il tirait de la décision par laquelle l'Empereur l'avait nommé général.

Bien qu'il ne fasse aucun doute que l'acte avait été pris sur un mobile politique, le Conseil d'État se déclara compétent, et rejeta la requête au fond.

Cette jurisprudence, suivie peu après par le Tribunal des conflits (*TC, 5 novembre 1880, MARQUIGNY et autres c/CAMBON et MORNAVE, Sirey, 1881. III. 85 et s.*) limita de façon drastique le nombre d'actes auparavant immunisés du contrôle juridictionnel.

Toutefois, la catégorie des actes de gouvernement perdure aujourd'hui encore. Pour l'essentiel, elle concerne deux catégories : celle que l'on nomme actes de gouvernement internes et celle des actes de gouvernement externes.

Les premiers sont relatifs aux rapports entre les pouvoirs publics constitutionnels. Pour cette première catégorie, le Conseil d'État considère, par exemple, que constituent des actes de gouvernement :

- la décision du Premier ministre de déposer un projet de loi (*CE, 19 octobre 1962, BROCAS*) ;

- la décision de nommer un membre du Conseil constitutionnel (*CE, ass., 9 avril 1999, Mme BA*) ;

---

le Conseil d'État se reconnaît compétent pour se prononcer sur la légalité de l'acte par lequel le gouvernement avait retiré au prince Napoléon son grade de général1. Mais il rejette le recours au fond, suivant en cela les conclusions du Commissaire du Gouvernement David, qui a fait valoir que : « *pour présenter le caractère exceptionnel qui le mette en dehors et au-dessus de tout contrôle juridictionnel, il ne suffit pas qu'un acte, émané du Gouvernement ou de l'un de ses représentants, ait été délibéré en Conseil des ministres ou qu'il ait été dicté par un intérêt politique* ».

- le décret de nomination du Gouvernement (*CE 16 sept. 2005, M. HOFFER*);

- la décision de recourir à l'article 16 de la Constitution (*CE, Ass, 2 mars 1962, Rubin de SERVENS*) ;

- le refus de Premier ministre d'invoquer l'urgence pour la procédure de contrôle duConseil constitutionnel (*CE, 9 octobre 2002, MAYET et BOUGET*) ;

- la décision de nommer un comité pour examiner des pistes de réforme de la Constitution (*CE, 3 décembre 1993, Syndicat des justiciables et BIDALOU*).

S'agissant de la seconde catégorie, la jurisprudence regarde, notamment, comme acte de gouvernement les actes mettant en cause les rapports du Gouvernement avec un État étranger ou un organisme international.

Ces actes, externes, concernent, en substance, la conduite des relations internationales. On peut ainsi citer:

- les mesures relatives à la conduite de la guerre, la décision de mise en œuvre d'un embargo (*CE, 29 décembre 1997, Société Héli-Union*) ;

- l'envoi des troupes françaises sur un théâtre d'opérations (*CE, 5 juillet 2000, MEGRET et MERKHANTAR*) ;

- l'élaboration, la signature et la ratification d'un traité international (*CE, 23 juillet 1961, Sté indochinoise d'électricité*) ;

- la suspension de tels traités (*CE, 18 décembre 1992, Préfet de la Gironde*);

- la décision de reprendre les essais nucléaires (*CE, 29 septembre 1995, Association Greenpeace France, n°171277*) ;

- la décision de voter dans tel ou tel sens dans les différentes instances internationales (*CE, 23 novembre 1984, Association « Les Verts » et autre, n°s 54359, 54360*) ;

- la décision de suspension de toute coopération scientifique et technique avec l'Irak lors de la guerre du Golfe, y compris l'interdiction d'inscription des étudiants irakiens dans les universités (*CE, 23 septembre 1992, GISTI, n°120437;120737*) ;

- la décision par laquelle le Ministre des Affaires étrangères refuse à un ressortissant étranger le droit de séjourner en France en qualité de membre du personnel d'une mission diplomatique (*CE, 16 novembre 1998, LOMBO, n°161188, 161189*) ;

- une décision prise par une instance intergouvernementale (*CE, 12 février 2016, M. LECUYER, n°387931*) ;

- la décision par laquelle le groupe français de la Cour permanente d'arbitrage propose ou refuse de proposer une candidature à l'élection des juges à la Cour pénale internationale (*CE, 28 mars 2014, M. de BAYNAST, n°373064*).

Aujourd'hui, la tendance générale est d'admettre de plus en plus largement des actes détachables des relations internationales, comme par exemple :

- l'inscription d'une association suspectée d'avoir des liens avec des organisations terroristes internationales sur la liste des personnes pour lesquelles les opérations de change et les mouvements de capitaux sont soumis à autorisation ministérielle (*CE, 3 novembre 2004 Association Secours mondial de France, n°262626*) ;

- le refus du Premier ministre de notifier à la Commission européenne une disposition législative instaurant un mécanisme pouvant être constitutif d'une aide d'État (*CE, 7 novembre 2008, Comité national des interprofessions des vins à appellations d'origine et autres n°282920*).

La doctrine française considère dans ce cas que l'acte détachable est tourné vers l'ordre « interne » et non vers l'ordre international. (*V. Duez, les actes de gouvernement, P.37- HEUMAN : EDCE 1953, p.51.*)

Le juge administratif sénégalais n'a pas encore eu l'occasion de préciser sa position.

Jurisp. : Conseil d'État français, n°46707 19 février 1875, Publié au recueil Lebon

Vu la requête sommaire et le mémoire ampliatif présentés pour le Prince Napoléon Joseph Bonaparte, ladite requête et ledit mémoire, enregistrés au secrétariat du contentieux du Conseil d'État les 9 septembre et 13 octobre 1873, et tendant à ce qu'il plaise au Conseil annuler pour excès de pouvoirs une décision, en date du 17 juin 1873, par laquelle le Ministre de la Guerre, repoussant une réclamation du requérant contre l'omission de son nom sur la liste des généraux de division publiée dans l'annuaire militaire de 1873, a déclaré que c'était avec raison que le nom du requérant n'avait pas été porté sur la liste de l'état-major général de l'armée ;

Considérant que pour demander l'annulation de la décision qui a refusé de rétablir son nom sur la liste des généraux de division publiée dans l'Annuaire militaire, le prince Napoléon-Joseph Bonaparte se fonde sur ce que le grade de général de division que l'Empereur, agissant en vertu des pouvoirs qu'il tenait de l'article 6 du sénatus-consulte du 7 novembre 1852, lui avait conféré par le décret du 9 mars 1854, était un grade qui lui était garanti par l'article 1er de la loi du 19 mai 1834 ;

Mais considérant que, si l'article 6 du sénatus-consulte du 7 novembre 1852 donnait à l'empereur le droit de fixer les titres et la condition des membres de sa famille et de régler leurs devoirs et leurs obligations, cet article disposait en même temps que l'Empereur avait pleine autorité sur tous les membres de sa famille ; que les situations qui pouvaient être faites aux princes de la famille impériale en vertu de l'article 6 du sénatus-consulte du 7 novembre 1852, étaient donc toujours subordonnées à la volonté de l'Empereur ; que, dès lors, la situation faite au prince Napoléon-Joseph BONAPARTE par le décret du 9 mars 1854, ne constituait pas le grade dont la propriété définitive et irrévocable ne pouvant être enlevée que dans des cas spécialement déterminés, est garantie par l'article 1er de la loi du 19 mai 1854, et qui donne à l'officier qui en est pourvu le droit de figurer sur la liste d'ancienneté publiée chaque année dans l'Annuaire militaire ; que, dans ces conditions, le prince Napoléon-Joseph BONAPARTE n'est pas fondé à se plaindre de ce que son nom a cessé d'être porté sur la liste de l'état-major général de l'armée ;

DECIDE :

Article 1er - La requête du Prince Napoléon-Joseph BONAPARTE est rejetée.

Article 2 - Expédition de la présente décision sera transmise au ministre de la Guerre.

Jurisp. : C.E. Sect. R. 4 Janvier 2001, Parti Socialiste et U.R.D. c/ État du Sénégal

« **Considérant** que le Conseil d'État n'est pas saisi du sursis à l'exécution de la décision du Président de la République de recourir à un référendum, laquelle décision est un acte de gouvernement insusceptible de recours pour excès de pouvoir. »

Le juge administratif considère ainsi que l'acte en cause échappe à sa compétence, car étant un « *acte de gouvernement, doté d'une immunité juridictionnelle* ».

Jurisp. : Cour suprême, arrêt n° 16 du 28 octobre 2008, Ndèye Fatou TOURE c/ État du Sénégal

Vu la requête enregistrée le 22 juillet 2008 au Greffe du Conseil d'État par laquelle, Maître Etienne NDIONE, Avocat à la cour, agissant au nom et pour le compte de Madame Ndèye Fatou TOURE, sollicite l'annulation pour excès de pouvoir du décret n°2008-419 en date du 25 avril 2008, portant convocation du Parlement en congrès et notifié le 21 juillet 2008;

LA COUR SUPRÊME :

Après en avoir délibéré conformément à la loi ;

SUR LA DECHEANCE :

Considérant que dans son mémoire en défense, l'Agent judiciaire de l'État a conclu à la déchéance au motif que la requérante lui a signifié la requête sans le décret attaqué en violation des dispositions des articles 38 de la loi organique n°2008-35 du 08 août 2008 portant création de la Cour suprême et 20 de la loi organique sur le Conseil d'État ;

Considérant qu'aux termes des dispositions de l'article 20 de la loi organique n° 99-30 du 21 octobre 1996 sur le Conseil d'État modifiée par les lois organiques n°99-70 et n°99-72 du 17 février 1999, le demandeur au pourvoi est tenu sous peine de déchéance de signifier sa requête, accompagnée d'une expédition de la décision attaquée, à la partie adverse par exploit d'huissier dans le délai de deux mois suivant la saisine de la juridiction;

Considérant qu'en l'espèce, il résulte de l'examen de l'exploit de signification du 31 juillet 2008 que la requête en annulation a été signifiée à l'agent judiciaire de l'État dans le délai de deux mois prescrit ; Que s'il n'est pas précisé dans l'acte de signification que la requête était accompagnée des copies de la décision attaquée, il n'en demeure pas moins que les copies des décisions attaquées ont été déposées au greffe dès la formalité de la signification accomplie et communiquées à la partie adverse ; qu'il échet d'écarter ce moyen ;

SUR LA COMPÉTENCE :

Considérant que l'agent judiciaire sollicite que le recours soit déclaré irrecevable au motif que les actes de l'exécutif qui concernent directement les relations de l'ordre constitutionnel sont insusceptibles de recours pour excès de pouvoir, puisque s'agissant d'actes de gouvernement ;

Considérant qu'aux termes des dispositions de l'article 103 alinéa 3 de la Constitution de 2001 du Sénégal « le projet ou la proposition de révision de la Constitution est adopté par les Assemblées selon la procédure de l'article 71. La révision est définitive après avoir été approuvée par référendum. Toutefois, le projet ou la proposition n'est pas présenté au référendum lorsque le Président de la République décide de le soumettre au seul parlement » ;

Considérant qu'il résulte de cette disposition que le Président de la République peut seul décider de faire approuver un projet de loi constitutionnelle sans passer par la voie du référendum ; Que l'article 103 précité étant muet sur la question de savoir qui doit convoquer le Congrès, il y a lieu de retenir que l'autorité, qui seule prend la décision d'éviter le recours au référendum, a nécessairement compétence pour convoquer ledit Congrès;

Considérant que le décret par lequel le Président de la République convoque le Parlement en Congrès est un acte de l'exécutif pris dans ses rapports avec le Parlement ; Qu'il s'agit donc d'un acte de Gouvernement qui échappe au contrôle du juge de l'excès de pouvoir ;

Qu'en conséquence il y a lieu de nous déclarer incompétent ;

PAR CES MOTIFS,

Nous déclarons incompétent.

Jurisp. : Cour suprême, arrêt n° 04 du 10 janvier 13, Modou DIAGNE c/ État du Sénégal

Vu la requête reçue au Greffe central de la Cour suprême le 29 août 2012 par laquelle Modou DIAGNE, député à l'Assemblée nationale es nom et es qualité de Président du groupe parlementaire des Libéraux et Démocrates, élisant domicile en l'Étude de Maître Souleymane Ndéné NDIAYE, avocat à la cour, sollicite l'annulation du décret n°2012-864 du

24 août 2012 portant convocation de l'Assemblée nationale en session extraordinaire pour entendre la Déclaration de politique générale du Premier Ministre ;

Après en avoir délibéré conformément à la loi ;

Considérant que, suivant décret n°2012-864 du 24 août 2012 le Président de la République a convoqué l'Assemblée nationale en session extraordinaire le mardi 4 septembre 2012 avec pour ordre du jour, la déclaration de politique générale du Premier ministre ;

Considérant qu'à l'appui de sa requête en annulation dudit décret, le requérant développe un moyen unique tiré de la violation de la loi en ce que, nommé le 3 avril 2012, le gouvernement formé le 4 avril 2012 et le premier conseil des ministres tenu le 12 avril 2012, le Premier ministre entend faire sa déclaration de politique générale le 4 septembre 2012, alors qu'il résulte des dispositions des articles 55 de la constitution et 97 alinéa 3 de la loi organique n°78-21 du 28 avril 1978 modifiée, portant Règlement intérieur de l'Assemblée nationale, que la déclaration de politique générale doit intervenir au plus tard trois mois après l'entrée en fonction du gouvernement ;

Considérant que l'Agent judiciaire de l'État qui conclut à l'irrecevabilité du recours, soutient que le décret attaqué est un acte de gouvernement insusceptible de recours pour excès de pouvoir ;

Sur la compétence ;

Considérant que le décret par lequel le Président de la République convoque l'Assemblée nationale en vue de la Déclaration de Politique Générale du Premier ministre est un acte de l'exécutif pris dans ses rapports avec le législatif ; qu'il s'agit donc, d'un acte de gouvernement qui échappe au contrôle du juge de l'excès de pouvoir ;

PAR CES MOTIFS,

Se déclare incompétente pour connaître de la requête en annulation introduite par Modou DIAGNE contre le décret n°2012-864 du 24 août 2012.

<u>Jurisp</u> : Cour suprême, arrêt n °19 du 17 mars 2016, Ousmane SONKO c/ État du Sénégal

La COUR

Vu la requête reçue le 8 mars 2016 au greffe central par laquelle Ousmane SONKO, déclarant agir ès-nom et ès-qualité de Président du parti « Patriotes du Sénégal pour le Travail, l'Ethique et la Fraternité » (PASTEF- les patriotes), sollicite l'annulation des décrets du Président de la République :

- n° 2016-261 du 18 février 2016 portant fixation de la date d'un référendum et convocation du corps électoral ;
- n° 2016-262 du 19 février 2016 portant organisation d'un référendum ;
- n° 2016-306 du 29 février 2016 portant publication du projet de loi portant révision de la Constitution.

Après en avoir délibéré conformément à la loi ;

Considérant que le recours en annulation inscrit sous le numéro J/103 /RG/16 est en état d'être jugé au fond dès lors que les mémoires des parties et les pièces ont été produits ; Qu'il y a lieu de joindre la procédure J/104/RG/16 relative à la demande de sursis à celle du fond pour statuer sur le tout par un seul et même arrêt ;

Considérant que par décret n°2016-261 du 18 février 2016, le Président de la République a fixé la date du référendum au 20 mars 2016 et convoqué le corps électoral ; que le 19 février 2016, il a pris le décret n°2016-262 portant organisation d'un référendum et signé le 29 février 2016 le décret n°2016-306 portant publication du projet de loi portant révision de la Constitution ;

Sur le premier moyen tiré de la violation du code électoral en ce que, d'une part, la convocation du corps électoral en pleine révision ordinaire constitue une rupture de l'égalité des citoyens devant la loi et contrevient aux articles L 39 alinéas 4 et 5 et L 53 du code électoral, d'autre part, l'alinéa 2 de l'article 2 du décret n° 2016-261 du 18 février 2016, qui prévoit que le vote des corps militaires et paramilitaires se tiendra les 12 et 13 mars 2016 coïncidant avec les deux premiers jours de la campagne référendaire, porte atteinte au droit des électeurs à une information équilibrée et préalable au vote puisqu'aucun scrutin ne peut se tenir en période de campagne, enfin, le délai de trente (30) jours courant entre le 18 février 2016, date de convocation des électeurs, et le 20 mars 2016, date du scrutin ainsi que le délai de huit jours imparti pour la campagne référendaire ne respectent pas l'esprit général du code électoral en ses articles L.66, L.67, LO.178 et LO.122 ;

Que selon le requérant, ces violations confèrent au référendum un caractère déloyal et inéquitable à l'égard des partis politiques et coalitions de partis d'autant plus que l'article 7 du décret n° 2016-262 du 19 février 2016 portant organisation d'un référendum fixe, de manière partisane et non conforme aux dispositions de l'article L.67 du Code électoral, la composition du bureau à un seul représentant du camp du OUI et un seul représentant du camp du NON ; que cette limitation n'accorde aucune garantie de transparence, de sincérité et de fiabilité du scrutin, laquelle ne peut être apportée que par l'accréditation de deux ou trois représentants par camp en raison de l'insécurité que causerait l'absence momentanée d'un seul représentant ;

Sur le second moyen tiré de la violation de la Constitution et la non-conformité à l'esprit général de la Constitution et aux principes généraux du droit invoqués dans la décision du Conseil constitutionnel n°1/C/2016 du 12 février 2016 en ce que le Président de la République a outrepassé ses prérogatives en édictant à l'article 7 du décret n° 2016-262 du 19 février 2016 portant organisation du référendum que « pour l'application du présent décret et pour les besoins du référendum, les termes « *candidat* » ou « *liste de candidats* », partis politiques figurant dans le code électoral sont remplacés par « *représentant du courant du OUI* » ou « *représentant du courant du NON* » alors qu'il ressort des dispositions de l'article 4 de la Constitution que « *les partis politiques et coalitions de partis politiques concourent à l'expression du suffrage* » et que ce droit s'applique à tous les types de scrutin, sans restriction;

Qu'en outre, selon le requérant, le Président de la République qui a manifesté sa volonté de se conformer à l'avis du Conseil constitutionnel, n'a pas pris en compte, dans le projet final de révision, certaines réserves formulées par cette juridiction, notamment celles relatives à l'extension des clauses d'intangibilité prévues aux articles 26 et 27, à la réécriture de l'article 89 nouveau afin de tenir compte de l'augmentation du nombre de membres du Conseil constitutionnel, à la pertinence de fixer les règles de fonctionnement interne des partis politiques, violant ainsi la décision du Conseil constitutionnel et les principes généraux qui la sous-tendent ;

Considérant que l'Agent judiciaire de l'État conclut à l'incompétence au motif que les décrets attaqués procèdent d'une prise par l'autorité compétente d'actes de gouvernement sur le fondement de l'ordre constitutionnel, revêtant ainsi une immunité juridictionnelle ;

Les moyens étant réunis,

Considérant que, selon l'article 51 de la Constitution, le Président de la République peut, après avoir recueilli l'avis du Président de l'Assemblée nationale et du Conseil constitutionnel, soumettre tout projet de loi constitutionnelle au référendum ;

Considérant qu'il résulte de ce texte que l'initiative et la décision

d'organiser un référendum sont des actes pris par le Président de la République dans le cadre de ses pouvoirs constitutionnels et s'analysent à ce titre en un acte de gouvernement ;

Considérant qu'en outre, constituent notamment des actes de gouvernement ceux par lesquels le gouvernement participe à la fonction législative, ceux accomplis par le gouvernement à l'occasion de la préparation du référendum et les actes relatifs aux relations internationales;

Considérant qu'en l'espèce, le requérant poursuit l'annulation, d'une part, du décret portant fixation de la date du référendum et convocation du corps électoral, acte qui fait partie des pouvoirs constitutionnels du

Président de la République, d'autre part, du décret portant organisation du référendum qui est un acte accompli par le gouvernement en vue de la préparation de la consultation référendaire et, enfin, du décret portant publication du projet de loi portant révision constitutionnelle qui est un acte de l'exécutif dans ses relations avec la souveraineté nationale ;

Qu'ainsi ces décrets constituent des actes de gouvernement insusceptibles de recours pour excès de pouvoir ;

Considérant qu'au surplus, il n'appartient pas à la Cour suprême de se prononcer sur la constitutionnalité d'un projet de loi portant révision constitutionnelle ;

PAR CES MOTIFS,

Ordonne la jonction des procédures J/103/RG/16 et J/104/RG/16 ;

Dit que la requête aux fins de sursis est devenue sans objet ;

Déclare irrecevable le recours en annulation formé par Ousmane Sonko contre les décrets n° 2016-261 du 18 février 2016, 2016-262 du 19 février 2016 et 2016-306 du 29 février 2016 et portant respectivement fixation de la date du référendum et convocation du corps électoral, organisation du référendum et publication du projet de loi portant révision de la Constitution.

Chapitre V

LES CONTRATS

Antoine LOYSEL, Institutes coutumières de 1607,

« *On lie les bœufs par les cornes, et les hommes par les paroles* »

Le contrat administratif se caractérise par l'originalité de son régime. En France si le droit des contrats est essentiellement jurisprudentiel, au Sénégal, c'est le Code des obligations de l'Administration (loi n° 65-51 du 19 juillet 1965, modifiée) qui détermine les règles applicables aux différents contrats administratifs.

Le mode normal de résolution des litiges contractuels en droit administratif, c'est le contentieux contractuel de pleine juridiction. Mais les litiges relatifs aux contrats administratifs peuvent à certaines conditions faire l'objet de recours pour excès de pouvoir.

Aux termes de l'article 139 du COA et de l'article 7 de la loi de 2014-26 du 03 novembre 2014 sur l'organisation judiciaire, ce sont les Tribunaux de grande instance qui sont juge de droit commun en première instance en toutes matières. Cela signifie que c'est le juge de plein contentieux qui est compétent pour connaître de la validité et de l'exécution des contrats administratifs. Ce juge dispose d'un pouvoir d'interprétation, d'annulation, de résiliation du contrat et de condamnation des parties.

Traditionnellement, la voie classique du recours pour excès de pouvoir demeure fermée pour les recours dirigés contre les contrats.

Cependant, dans le cadre de la décentralisation, il est prévu qu'un contrat puisse être déféré par le représentant de l'État, en annulation, devant le Conseil d'État. (CE 29 juillet 1998, Gouverneur de Tambacounda c/Conseil Régional de Tambacounda).

La jurisprudence française a admis le recours pour excès de pouvoir contre les actes détachables du contrat. (Conseil d'État, 4 août 1905, Martin GAJA n°16).

Cette solution a été reprise par le COA en son article 140. Mais le code donne, une définition plus restrictive de la notion d'actes détachables en procédant à une énumération, il s'agit de :

- l'autorisation de contracter ;
- la décision de contracter ou de ne pas contracter ;
- l'opération d'adjudication ;
- l'approbation du contrat ;
- l'acte de conclusion du contrat ou le refus de conclure.

Le juge sénégalais en a fait application dans certaines décisions. (CE 29 octobre 1997 Société SUD COMMUNICATION Bull. n° 74 p. 145 ; CE 27 avril 2000 El Hadj Dior et Jack Henderson Bull. n°2, p.16 : acte non détachable car pris dans le cade de l'exécution de la convention passée par les parties).

À propos de l'acte détachable deux remarques peuvent être faites :

- la jurisprudence le situe plus souvent dans le cadre de l'exécution et de la fin des contrats administratifs ;
- le recours pour excès de pouvoir contre les actes détachables est plus souvent ouvert au profit des tiers qui ne disposent pas de moyens devant le juge du contrat, contrairement aux parties au contrat. (Conseil d'État, 24 avril 1964, Société anonyme de livraison industrielle et commerciale SALIC. Rec. 239 AJDA 1964.308 et 293 ; D 1964. 665 (refus de résilier).

Lorsqu'un acte détachable du contrat est annulé, le contrat lui-même subsiste mais il connaît à partir de ce moment une vie précaire. En effet, les parties peuvent à partir de ce moment, demander au juge du contrat, son annulation.

NB. : Le juge français a admis le recours pour excès de pouvoir d'un tiers contre les dispositions réglementaires d'un contrat administratif qui confie l'exécution d'un service public au profit des usagers (CE 10 juin 1996 CAYZEELE, Rec. 274, AJ 1926, 732, CJEG 1996-382, RFDA, 1997, 89; CE 15 janvier 1998 Syndicat départemental interco 35 AJ 1999. 164.)

Le recours dirigé contre les dispositions d'un avenant à un bail est aussi irrecevable selon la Cour suprême.

Jurisp. : CE, arrêt n° 0008, du 31-03-1999, Ndèye Fatou Madior FALL c/ État du Sénégal

LE CONSEIL D'ÉTAT

APRÈS en avoir délibéré conformément à la loi ;

SUR L'IRRECEVABILITÉ

Considérant que par requête susvisée, la dame FALL demande au Conseil d'État de censurer la décision n° 0144/DGD/DRDP/BDPS par laquelle le Chef de bureau de Dakar - Port Sud a annulé la vente à elle du véhicule « ROVER 620 » l'intervenue par adjudication ;

Mais Considérant que la vente par adjudication de marchandises en dépôt de douane à la suite des enchères publiques est un contrat ;

Que la décision attaquée, qui a annulé ledit contrat, élément d'un contentieux de pleine juridiction, ne saurait en vertu des dispositions combinées des articles 184, 256 et 258 du Code des Douanes, échapper à la compétence du Tribunal Régional statuant en matière de douane ;

QU'il s'ensuit que le Conseil d'État doit se déclarer incompétent ;

PAR CES MOTIFS,

DÉCLARE le Conseil d'État incompétent.

Jurisp. : CE, arrêt n° 0008, du 27-04-2000, El Hadji DIOP et Jack HENDERSON c/ État du Sénégal

LE CONSEIL D'ÉTAT

APRÈS en avoir délibéré conformément à la loi ;

SUR LE MOYEN TIRE D'OFFICE DE L'EXCEPTION DE RECOURS PARALLÈLE SANS QU'IL SOIT BESOIN D'EXAMINER LES MOYENS DE LA REQUÊTE

Considérant que le contrat conclu entre les requérants et l'État du Sénégal est un contrat administratif, comportant des clauses exorbitantes du droit commun ;

Considérant qu'il est stipulé au paragraphe « c » du contrat relatif à la mise en valeur que le « *preneur devra restaurer l'immeuble attribué sous le contrôle du bureau d'architecture des monuments historiques et conformément au cahier des charges élaboré pour la mise en valeur de l'île de Gorée, dans un délai maximum de 36 mois* » ;

Considérant qu'il résulte des dispositions de l'article 139 du Code des Obligations de l'Administration « *que les Tribunaux régionaux sont compétents pour connaître du contentieux des actes administratif* » ; que l'article 140 du même code précise cependant « *que seuls les actes détachables du contrat peuvent faire l'objet "d'un recours pour excès de pouvoir* » ;

Considérant que l'acte attaqué ne saurait être considéré comme détachable du contrat puisqu'il a été pris dans le cadre de son exécution, et qu'il trouve son fondement exclusif dans l'inexécution de la convention passée par les parties ; QU'il s'en suit dès lors que le recours pour excès de pouvoir doit être déclaré irrecevable pour exception de recours parallèle.

PAR CES MOTIFS,

Déclare le recours pour excès de pouvoir irrecevable pour exception de recours parallèle.

Jurisp. : C.E arrêt n°34 du 26 aout 2004, Marie Thérèse GOASGUEN c/ Le Port Autonome de Dakar

Vu les requêtes reçues au Greffe du Conseil d'État les 6 août et 14 août 2003 par lesquelles, Maître Georges Scicluna, Avocat à la Cour, agissant au nom et pour le compte de Madame Marie Thèrèse GOASGUEN, sollicite l'annulation pour excès de pourvoir d'une part, du cahier des charges du 7 juillet 2003 autorisant le sieur Georges Bouvier à occuper un terrain du domaine portuaire, et d'autre part, la lettre de notification n° 1485 du 31 juillet 2003 du Directeur général de la Société nationale du Port Autonome de Dakar;

Sur la compétence :

Considérant qu'il ressort des dispositions de l'article premier de la loi organique n° 96-30 du 21 octobre 1996 sur le Conseil d'État, modifiée par les lois organiques n° 99-70 et n°99-72 du 17 février 1999, que le recours pour excès de pouvoir n'est recevable que contre une décision unilatérale prise par une autorité administrative ;

Considérant qu'en vertu des dispositions de l'article 5 de la loi n° 2002- 22 du 30 juillet 2002 portant Code de la Marine marchande, le domaine public maritime est inaliénable, insaisissable et imprescriptible ;

Que ce domaine peut faire l'objet d'autorisation d'occupation, de cession ou d'utilisation temporaire, après avis préalable de l'Autorité compétente;

Considérant que l'occupation d'une parcelle du domaine portuaire se fait sous la forme d'un cahier de charges ;

Que dans le cas d'espèce, le cahier des charges signé le 7 juillet 2003 est un contrat qui fixe les obligations de chacune des parties ;

Considérant par ailleurs que la lettre n° 1485 du 31 juillet 2003 du Directeur général de la Société nationale du Port Autonome de Dakar avait pour objet d'informer la requérante que le cahier des charges a été renouvelé au nom du sieur Bouvier et l'invitait à libérer les lieux ;

Que cette lettre d'information n'est pas détachable du cahier des charges et, visait à porter à la connaissance de la requérante la délibération prise par le Conseil d'Administration qui est compétent pour autoriser ou non l'occupation d'une parcelle du domaine portuaire (article 25 du décret n° 87-1552 du 19 décembre1987 portant approbation des statuts de la Société nationale du Port Autonome de Dakar susvisé).

Considérant qu'en tout état de cause, le Conseil d'État ne saurait connaître des conditions de passation ou de renouvellement de contrat, sous la forme de cahier des charges, sauf si un texte le prévoit ;

Que dès lors le Conseil d'État se déclare incompétent ;

PAR CES MOTIFS, Se déclare incompétent pour examiner le recours introduit pour Mme_Marie Thérèse GOASGUEN.

Jurisp : Cour suprême arrêt n°32 du 13 juin 2013, Mame Birago DIOUF c/ Le Directeur général des Impôts et Domaines et Papa Amadou Ndiaye

Considérant que Mame Birago DIOUF sollicite l'annulation du bail consenti à Papa Amadou NDIAYE le 17 décembre 2009, par l'État du Sénégal et portant sur la parcelle de terrain de 300m2, à distraire du TF n° 3474/DG devenu le 568/GRD, du lotissement de Mermoz, route de Ouakam à Dakar, au motif qu'il est attributaire d'un bail sur le lot n°12 du même titre foncier depuis le 16 juillet 1982 et que par attestation du 17 mars 2010, le Directeur du Cadastre a confirmé que ladite parcelle a une superficie de 750m² ;

Considérant que la requête de Mame Birago DIOUF tend à l'annulation du bail liant l'État du Sénégal à Papa Amadou NDIAYE ;

Que ce recours formé contre un acte bilatéral relevant du contentieux des droits dévolu au Tribunal régional, juge de droit commun, statuant en premier ressort, ne peut être porté devant le juge de l'excès de pouvoir ;

Qu'il échet de se déclarer incompétent ;

PAR CES MOTIFS,

Se déclare incompétent pour statuer sur le recours en annulation formé par Mame Birago DIOUF contre le bail attribué à Papa Amadou NDIAYE le 17 décembre 2009, par l'État du Sénégal.

Jurisp. : Cour suprême, arrêt n°45 du 08 aout 2013, Mominatou BA TOURE c/ État du Sénégal

Vu la requête reçue au Greffe central le 02 janvier 2013, par laquelle Mominatou BA TOURE sollicite l'annulation de la lettre n°1095 du 21 décembre 2012 du Président de la Cour des comptes l'informant que son dossier de candidature au poste de vérificateur à la Cour n'a pas été retenu;

Après en avoir délibéré conformément à la loi ;

Considérant que Mominatou BA TOURE a été recrutée comme vérificateur à la Cour des comptes pour une période de six mois, du 02 août au 18 février 2011, suite à la sélection d'assistants vérificateurs à mettre à la disposition de la Cour dans le cadre du programme de renforcement et d'équipement des collectivités locales (PRECOL) ; que lors d'un second appel à candidatures en novembre 2012, dans le cadre de l'exécution du projet d'appui à la Cour des comptes financé par le Fonds Européen de Développement (FED) pour le recrutement de quinze (15) vérificateurs pour un contrat de cinq mois, son dossier n'a pas été accepté pour expérience insuffisante ; qu'ayant adressé un recours gracieux au Président de la Cour des comptes, celui-ci, par lettre du 21 décembre 2012 l'a informé qu'elle n'a pas été retenue pour non justification de l'expérience professionnelle de deux années exigée par l'appel à candidatures ;

Considérant que Mominatou BA TOURE réclame sa reconduction au poste de vérificateur en qualifiant la position de la Cour de contradictoire pour trois raisons :

- d'abord, selon elle, l'expérience acquise au sein de la Cour des comptes durant six mois devrait prévaloir devant tout autre dossier ;

- ensuite, le fait d'être admis à la Cour comme Vérificateur à la suite d'un concours comportant une présélection sur dossier, des tests écrits et un entretien avec le jury devrait consacrer un droit à être reconduit ;

- et enfin, elle soutient que la Cour des comptes n'aurait pas pu lui dénier une aptitude déjà établie en lui demandant de concourir pour un poste pour lequel elle l'a jugée apte et cette attitude pourrait constituer pour la Cour une remise en cause de son propre jugement et une violation d'un droit acquis ;

Considérant que l'Agent judiciaire de l'État conclut à l'irrecevabilité du recours de Mominatou BA TOURE au motif qu'il a pour objet la reconnaissance d'un droit réel subjectif, à savoir sa reconduction dans son emploi de vérificateur ou son autorisation à participer au concours de recrutement des quinze Vérificateurs pour lequel sa demande de candidature a été rejetée, alors que cette demande relève de la compétence des juridictions de plein contentieux puisque s'agissant d'une réclamation d'un droit acquis ;

Considérant en effet que le recours de Mominatou BA TOURE porte sur la réclamation d'un droit subjectif tendant à sa reconduction dans son emploi de vérificateur au sein de la Cour des comptes ; qu'il s'agit en l'espèce d'un recours de pleine juridiction qui échappe à la compétence du juge de l'excès de pouvoir et qui est par suite irrecevable ;

PAR CES MOTIFS,

Déclare irrecevable le recours de Mominatou BA TOURE.

<u>Jurisp. :</u> CS arrêt n°17 du 27 mars 2014, Société Médiasen SARL c/ CIDOP SARL, AGEROUTE Sénégal et Mairie de Dakar

Considérant que la société Médiasen sollicite l'annulation pour excès de pouvoir du protocole d'accord du 29 septembre 2012, par lequel l'Agence des travaux et de gestion des routes dite Ageroute Sénégal a confié au Centre d'information et de documentation publicitaire (CIDOP) la gestion de panneaux, emplacements et espaces publicitaires à travers la ville de Dakar ;

Considérant que l'acte attaqué est un contrat conclu entre l'Ageroute et le CIDOP dont l'appréciation relève en premier ressort de la compétence du Tribunal régional ;

Qu'ainsi, la Cour suprême saisie en excès de pouvoir est incompétente pour en connaître ;

PAR CES MOTIFS,

Se déclare incompétente.

<u>Jurisp.</u> Cour suprême arrêt n°39, du 23 avril 2015, Gérard Michel Roux (Société de Développement et de Distribution sénégalaise) c/ Maire de la Ville de Mbour et Abdou Coumba DIOP

Considérant que par arrêté n°14-035 du 14 mai 2014, approuvé par le Préfet du département de Mbour suivant arrêté n°14-154 du 16 mai 2014, le Maire de la Commune de Mbour a autorisé Abdou Coumba DIOP à effectuer les travaux de construction d'une station-service sur les lots 2147 et 2148 sis à Thiocé-Est ONCAD à Mbour, à moins de 400 mètres de celle de Gérard Michel Roux ; Que c'est cet arrêté dont Gérard Michel Roux sollicite présentement l'annulation en développant deux moyens ;

Considérant que ces deux moyens réunis sont tirés d'une part, de la violation de l'article IV du contrat de bail en ce que l'administration communale s'engageait à prendre un arrêté portant interdiction d'ouvrir une nouvelle station dans un rayon de 1 km alors qu'elle a autorisé Abdou Coumba DIOP à effectuer les travaux de construction d'une station-service sur une distance de moins de 400 mètres de la station ELTON déjà implantée depuis des années qu'il gère en payant régulièrement ses redevances et, d'autre part, de la violation de l'article 338 alinéas 2 et 3 du code des Collectivités locales en ce que, l'arrêté lui cause un préjudice grave, compromet la bonne marche de son entreprise, suscite une concurrence déloyale et est susceptible de causer un trouble à l'ordre public ;

Considérant que le recours en annulation de Gérard Michel Roux fondé, sur la violation des clauses du bail le liant à la commune de Mbour et sur le préjudice en résultant pour son entreprise et pour lui, doit être porté devant le juge du contrat ;

Qu'il s'ensuit que le juge de l'excès de pouvoir ne saurait en connaître;

PAR CES MOTIFS,

Se déclare incompétent pour statuer sur le recours en annulation formé par Gérard Michel Roux contre l'arrêté n°14-035 du 14 mai 2014 du Maire de la ville de Mbour approuvé par le Préfet accordant une autorisation de construire une station-service à Abdou Coumba DIOP.

Jurisp. Cour suprême, arrêt n° 54 du 25 aout 2016, Coopérative d'Habitat et de Construction des agents de la S.O.N.E.S. c/État du Sénégal

Vu la requête reçue le 22 avril 2015 au greffe central par laquelle la Coopérative d'Habitat et de Construction des agents de la SONES, représentée par son président, sollicite l'annulation de l'avenant du 10 mai 2013 à l'acte administratif approuvé le 12 mars 1980 portant bail sur une parcelle de terrain domanial d'une superficie de 03 ha 92 a 80 ca environ sise à Dakar au lieu-dit « parc à mazout », objet des TF 3888/DG et 3930/DG, pris au profit de la Collectivité Léboue ;

Après en avoir délibéré conformément à la loi **;**

Considérant que la Coopérative d'Habitat et de Construction des agents de la SONES a bénéficié d'une attribution de parcelles à usage d'habitation sur les TF3888/DG et 3930/DG sis à Colobane au lieu-dit « *parc à mazout* » ; que s'estimant lésée par la conclusion de l'avenant du 10 mai 2013, attribuant à la Collectivité Léboue l'ensemble de l'assiette des deux titres fonciers précités, elle a introduit devant le Ministre de l'Économie, des Finances et du Plan un recours resté vain ; que par la suite, elle a saisi la Cour suprême aux fins de rentrer en possession desdits terrains ;

Considérant qu'en vertu des dispositions de l'article 73 de la loi organique sur la Cour suprême, le recours pour excès de pouvoir n'est recevable que contre une décision explicite ou implicite d'une autorité administrative ;

Considérant qu'en l'espèce, le recours est dirigé contre les dispositions d'un avenant à un bail conclu entre l'État du Sénégal et la Collectivité Léboue, lequel ne constitue pas une décision au sens de l'article sus visé ;

Qu'il y a lieu, dès lors, de déclarer le recours irrecevable ;

Par ces motifs,

Déclare irrecevable le recours en annulation de la Coopérative d'Habitat et de Construction des agents de la SONES formé contre l'avenant du 10 mai 2013 à l'acte administratif approuvé le 12 mars 1980 portant bail sur une parcelle de terrain domanial d'une superficie de 03 ha 92 a 80 ca environ sise à Dakar au lieu-dit « parc à mazout » objet des TF 3888/DG et 3930/DG, pris au profit de la Collectivité Léboue.

- **REMARQUE :** Deux (02) exceptions peuvent être dégagées :

- les conventions conclues dans le cadre de la décentralisation;

- les actes détachables du contrat (Conf. première partie).

Chapitre VI

LES LETTRES DE NOTIFICATION

La notification est la formalité par laquelle on tient officiellement une personne, informée du contenu d'un acte à laquelle elle n'a pas pris partie.

Elle constitue l'information portée à la connaissance de quelqu'un par le biais d'un document écrit. Cette information peut être réalisée par le biais d'une remise en mains propres contre décharge ou par lettre recommandée avec accusé de réception.

Dans la première hypothèse, le destinataire appose sa signature sur le document ainsi que la date de réception et conserve un double.

L'envoi en recommandé est obligatoire dans certaines situations. Pour d'autres, la notification se fait par tout moyen conférant date certaine.

La lettre de notification qui est une mesure de publicité ayant pour objet d'avertir le destinataire qu'un acte administratif a été pris à son égard, ne fait pas grief, et de ce fait, est insusceptible de recours.

Jurisp. : Cour suprême arrêt n°16 du 26 février 2015, El Hadji Ibrahima Seck c/Conseil rural de Yenne

Considérant que le recours de El Hadj Ibrahima Seck est dirigé contre l'acte dénommé « *notification* » que lui a adressé la « *commission de lotissement de Nditakh* » dépendant du Conseil rural de Yenne, l'informant de l'affectation des parcelles numéros 267,268, 269 et 272 bis à la famille Seck de Yenne-Lèla qu'il dit représenter ;

Considérant que selon l'article 2 du décret n°86-445 du 10 avril 1986 relatif aux conditions d'affectation et de désaffectation des terres du domaine national comprises dans les communautés rurales, les terres de culture et de défrichement sont affectées par délibération du Conseil rural;

Considérant qu'en l'espèce, le requérant soutient que l'extrait de délibération du Conseil rural qui lui est réclamé par plusieurs administrations n'existe pas ;

Considérant qu'il résulte de l'article 35- 3° de la loi organique sur la Cour suprême que la requête en annulation doit être accompagnée de la copie de la décision administrative attaquée ou d'une pièce justifiant du dépôt de sa réclamation ;

Qu'ainsi, est manifestement mal dirigé, le recours de Ibrahima SECK tendant à l'annulation de la notification que lui a adressé la commission de lotissement en lieu et place de la délibération du conseil rural portant affectation ou désaffectation de terres ou de la pièce justifiant de sa réclamation ;

Qu'il s'ensuit qu'il doit être déclaré irrecevable ;

PAR CES MOTIFS,

Déclare irrecevable le recours de El Hadj Ibrahima SECK.

Jurisp. : CE arrêt n°16 du 17 mars 2008, Société de Transport et de Commerce, Ndongo FALL dite en abrégé (S.T.C) c/ État du SÉNÉGAL

Considérant que le recours pour excès de pouvoir n'est recevable que contre une décision explicite ou implicite d'une autorité administrative qui fait grief ;

Considérant que dans le cadre de la restructuration des « *I.C.S* » par le Pool bancaire, l'État du Sénégal a accordé sa garantie aux banques créancières munies de sûretés ;

Considérant que la « *S.T.C* » qui veut bénéficier de la même garantie, a attaqué en excès de pouvoir la lettre du Ministre du Budget qui lui refuse ladite garantie ;

Considérant que cette garantie était accordée par l'État aux banques au cas où leurs créances devenaient irrémédiablement compromises dans la procédure de restructuration ;

Considérant que la requérante affirme elle-même que les « *I.C.S* » vont présentement vers un règlement préventif ;

Que la décision prise précédemment par l'État ne peut donc plus lui faire grief dans le cadre de cette nouvelle procédure de règlement préventif ;

Qu'il échet de déclarer son recours irrecevable ;

PAR CES MOTIFS,

Déclare irrecevable le recours de la «*Société de Transport et de Commerce, NDONGO FALL* » contre la lettre n°01138/MEF/CABNDB du 29 octobre 2007 du Ministre chargé du Budget.

Chapitre VII

LES ACTES JURIDICTIONNELS (LE RÉQUISITOIRE INTRODUCTIF)

Léon DUGUIT, Les transformations du droit public (1912) : « *L'acte administratif se caractérise avant tout par son but, à savoir la gestion du service public* ».

Il s'agit d'un acte accompli dans le cadre d'une procédure judiciaire, destiné à produire certains effets de droit tel que le déclenchement d'une action en justice. Il en est ainsi du réquisitoire oral ou écrit qui permet au ministère public (c'est-à-dire le procureur de la République, encore appelé le magistrat du parquet ou magistrat debout par opposition à son homologue du siège qui est toujours assis) de formuler des réquisitions. Autrement dit, il sert à faire connaître aux juridictions d'instruction ou de jugement la décision ou la mesure qu'il leur demande de prendre.

Il existe trois types de réquisitoires écrits : le réquisitoire introductif, le réquisitoire supplétif et le réquisitoire définitif.

Le réquisitoire introductif est une pièce de la procédure écrite par laquelle le ministère public saisit le juge d'instruction. Par ce biais, le procureur demande au magistrat instructeur de mener une instruction préparatoire sur des faits paraissant constituer une infraction. Le réquisitoire introductif indique les faits et la qualification juridique des faits, le nom de l'auteur présumé s'il est connu. Sinon, il est requis contre X.

Il s'agit de l'un des moyens pour le procureur d'engager l'action publique.

Le réquisitoire supplétif est un acte par lequel le ministère public requiert le juge d'instruction d'informer sur des faits nouvellement portés à sa connaissance (donc non visés dans le réquisitoire introductif) et ayant un lien avec une information déjà en cours.

Le réquisitoire définitif est une pièce de procédure écrite par laquelle le procureur de la République donne au juge d'instruction, à la fin de l'instruction, sa position sur les suites à donner à l'affaire (non-lieu, renvoi devant une juridiction…).

Notons que le Procureur de la République, en prenant un réquisitoire introductif, n'agit pas comme une autorité administrative détentrice de la puissance publique et exécutant une tâche administrative, mais comme une autorité judiciaire agissant dans le cadre d'une procédure pénale.

Ainsi, son réquisitoire introductif, qui n'est pas un acte administratif,est insusceptible de recours pour excès de pouvoir.

Jurisp. : CS arrêt n°23 du 12 mars 2015, Karim Meïssa Wade c/ État du Sénégal

Considérant qu'après une enquête préliminaire de la Section de recherches de la Gendarmerie nationale, le Procureur spécial près la Cour de répression de l'enrichissement illicite (CREI), a fait notifier à Karim Meïssa WADE une mise en demeure d'avoir à justifier l'origine licite d'un patrimoine de six cent quatre-vingt-quatorze milliards quatre cent cinquante millions trois cent quatre-vingt-dix mille cent soixante-quatorze (694.450.390.174) FCFA ; que Karim Meïssa WADE ayant servi des réponses le 15 avril 2013, fut inculpé et placé sous mandat de dépôt le 17 avril 2013 pour enrichissement illicite, de 2002 à 2012 par la commission d'instruction de la CREI à la suite d'un réquisitoire introductif du Parquet spécial ;

Considérant que le 13 septembre 2013, il a reçu du Parquet spécial, une deuxième mise en demeure d'avoir à justifier l'origine licite de la somme de quatre-vingt-dix-huit milliards six cent vingt-cinq millions six cent quatre-vingt-quatre mille deux cent quatre-vingt-seize (98.625.684.296) FCFA, représentant la différence entre ses ressources connues et les éléments issus des documents provenant de la banque Julius Bär à Monaco, de 2002 à 2012;

Considérant que le 16 octobre 2013, à la suite d'un deuxième réquisitoire du 14 octobre 2013 du Procureur spécial, il fut à nouveau inculpé et placé sous mandat de dépôt par la commission d'instruction ;

que c'est contre ce deuxième réquisitoire que le requérant se pourvoit présentement en annulation en soulevant à titre préjudiciel, l'exception d'inconstitutionnalité de la loi n°81-53 du 10 juillet 1981 relative à la répression de l'enrichissement illicite et celle n°81-54 du 10 juillet 1981 créant une Cour de répression de l'enrichissement illicite et en développant quatre moyens, le premier tiré de l'incompétence du Procureur spécial, le deuxième pris de la violation de l'article 7 de la loi créant la Cour de répression de l'enrichissement illicite, le troisième pris de la violation du principe général de droit «non bis in idem» et le quatrième pris du défaut de base légale ;

Sur la recevabilité du recours :

Considérant que selon l'article 73 de la loi organique sur la Cour suprême, le recours pour excès de pouvoir n'est recevable que contre une décision explicite ou implicite d'une autorité administrative ;

Considérant que le réquisitoire introductif dont le requérant sollicite l'annulation, demande à la commission d'instruction de la CREI l'inculpation et le placement sous mandat de dépôt des chefs d'enrichissement illicite, de complicité d'enrichissement illicite et de corruption, des nommés Karim Meïssa Wade plus six autres et X ;

Considérant que ce réquisitoire introductif est un acte juridictionnel ;

Considérant que le Procureur spécial prés la CREI, en prenant un tel acte, n'agit pas comme une autorité administrative détentrice de la puissance publique et exécutant une tâche administrative, mais comme une autorité judiciaire agissant dans le cadre d'une procédure pénale ;

Qu'ainsi, son réquisitoire introductif, qui n'est pas un acte administratif, est insusceptible de recours pour excès de pouvoir ;

Qu'il y a lieu, en conséquence, de déclarer irrecevable le recours formé par Karim Meïssa WADE contre un tel réquisitoire ;

PAR CES MOTIFS,

Déclare irrecevable le recours en annulation formé par Karim Meïssa WADE contre le réquisitoire introductif du 14 octobre 2013 du Procureur spécial près la Cour de répression de l'enrichissement illicite.

Chapitre VIII

LES ACTES PRÉPARATOIRES

Christian PUJALTE, Édouard de LAMAZE, Les mesures préparatoires et les avis, dans l'Avocat et les Juridictions administratives, 2014. « *Bien que les règles soient claires et la jurisprudence abondante, un nombre important de recours voués à l'échec sont néanmoins déposés chaque année. Le fait même que la jurisprudence soit abondante traduit bien l'inflation des recours inutiles en cette matière.* »

Dans l'activité administrative régulière, il est fréquent que la prise de décision obéisse à tout un formalisme de règles préalables, que les administrations doivent observer avant que ne soit arrêtée la décision unilatérale visée.

Il existe donc, en quelque sorte, une chaîne d'actes successifs qui vont conduire, in fine, à un acte final qui s'imposera aux administrés, mais les différents éléments constitutifs de cette chaîne sont indissociables de l'acte final.

Il s'agit de divers actes d'instruction et de procédure qui procèdent la décision finale et constituent un élément de la procédure d'élaboration.

Ces actes qui permettent aux autorités compétentes de recueillir les éléments de leurs décisions sont généralement de nature à faire grief, cependant, la jurisprudence considère qu'ils ne jouent pas un rôle essentiel dans la réalisation du grief et qu'ils ne peuvent donner lieu au recours. En plus, il n'est pas certain que la décision finale sera prise et que le grief sera réalisé.

Toutefois, si la décision est prise à l'issue de la procédure, il est tout à fait possible à l'intéressé de l'attaquer en invoquant, au titre d'un vice de procédure, l'irrégularité d'un acte préparatoire.

<u>Jurisp.</u> : C.E, arrêt n° 05 du 09 mars 2006, Matar SECK c/ État du Sénégal

Considérant que le requérant sollicite l'annulation pour excès de pouvoir de la décision n° 0116 du 10 mars 2004 du Directeur du Cadastre de Dakar par laquelle, selon lui, celui-ci lui a refusé la cession définitive du lot n° 10 du titre foncier 50/DP, objet du bail en date du 6 avril 1984 établi en son nom;

Que cependant dans le cas d'espèce, la décision du Directeur du Cadastre est une décision préparatoire, en ce qu'elle englobe les divers actes d'instruction et de procédure qui précèdent la décision finale ;

Considérant qu'au vu des pièces du dossier, la demande de cession adressée au Receveur des Domaines de Pikine, territorialement compétent, était en cours d'instruction ;

Que le recours ne peut être exercé qu'à l'encontre de la décision ultérieure de refus de cession du Receveur des Domaines de Pikine ;

Qu'il s'ensuit que le présent recours dirigé contre un acte d'instruction doit être déclaré irrecevable ;

PAR CES MOTIFS,

Déclare irrecevable le recours introduit contre la décision n° 0116 du 10 mars 2004 du Directeur du Cadastre.

Chapitre IX

LA CIRCULAIRE NON RÈGLEMENTAIRE

M. TRICOT, Conclusions arrêt Conseil d'État de Notre Dame du KREISKER (29 janvier 1954) : « *La circulaire est un pavillon qui peut recouvrir toutes sortes de marchandises, ordres du jour, conseils, recommandations, directives d'organisation et de fonctionnement, des règles de droit* ».

La circulaire est un acte administratif qui a pour objet de donner une « interprétation » de la réglementation et de la législation en vigueur. Ça émane plus souvent du Premier Ministre ou du Ministre.

La circulaire, est l'instrument dont se servent les autorités administratives pour faire passer l'information entre les différents services d'un ministère ou entre ces services et les services déconcentrés du ministère. Plus précisément, un ministre ou un directeur de l'Administration centrale est régulièrement amené, par le biais de circulaires, à donner des instructions ou des explications à ses subordonnés sur la conduite à tenir ou la politique à suivre dans tel ou tel domaine, ainsi que sur l'interprétation à donner à une loi ou à un règlement (par exemple, la circulaire).

Cette attitude répond au souci de donner aux agents exécutants un cadre d'action stable et sûr et surtout d'éviter les incohérences qui pourraient naître d'interprétations divergentes dans l'application des lois et règlements.

Les circulaires ne sont pas considérées comme des décisions car elles se contentent d'interpréter ou de commenter. Dès lors, elles sont dites interprétatives.

Dans ce cas, elle est insusceptible de recours pour excès de pouvoir.

<u>Jurisp</u>. : CS 6 février 1974, Abdourahmane CISSE c/ ministère de l'intérieur et le ministère de l'information chargé des relations avec les assemblées

Attendu que le sieur Abdourahmane CISSE, directeur de la publication bimensuelle « *lettre fermée* » régulièrement déclarée demande l'annulation pour excès de pouvoir de l'arrêté interministérielle numéro 11866du 23 octobre 1972 par lequel le ministère de l'intérieur et le ministère de l'information chargé des relations avec les assemblées ont interdit la circulation, la distribution et la mise en vente de son journal … sur toute l'étendue du territoire de la république du Sénégal ;

Attendu qu'il résiste des visas de la décision attaquée que ces auteurs ont entendu lui donner pour base juridique la loi du29 juillet 1881 sur la liberté de presse et notamment son article 14 et le décret n°61154 du 13 avril 1961 portant délégation de pouvoir au ministre de l'information de la radiodiffusion et de la presse en matière de contrôle de la presse étrangère ;

Attendu que selon les dispositions de l'article14 de la loi du 29 juillet 1881 sur la liberté de la presse, modifiée sur ce point par le décret-loi du 6 mai 1939 relatif au contrôle de la presse étrangère ; « La circulation, la distribution et la mise en vente en France des journaux ou écrits périodique ou non, rédigé en langue étrangère, peut être interdite par décision du ministre de l'Intérieur. Cette interdiction peut également être prononcée à l'encontre des journaux ou écrits de provenance étrangère rédigée en langue française, imprimé à l'étranger ou en France… » ; Que ces dispositions ont été introduites au Sénégal par l'article 1er du décret du 29juillet 1939 relatif au contrôle de la presse étrangère dans les colonies relevant du ministère des colonies et sont toujours en vigueur ; qu'aux termes de l'article 1er du décret numéro 61154 du 13 avril 1961 …mentionné : « *Le ministre de l'information, de la radiodiffusion et de la presse exerce par délégation du président du conseil, le contrôle de la presse étrangère dans les conditions définies par les décrets du 6mai 1939 et du 29 juillet 1939* »;

Attendu qu'aussi les dispositions visées par l'arrêté attaqué se bornent à permettre l'interdiction administrative des seules publications rédigées en langue étrangère ou de provenance étrangère ; que le périodique «

Lettre fermée » n'était pas rédigé en langue étrangère ; que sieur CISSE soutient sans être contredit qu'il est citoyen sénégalais et que ledit périodique ne saurait...aucun titre qui peut être regardé comme une publication de provenance étrangère ; que ladite publication n'entrait donc pas le champ d'application de la législation invoquée ;

Attendu qu'aux termes de l'article 8 de la constitution, « *chacun a le droit d'exprimer et de diffuser librement ses opinions par la parole, la plume et l'image, etc., ce droit trouve sa limite dans les prescriptions des lois et règlements ainsi dans le respect de l'honneur d'autrui* » ; qu'aucune disposition de la loi du 29 juillet 1881 ne prévoit la possibilité de l'interdiction administrative d'un journal ou écrit national ; qu'une telle interdiction ne saurait intervenir que dans le cadre des dispositions de l'article 10.2 de la loi numéro 6929 du 29 avril 1969 relative à l'état d'urgence et à l'état de siège mais qu'il est établi en l'espèce que l'arrêté attaqué n'a pas été pris sur la base de ces dispositions ;

Attendu qu'il apparait ainsi que l'arrêté prononçant l'interdiction du périodique « *lettre fermée* » est dépourvu de toute base légale et que le sieur CISSE est fondé à soutenir qu'en prenant ledit arrêté le ministre de l'Intérieur et le ministre de l'information chargé des relations avec les assemblées ont comme un excès de pouvoir ;

PAR CES MOTIFS,

Annule pour excès de pouvoir l'arrêté interministérielle n° 11866 du 23 octobre 1972 portant l'interdiction du bimensuel *« lettre fermée »*, publié au journal officiel n° 4259 du 11novenbre 1972, page 1841.

<u>Jurisp</u>. : CS 21 février 1978, Parti Démocratique Sénégalais (PDS) c/ Ministre d'État chargé de l'Intérieur

Sur les conclusions de la requête dirigées contre n°0080 du 17 novembre 1977 du Ministre d'État, chargé de l'Intérieur

Attendu que la Parti Démocratique Sénégalais (PDS) demande l'annulation pour excès de pouvoir de la première phrase du paragraphe

27 « *Isoloirs* » des instructions n°00880 en date du 17 novembre 1977 du Ministre d'État, chargé de l'Intérieur concernant le déroulement des opérations des opérations électorales pour l'élection des députés à l'Assemblée nationale, des conseillers municipaux et des conseillers ruraux aux termes de laquelle, *« Le passage des électeurs dans l'isoloir est facultatif. Art. L 50* » ; Que le PDS soutient que cette disposition est contraire à celles de l'article L.50 du Code électoral ; Attendu que, selon les dispositions de l'article L.50 du Code électoral, dans sa Rédaction actuellement en vigueur issue de la loi n°77-57 du 26 mai 1977 : « ... *Sans quitter la salle de vote, il (l'électeur) met son bulletin dans l'enveloppe. Cette opération peut se faire, selon désir exprimé par l'électeur, dans la partie de la salle aménagée pour le soustraire aux regards ...* » ; Qu'il résulte clairement de cette disposition que le législateur a entendu que le passage de l'électeur par l'isoloir soit pour lui une faculté et non pas une obligation ;Qu'ainsi, contrairement aux allégations du PDS, le Ministre d'État, chargé de l'Intérieur, en déclarant dans son instruction que le « *passage des élections dans l'isoloir est facultatif* » n'a fait que rappeler les dispositions de la loi sous une forme différente mais sans en altérer le sens ; Que par suite, la phrase contestée de ladite instruction doit être regardée comme un document d'ordre intérieur n'ayant aucun caractère réglementaire et par suite insusceptible de faire grief aux administrés et de faire l'objet d'un recours pour excès de pouvoir ;

Attendu que l'argument selon lequel ladite disposition, à la supposer conforme à la loi, selon contraire à la constitution à la constitution dont l'article 2, 3e alinéa prévoit que le suffrage est secret, est inopérant à partir du moment où il est établi que la disposition attaquée de l'instruction ministérielle est bien à la conforme à la loi ; que le juge de l'excès de pouvoir ne saurait connaitre de la constitutionnalité des lois dont le contrôle est organisé par les seules dispositions de l'article63 de la Constitution ; que contrairement à ce qu'a soutenu à l'audience, le requérant, l'article 56 de la Constitution a expressément prévu que le régime électoral de l'Assemblée nationale ainsi que celui des assemblées locales était fixé par la loi ordinaire et non par une loi organique ;

Sur les autres conclusions de la requête initiale du PDS et sur celles de la requête supplétive du PDS

Attendu en premier lieu que, par une requête supplétive, le PDS demande l'annulation pour excès de pouvoir de pouvoir de la liberté n°397/M/INT/ Cab. 1 du 14 janvier1978 en tant que, par ladite lettre, le Ministre d'État chargé de l'intérieur aurait refusé de compléter son instruction n° 80 du 17 novembre 1977 « *pour indiquer aux électeurs que, même en ne passant pas par l'isoloir, ils doivent s'abstenir d'opérer publiquement* » ;

Mais attendu qu'il appartient au seul Ministre d'État chargé de l'Intérieur d'apprécier l'opportunité de prendre une circulaire pour rappeler spécialement de prendre une circulaire pour rappeler spécialement et expressément les dispositions de l'article 2 de la Constitution relative au secret du vote ; que son refus ne saurait être regardé comme entaché de ce fait d'excès de pouvoir ;

Attendu en second lieu que le PDS demande à la Cour, tant dans sa requête initiale que dans sa requête que dans sa requête supplétive, d'ordonner qu'il soit rappelé que, conformément à l'article 2- 3e alinéa de la Constitution, « *dans tous les cas, le vote doit rester secret et que l'électeur est obligé de soustraire son geste aux regards* » ;

Mais attendu tout d'abord que la disposition invoquée de la Constitution est applicable par elle-même sans qu'il soit expressément rappelé par une circulaire du Ministre de l'Intérieur ou par un arrêt de justice ; qu'ensuite, s'il appartient au parti requérant, s'il l'estime opportun, de saisir soit la Cour suprême, siégeant alors Sections réunies en vertu des dispositions de l'article 29 de la Constitution selon lesquelles « *la Cour suprême veille à la régularité du scrutin* » en ce qui concerne l'élection du Président de la République, soit le Ministre de l'Intérieur en ce qui concerne l'élection des députés à l'Assemblée nationale, des conseillers municipaux et des conseillers ruraux, d'une demande tendant à ce que diverses pratiques soient prises pour assurer le secret du vote lors du déroulement du scrutin, il ne peut présenter valablement une telle demande à l'occasion d'un recours devant le juge de l'excès de pouvoir dont la compétence se limite à apprécier la légalité des décisions administratives qui lui sont déférés et à qui il est interdit d'adresser des injonctions à l'Administration;

PAR CES MOTIFS,

Rejette comme irrecevables les conclusions de la requête du parti Démocratique Sénégalais dirigées contre la première phrase du paragraphe 27 des instructions n°0080 du 17 novembre 1977 du Ministre d'État chargé de l'Intérieur concernant le déroulement des opérations électorales pour l'élection des députés à l'Assemblée nationale, des conseillers municipaux et des conseillers ruraux.

Jurisp. : C.E arrêt n° 0026, du 21-12-2000, Djiby NDIAYE c/ État du Sénégal

SUR LA RECEVABILITÉ

Considérant que la note circulaire en date du 27 octobre 1998 par laquelle, le Sous-Préfet de Thiaroye invitait les membres de l'Association dénommée « *Mouvement des Jeunes de Kamb* » à renouveler leurs instances, conformément aux dispositions statutaires et le procès-verbal de l'Assemblée générale tenue le 17 novembre 1998 ne sont pas au sens de l'article 35 de la loi organique susvisée des actes administratifs à caractère décisoire, susceptibles de recours pour excès de pouvoir ;

Considérant que la requête de sursis à exécution est introduite contre une décision différente de celle attaquée au principal par le biais du recours pour excès de pouvoir ; qu'elle est afférente à une ordonnance rendue par un juge judiciaire et non attraite devant le Conseil d'État ; QU'il suit de là que les recours doivent être déclarés irrecevables ;

PAR CES MOTIFS,

Ordonne la jonction des deux procédures ;

Déclare irrecevable le recours présenté par Djiby NDIAYE contre la note circulaire du Sous - Préfet de Thiaroye en date du 27 octobre 1998 et le procès - verbal de l'Assemblée générale du 17 novembre 1998.

<u>Jurisp.</u> : C.E arrêt n° 16 du 22 avril 2004, Arlette Tahirou SYLLA et 10 autres c/ État du Sénégal (Ministre de la Recherche Scientifique et Technologique)

Considérant que les requérants soutiennent que la circulaire attaquée doit être annulée en ce que le Ministre de la Recherche Scientifique et Technologique, en décidant d'installer sans délai les Directeurs et Chefs de division dans les bureaux qu'ils occupaient précédemment, a méconnu les dispositions de l'article 91 de la loi n° 61-33 du 15 juin 1961 relative au statut général des fonctionnaires ;

Considérant que les Ministres ne peuvent prendre de mesures générales par voie d'actes réglementaires que lorsqu'une loi ou un décret les y autorise;

Considérant cependant que, les Ministres peuvent, comme tout chef de service, prendre les mesures nécessaires au bon fonctionnement des services placés sous leur autorité ;

Considérant que dans le cas d'espèce, pour réorganiser son département, le Ministre chargé de la Recherche Scientifique et Technologique a créé de nouvelles directions et divisions administratives et nommé des chefs de service ;

Considérant que la circulaire attaquée par laquelle, le Ministre a affecté aux nouveaux chefs de service les bureaux occupés par les agents de l'ancienne délégation aux affaires scientifiques et techniques, est fondée sur la nécessité d'assurer le fonctionnement régulier de son département et ne saurait en conséquence être assimilée à une décision de licenciement de fonctionnaires comme le laissent croire les requérants ;

Qu'il s'ensuit que le moyen n'est pas fondé ;

PAR CES MOTIFS,

Ordonne la jonction des deux procédures ;

Dit n'y avoir lieu à statuer sur le sursis ;

Rejette comme non fondé le recours en annulation de Arlette Tahirou SYLLA et autres contre la circulaire n°0927/MRTS/SEPA/AF du 24 juillet 2003 du Ministre de la Recherche Scientifique et Technologique

Chapitre X
LES MESURES D'ORDRE INTÉRIEUR (M.O.I.)

René CHAPUS, Droit du contentieux administratif (2004) :

« *Les établissements pénitentiaires apparaissent comme le lieu d'une hécatombe de mesures d'ordre intérieur, qui y étaient pourtant si florissantes* ».

Les mesures d'ordre intérieur sont, en premier lieu, des actes administratifs unilatéraux, pris par une Administration sans besoin du consentement des administrés. Mais ces mesures en constituent une catégorie très spécifique, distincte des actes préparatoires, confirmatifs ou encore indicatifs. Il s'agit en fait de mesures prises, par un chef de service à l'attention des agents de ce service ou éventuellement de ses usagers et visant à aménager, faciliter et améliorer son fonctionnement.

Elles constituent des actes qui relèvent, en général, des mesures de bonne gestion interne à une administration spécifique. Ces mesures peuvent relever soit du champ disciplinaire soit de l'organisation du fonctionnement du service public par le chef de service.

Elles sont principalement associées aux mesures prises dans les établissements d'enseignement, dans les centres pénitenciers et dans l'armée, mais aussi à toutes sortes de services administratifs, elles sont en fait toutes les décisions prises pour organiser le fonctionnement de l'administration en question (les différentes procédures, les horaires d'ouvertures, les mutations d'un individu à tel ou tel poste…).

La délimitation de ce qui relève des mesures d'ordre intérieur est délicate. Elle peut être toutefois être approchée en suivant un double critère : d'une part, la mesure doit être d'une gravité minime ; une sanction trop importante, par exemple, sera exclue de cette catégorie et devra être contrôlée par le juge, d'autre part, un acte qui porte atteinte aux droits et libertés fondamentaux ou qui modifie la situation juridique d'un administré doit être exclu de cette catégorie.

Aujourd'hui, il est difficile de donner des exemples de ce qui persiste comme mesures d'ordre intérieur, tant le champ de ces dernières tend à se réduire. La catégorie n'a pourtant pas disparu et on peut toutefois relever que, de façon générale, les décisions d'affectation des enfants dans des classes continuent d'en faire partie (*CE, 30 septembre 1994, SULZER ou encore, plus récemment, CAA Versailles, 17 février 2005,*

M. et Mme DO), de même que la décision de transfert d'un détenu, pour autant que ne soient pas atteints ses droits et libertés (*CE, 14 décembre 2007, Ministre de la Justice c/ BOUSSOUAR*). On peut également évoquer le changement d'affection d'une secrétaire, d'un service à un autre, au sein du même établissement (*CE 8 mars 1999, Mme BUTLER*) ou d'un agent d'un restaurant universitaire à une résidence universitaire (*CE, 18 mars 1996, BIARD*).

Les mesures d'ordre intérieur ont des effets réels, s'imposant hiérarchiquement aux agents du service (il se peut même que de ces effets découlent des conséquences externes pour les usagers). Leur caractère normatif semble clair et incontestable, cependant le juge administratif refuse de leur reconnaître un caractère décisoire.

Chapitre XI

LES NOTES DE SERVICE

Henry FORD *« Se réunir est un début, rester ensemble est un progrès, travailler ensemble est la réussite. »*

Cette note administrative contient des informations à usage interne à l'Administration. Elle est destinée à un ensemble d'agents subordonnés à qui l'autorité administrative entend transmettre des instructions. Ces notes affichent un caractère impératif ou explicatif et s'attachent à affirmer ou à exprimer l'autorité.

À la différence d'une note ordinaire qui peut être transmise entre des personnes occupant une même position hiérarchique ou même de supérieur hiérarchique à subordonné et vice-versa, la note de service, elle, peut être prise aux différents niveaux de la hiérarchie par chaque supérieur hiérarchique à destination de l'ensemble du personnel d'un service ou seulement à une partie de celui-ci.

Le supérieur, à travers une note de service, met à la disposition de ses subordonnées de nouvelles précisions (fonctionnement interne, congés, réunions, etc.) sous la forme d'instructions ponctuelles (avec l'emploi des verbes : informe… ; fait savoir… ; fait connaître… ; fait observer… ; notifie…, etc.) ou mêmes étalées dans la durée. La finalité recherchée est d'informer le personnel concerné pour qu'il puisse agir en conséquence. Les instructions de la note de service resteront applicables jusqu'à ce qu'une nouvelle note de service vienne les abroger.

Par ailleurs, la note de service est également à différencier de la circulaire qui est certes un document hiérarchique, mais qui est adressée par une autorité administrative supérieure (Chef de l'État, Premier ministre, Préfet, etc.)

La note de service est insusceptible de recours pour excès de pouvoir.

Chapitre XII

LE PROCÈS-VERBAL DE RÉUNION

Le procès-verbal relate un fait, une situation, un événement, une réunion de la façon la plus objective possible. C'est un texte qui établit pour les participants et afin prévenir toute contestation, ce qui a été discuté et décidé en commun. Il fait foi de délibération et de décision collectives. Il devra porter la signature du rédacteur et être soumis à l'approbation des parties concernées.

La production de ce document constitue une obligation pour bon nombre de réunions, par exemple les conseils municipaux, conseils départementaux, conseil de discipline, conseils d'administration, l'assemblée générale des actionnaires d'une société anonyme ou encore des réunions des comités d'entreprises.

Jurisp. : C.E arrêt n° 0026, du 21-12-2000, Djiby NDIAYE c/ État du Sénégal

LE CONSEIL D'ÉTAT

APRÈS en avoir délibéré conformément à la loi ; SUR LA RECEVABILITÉ

Considérant que la note circulaire en date du 27 octobre 1998 par laquelle, le Sous-Préfet de Thiaroye invitait les membres de l'Association dénommée « *Mouvement des Jeunes de Kamb* » à renouveler leurs instances, conformément aux dispositions statutaires et le procès-verbal de l'Assemblée générale tenue le 17 novembre 1998 ne sont pas au sens de l'article 35 de la loi organique susvisée des actes administratifs à caractère décisoire, susceptibles de recours pour excès de pouvoir ;

Considérant que la requête de sursis à exécution est introduite contre une décision différente de celle attaquée au principal par le biais du recours pour excès de pouvoir ; qu'elle est afférente à une ordonnance rendue par un juge judiciaire et non attraite devant le Conseil d'État ; QU'il suit de là que les recours doivent être déclarés irrecevables ;

PAR CES MOTIFS,

Ordonne la jonction des deux procédures ;

Déclare irrecevable le recours présenté par Djiby NDIAYE contre la note circulaire du Sous - Préfet de Thiaroye en date du 27 octobre 1998 et le procès - verbal de l'Assemblée générale du 17 novembre 1998.

Jurisp. : Cour suprême, Chambre administrative, arrêt n° 41 du 08 juin 2017, Gaston KOR c/ la Commune de Niaguis

Vu la requête reçue le 14 septembre 2016 au greffe central par laquelle Gaston Kor sollicite l'annulation de la décision n°06/CR du 29 octobre 1985 du Président du Conseil rural de Niaguis portant affectation à Antoine DACOSTA d'un terrain du domaine national, situé dans le village de Soucouta et du procès-verbal du 3 août 2016 du Président de la commission domaniale de la Commune de Niaguis relatif au règlement d'un litige foncier;

Considérant que selon les dispositions de l'article 73-1 de la loi organique n°2008-35 du 8 août 2008 sur la Cour suprême, le délai du recours pour excès de pouvoir qui est de deux mois court à compter de la publication ou de la notification de la décision à moins qu'elle ne doive être signifiée, auquel cas le délai court de la date de la signification ;

Que la connaissance acquise, au même titre que la publication et la notification, fait courir le délai du recours pour excès de pouvoir ;

Considérant que Gaston KOR qui a déclaré dans sa lettre du 7 juillet 2016 adressée au maire de la Commune de Niaguis, avoir reçu des services de la municipalité la photocopie de la décision attaquée, avait, à cette date, pris connaissance de l'existence de la décision n°6/CR du 29 octobre 1985;

Qu'ainsi, le recours en annulation formé le 14 septembre 2016, soit au-delà du délai légal de deux mois, encourt l'irrecevabilité ;

Considérant que selon l'article 73 de la loi organique susvisée, le recours pour excès de pouvoir n'est recevable que contre une décision explicite ou implicite d'une autorité administrative, modifiant l'ordonnancement juridique et faisant grief ;

Considérant que le procès-verbal de réunion du 3 août 2016 dont l'objet est de trouver une solution à l'amiable au litige foncier ne constitue pas un acte décisoire susceptible de recours pour excès de pouvoir ;

Qu'il s'ensuit que le recours contre cet acte est irrecevable ;

PAR CES MOTIFS,

Déclare irrecevable le recours formé contre la décision n° 06/CR du 29 octobre 1985 du Président du Conseil rural de Niaguis portant affectation à Antoine DACOSTA d'un terrain du domaine national et du procès-verbal du 3 août 2016 du Président de la commission domaniale de la Commune de Niaguis.

Chapitre XIII

LA LETTRE DE CONVOCATION D'UNE ASSEMBLÉE GÉNÉRALE

La lettre de convocation est un acte par lequel les membres d'une assemblée, d'un conseil, d'une organisation, d'un groupe, sont appelés à se réunir par une autorité compétente de manière régulière ou extraordinaire.

Il en est ainsi de la lettre du Ministre de l'Économie, des Finances et du Plan, adressé à l'Union des Mutuelles du partenariat pour la mobilisation de l'épargne et du crédit (UM- PAMECAS), portant convocation d'une assemblée générale.

Pour cette catégorie d'acte, la Cour suprême a décidé que le recours est dirigé contre la lettre de convocation du Ministre de l'Économie, des Finances et du Plan qui n'est pas une décision au sens de la loi puisqu'elle ne fait pas grief au requérant, et ne modifie en rien l'ordonnancement juridique.

Jurisp. : Cour suprême, Chambre administrative, arrêt n° 18 du 10 mars 2016 Mame Alassane GUEYE c/Ministre de l'Économie des Finances et du Plan et U.M.-PAMECAS

Vu la requête reçue au greffe central le 19 novembre 2014 par laquelle Mame Alassane GUEYE, élisant domicile en l'Étude de Maître Soulèye MBAYE, Avocat à la Cour, sollicite l'annulation de la lettre du Ministre de l'Économie, des Finances et du Plan du 26 septembre 2014, ayant pour objet la convocation de l'assemblée générale de l'UM-Pamecas ;

Après en avoir délibéré conformément à la loi ;

Considérant que le Ministre de l'Économie, des Finances et du Plan a adressé à l'Union des Mutuelles du partenariat pour la mobilisation de l'épargne et du crédit (UM-PAMECAS) une lettre portant convocation pour la tenue de l'assemblée générale de la mutuelle le 11 octobre 2014 ;

Qu'à l'issue de cette assemblée générale, la révocation de Mame Alassane GUEYE, Président du Conseil d'Administration a été prononcée ;

Que c'est contre la lettre portant convocation que celui-ci s'est pourvu en annulation ;

Considérant qu'aux termes de l'article 73 de la loi organique sur la Cour suprême, le recours pour excès de pouvoir n'est recevable que contre une décision explicite ou implicite d'une autorité administrative ;

Qu'en l'espèce, le recours est dirigé contre la lettre de convocation du Ministre de l'Économie, des Finances et du Plan qui n'est pas une décision au sens de la loi puisqu'elle ne fait pas grief au requérant, et ne modifie en rien l'ordonnancement juridique ;

Qu'il échet, dès lors, de déclarer le recours irrecevable ;

PAR CES MOTIFS,

Déclare irrecevable le recours formé par Mame Alassane GUEYE contre la lettre du Ministre de l'Économie, des Finances et du Plan du 26 septembre 2014, ayant pour objet la convocation de l'assemblée générale de l'UM-PAMECAS.

Chapitre XIV

CERTAINS ACTES RÈGLEMENTAIRES PRIS PAR LE MINISTRE DE L'INTÉRIEUR, LES PRÉFETS ET LES SOUS-PRÉFETS EN MATIÈRE ÉLECTORALE

Jacques RIGAUD, Pouvoir et non-pouvoir du ministre (1996) : « *Il existe un décalage sensible entre la position très en vue du ministre dans la vie publique et dans les médias et la réalité de son rôle constitutionnel et administratif. La position du ministre est enserrée dans de multiples contraintes et limites qui lui confèrent à beaucoup d'égards un caractère subordonné* ».

Dans le déroulement du processus électoral, certaines autorités administratives, notamment, le Ministre de l'Intérieur, les préfets et les sous-préfets sont amenées à prendre des actes réglementaires.

Ces actes réglementaires sont :

- une liste déclarée irrecevable ;
- une décision d'arbitrage du Ministre chargé des élections relatif aux couleurs, sigles et symboles ;
- l'arrêté publiant les déclarations de candidature.

Pour les élections territoriales ce sont les cours d'appel qui connaissent en premier ressort de ce contentieux électoral selon les procédures particulières instituées par les lois et règlements (*Voir l'article 26 Décret n° 2015-1145 du 03 août 2015 fixant la composition et la compétence des cours d'appel, des tribunaux de grande instance et des tribunaux d'instance - JORS n° 6869 du mardi 18 août 2015*).

Les mandataires des listes des candidats peuvent, dans les trois (03) jours suivant la notification de la décision ou sa publication saisir le juge de la Cour d'appel du ressort (*Voir l'article L.290 du Code électoral*).

L'acte de saisine de la cour d'appel est une requête. (*Voir l'article L.290 du Code Electoral*)

La Cour d'Appel du ressort statue dans les trois (03) jours qui suivent celui de l'enregistrement de la requête. (*Voir l'article L.290 du Code électoral*).

Remarque : Il faut noter que la Cour suprême est incompétente pour connaître des recours dirigés contre les décisions relatives à la régularité de la campagne électorale qui relèvent exclusivement des attributions de la cour d'appel.

Pour les élections nationales (l'élection présidentielle, les élections des députés et celle des hauts conseillers) c'est le Conseil constitutionnel qui est compétent pour statuer :

- sur l'arrêté déclarant une liste de candidature irrecevable aux élections des députés et celle des hauts conseillers;
- sur l'arrêté d'arbitrage du Ministre chargé des élections relatif aux couleurs, sigles et symboles aux élections des députés et celle des hauts conseillers;
- sur l'arrêté publiant les déclarations de candidature aux élections des députés et celle des hauts conseillers.

Jurisp. C.E, arrêt n° 0013, Du 24- 06 -1998, Alliance JEF JEL, liste de l'Union pour le Renouveau Démocratique (URD) c/ État du Sénégal

LE CONSEIL D'ÉTAT

APRÈS en avoir délibéré conformément à la loi ;

Considérant que selon le requérant, en interdisant, dans le cadre de la campagne électorale pour les élections législatives, le meeting de l'Union pour le Renouveau Démocratique, programmé à Matam le 18 mai 1998 en se fondant sur l'antériorité de la demande du Parti Socialiste dont le meeting serait prévu le même jour et par ailleurs sur des raisons de sécurité, le Préfet de Matam a pris une décision dépourvue de base légale qui encourt annulation pour excès de pouvoir ;

Considérant que le requérant a pu tenir son meeting, il n'y a donc pas urgence et il y a lieu de joindre le sursis au fond pour y statuer par une seule décision ;

Considérant qu'il résulte des dispositions combinées des articles L.56, LO.177 et LO.119 que pendant la campagne officielle électorale, les partis politiques tiennent librement leur réunion après avoir informé vingt-quatre heures à l'avance l'autorité compétente qui en prend acte et informe le déclarant de toute déclaration antérieure ;

Que la Cour d'Appel dont les arrêts ne peuvent faire l'objet d'aucun recours est chargée de veiller à l'égalité entre les candidats et à la régularité de la campagne électorale et elle peut en cas de besoin adresser des injonctions aux autorités concernées ;

Qu'ainsi au regard des dispositions sus-rappelées, il échet de déclarer le Conseil d'État incompétent pour connaître du litige invoqué.

PAR CES MOTIFS,

Dit n'y avoir lieu à surseoir à statuer ; DECLARE le Conseil d'État incompétent ;

<u>Jurisp</u>. C.E, arrêt n° 0001, du 27-01-1999, Landing SAVANE, Bakary COLY et AND JEF/PADS c/ État du Sénégal

LE CONSEIL D'ÉTAT,

APRÈS en avoir délibéré conformément à la loi ;

SUR LE MOYEN TIRE DE LA VIOLATION DU CODE ÉLECTORAL

Considérant que pour obtenir l'annulation de l'arrêté N° 012/BIS/DB/PB du 23 Mai 1998 portant délocalisation de bureaux de vote aux élections législatives du 24 Mai 1998 dans l'arrondissement de Sindian, les requérants invoquent la violation des dispositions de l'article L.62 du Code Electoral qui, en la matière, donne compétence au Ministre de l'Intérieur pour établir définitivement les bureaux de vote ;

Considérant que l'arrêté susvisé n'est pas détachable des opérations électorales et que le litige auquel il a donné naissance relève du contentieux des élections législatives ;

Considérant qu'il résulte des dispositions des articles LO.185 et LO.188 du Code Electoral que le contentieux des élections législatives relève de la compétence du Conseil constitutionnel ;

Qu'il en résulte que le Conseil d'État est incompétent.

PAR CES MOTIFS,

Se déclare incompétent.

Chapitre XV

LES DÉCISIONS PRISES PAR LE MÉDIATEUR DE LA RÉPUBLIQUE

Extrait du dernier discours d'**Alioune Badara CISSE,** Médiateur de la République « *Prêtons attention aux mots de nos chefs religieux, consultons-les et prenons en compte leurs recommandations. Si on se laisse distraire par le bruit, et l'argent, nous ferons une erreur inadmissible.* »

Cette institution a été créée pour pallier l'insuffisance de la justice administrative, protéger efficacement les droits et libertés des citoyens et améliorer le fonctionnement de l'administration.

Selon l'article premier de la loi sénégalaise, le Médiateur est une « autorité indépendante ».

Cette disposition ne renseigne pas sur la nature exacte du Médiateur : est-ce une autorité administrative ou pas ?

La réponse à cette question a des implications sur le régime juridique des actes du Médiateur.

En France, il y a eu un débat sur cette question e les termes du débat étaient les suivants :

- est-ce une autorité administrative ?
- est-ce une autorité sui generis ?

Sur la qualification juridique du Médiateur, la doctrine est divisée.

Les partisans de la séparation des pouvoirs, considèrent que le Médiateur ne peut être qu'une autorité administrative car ne pouvant être rangé ni dans le pouvoir judiciaire, ni dans le pouvoir législatif ; il appartient forcément au pouvoir exécutif.

D'autres auteurs refusent cette qualification en invoquant deux arguments: d'abord, l'indépendance du Médiateur est un obstacle à sa nature d'autorité administrative ; il en est de même également de l'absence de subordination hiérarchique.

Le juge français a tranché la question en décidant que le Médiateur de la République était une autorité administrative dans l'affaire Retail (*CE 10 juillet 1981, D 1981 p. 622 note Y. Gaudemet; RDP 1981 p. 1461 concl. Franc p. 1687 note J.M. Auby ; R. adm. n°208, 1981, p 493 note S. RIALS; AJ 1981 p. 467 chr. F. Tinberghein et B. Lassere ; Rec. p 303*).

Selon le juge, « *en raison notamment de son mode de nomination, le médiateur à le caractère d'une autorité administrative* ».

NB : Cette qualification a été contestée en France par la doctrine et par le Médiateur lui-même. Il en est de même du Médiateur sénégalais.

Selon la jurisprudence, les suites que le Médiateur de la République donne aux réclamations dont il est saisi ne constituent pas des décisions administratives et échappent au contrôle du juge.

C'est ainsi qu'on distingue entre les actes soumis à la censure du juge c'est-à-dire les actes relatifs au personnel d'une part et les mesures d'ordre intérieur et les actes de Gouvernement d'autre part.

Ainsi au Sénégal les actes découlant des relations du Médiateur avec le Président de la République sont insusceptibles de recours contentieux. (*Voir Demba SY, Droit administratif, 2éme édition 2014, Harmattan, p.105 et s.*)

N.B. : Toutes ces énumérations ne sont pas exhaustives, elles sont faites à titre indicatif.

Structures éditoriales du groupe L'Harmattan

L'Harmattan Italie
Via degli Artisti, 15
10124 Torino
harmattan.italia@gmail.com

L'Harmattan Hongrie
Kossuth l. u. 14-16.
1053 Budapest
harmattan@harmattan.hu

L'Harmattan Sénégal
10 VDN en face Mermoz
BP 45034 Dakar-Fann
senharmattan@gmail.com

L'Harmattan Cameroun
TSINGA/FECAFOOT
BP 11486 Yaoundé
inkoukam@gmail.com

L'Harmattan Burkina Faso
Achille Somé – tengnule@hotmail.fr

L'Harmattan Guinée
Almamya, rue KA 028 OKB Agency
BP 3470 Conakry
harmattanguinee@yahoo.fr

L'Harmattan RDC
185, avenue Nyangwe
Commune de Lingwala – Kinshasa
matangilamusadila@yahoo.fr

L'Harmattan Congo
219, avenue Nelson Mandela
BP 2874 Brazzaville
harmattan.congo@yahoo.fr

L'Harmattan Mali
ACI 2000 - Immeuble Mgr Jean Marie Cisse
Bureau 10
BP 145 Bamako-Mali
mali@harmattan.fr

L'Harmattan Togo
Djidjole – Lomé
Maison Amela
face EPP BATOME
ddamela@aol.com

L'Harmattan Côte d'Ivoire
Résidence Karl – Cité des Arts
Abidjan-Cocody
03 BP 1588 Abidjan
espace_harmattan.ci@hotmail.fr

Nos librairies en France

Librairie internationale
16, rue des Écoles
75005 Paris
librairie.internationale@harmattan.fr
01 40 46 79 11
www.librairieharmattan.com

Librairie des savoirs
21, rue des Écoles
75005 Paris
librairie.sh@harmattan.fr
01 46 34 13 71
www.librairieharmattansh.com

Librairie Le Lucernaire
53, rue Notre-Dame-des-Champs
75006 Paris
librairie@lucernaire.fr
01 42 22 67 13

www.ingramcontent.com/pod-product-compliance
Lightning Source LLC
LaVergne TN
LVHW011445061026
849535LV00004BA/952
* 9 7 8 2 3 3 6 4 1 5 7 0 3 *